望白을 살면서

이 册은 김세환 翁께서
2023년 11월 生涯 끝으로 초고를 脫稿하셨습니다.
그리고 이듬해인 2024년 2월 13일에 老患으로 別世하셨습니다.

삼가 이 册을 故 김세환 翁님의 靈前에 올립니다.

望白을 살면서

김세환 지음

六의 眞價

六 攝理
六 恩惠
六 原則
六 忍耐
六 行實
六 完成

도서출판 **백암**

　어느새 90歲가 지나면서 지나온 歲月을 되돌아보노라니 미쳐 못다 이룬 아쉬움만이 남는다.

　不足海望白充(모자람을 채움)이란 말대로 지금부터라도 못다 한 일 들을 찾아서 餘生 동안이나마 健康을 維持하면서 活動을 하려고 하는데, 果然 그것들을 이룰 수가 있을까!

　自然의 攝理을 工夫하다 보니 六의 眞理에 心醉되어 여섯 가지 行實 中의 하나로서 記錄을 하려다 보니 隨想 記錄으로 第4回 回顧錄을 쓰게 되었다.

　册 題目은 百字에서 一劃을 뺀 白字를 選擇하여 "望白을 살면서"로 한 것이다.

　即 100에서 1을 뺀 99의 뜻이다. 그래서 99歲를 바라보는 望白 狀況에서 사는 望白을 살면서로 한 것이다. 99는 數人字의 ○부터 百 番째 數人字로서 가득 차고 가득 차서 더 以上 채울 수 없는 數人字이다.

　더 以上 바랄 것이 없는 餘生의 領域이다. 只今 21世紀로 접어들면서 現實은 너무나 變遷하고 있다. 只今 우물쭈물하다 보면 뒤에 치지게 마련이다. 그런데 "할 수 있다"라는 意志만으로는 안 되는 것이 人之常情인가 보다. 하고는 있으나 잘되지 않는다. 그러면서도 새로운 構想을 하게 되어 于先 적어본다.

　틈틈이 感動 깊게 읽었던 新聞記事나 TV 등 人生 삶에 도움이 될 수 있는 꼭 必要한 글들을 나름대로 合理的으로 整理를 하여 分野別로 區分하여 添附

를 하였고, 또한 周邊의 碩學들께서 E-mail로 보내주신 글 들을 여기에 添作하여 실었다.

이것이 내가 그동안 살아온 痕迹을 아낌없이 적어서 남겨 놓은 것이다. 이에 對한 評價는 이 册을 通해서 오직 後 世代 들과 後學들의 몫인 것이다.

끝으로 나의 뜻에 同調하여 온갖 精誠을 기울이어 주신 白岩 出版社의 鄭文植 社長과 編輯部 여러분들께 그間의 勞苦를 致賀하며 感謝를 드린다.

2023年 11月에

和風 金 世煥

和風 處士

〈 2023년 5월 〉　　　　〈 컴퓨터로 글을 쓰고 있다 〉

和風 處士의 人生 信條
·勉學 改善 成就
平生 동안 배워야 하고, 배웠으면 반드시 보다 좋게
改善하고 現實化로 發展하여서 活用토록 勸獎한다.
·率先 垂範 行實
앞장서서 보란 듯이 模範的으로 實踐을 하는 것이다.

和風 處士의 人間性 評價
·體型은 볼품없이 矮小
생김새는 작은 體型으로 볼품이 없는 容貌입니다.
·思慮 精神은 無比廣大
생각하고 構想하는 度量은 비길 데 없이 넓고 크다.

1. 天符經을 信奉하고

2. 六根本을 實行하며

3. 六結로서 完成한다.

4. 自力으로 解決하고

5. 自筆로서 記錄하며

6. 率先으로 實踐한다.

天惠의 惠澤으로 살고 있음에 感謝를 하면서
죽는 날까지 能力 끝 最善을 다하면서 歷史와
事實을 올바르게 評價를 하여 實現이 되도록
勸誘을 하면서 살아갈 것을 一念으로 獻身의
姿勢로 奉仕하고 있으나 참으로 어렵기만 하다.
繼續 努力하여 和合 世上 이루도록 하여야겠다.

堤川市 鳳陽邑 出生者 堤鳳 金 世煥

太白山脈 車嶺山脈 九鶴山脈의 三山脈이 이어내려 터를 점지하고, 三 水川이 감싸 안은 蘆溪洞天에서 使命 받고 한 生命이 태어났다.

金世煥은 堤川市 鳳陽邑 九鶴里 336番地 蘆溪 洞天에서 1930年에 태어났다. 鳳陽 初等學校를 卒業하고 서울에서 運輸學校, 交通高等學校, 延世大學校에서 委託生으로 10年 동안 國費로 電氣工學을 工夫했다.

그래서 鐵道廳에 義務的으로 40 年間을 奉仕하여 先進鐵道 基盤을 닦아놓고 名譽롭게 停年退任을 했다.

公務員으로 勤務 時에는 日本國과 美國에서 留學을 했고 公職 中에는 日, 歐美, 各國에 10餘 回의 出張을 하면서 先進國 鐵道의 各種 車輛 分野의 技術을 習得하여 우리나라 鐵道 近代化의 主役이 되었다.

電氣鐵道 分野에 參與하여 基盤을 다지면서 電氣 動車의 國産化를 試圖하여 成功하고 自身을 얻으면서 各種 鐵道車輛의 運用 經驗〈外國 包含〉

을 土臺로 하여 國産 車輛의 標準化와 KTX 超 高速 列車의 技術 仕樣書 〈Specification〉를 定立을 해 놓았으나 停年으로 實現을 하지 못했다.

公職 生活 40年을 停年退任하고 몇 군데서 奉仕 活動을 마치고 한가로워지 면서 우리나라 古代 歷史의 實體를 把握하기 爲하여 祖上들이 사시던 中原벌판 을 30餘 回를 踏查하여 "古朝鮮 歷史 遺蹟地 踏查記"와 "21세기 古朝鮮 歷史 遺蹟地 踏查記"를 편찬했고 이웃 나라들을 巡訪하면서 "東南亞 紀行文"을 發 刊하여 歷史 編纂의 基礎 知識을 確立을 하였다.

1946年에 한글을 처음으로 배우면서 한글은 모든 소리를 記錄 할 수 있다고 先生님은 자랑을 하셨다. 그런데 내 親舊 앙철(永哲)이가 記錄이 안 되는 것을 알게 된 것을 疑問의 宿題로 간직하고 있었다. 停年 後에 時間의 餘裕가 생기면 서 訓民正音을 硏究 分析하게 되었는데 이를 바탕으로 하여 "바른 소리글자"〈 正 音聲文字〉와 "인뉴문마"〈인류 문자=人類文字〉를 創案하게 되었고 "六曜日 달력"을 創案해 놓았다.

十餘 卷의 冊을 썼으나 不足하여 大自然을 工夫하고 있으며, 모든 것은 記 錄으로 整理하고 있다. "새 마음 運動"을 提案하고 있다.

堤鳳의 履歷書

姓名：金 世煥
住民登錄番號：301201-100****
生年月日：1930年 12月 1日〈陰曆 10月09日 7時 頃〉
現住所：서울特別市 永登浦區 永新路191 東部센트레빌Apt. 101-1402號
本籍地：忠清北道 堤川市 鳳陽邑 九鶴里 336番地. 蘆溪洞天
電話番號：02-2634-6796, 핸드폰：010-6772-6796
E-mail : gsw68@daum.net

學歷

1946年 鳳陽 初等學校 卒業

1952年 運輸 交通〈中,高〉學校 電氣科 卒業

1957年 延世大學校 理工大學 電氣工學科 卒業 工學士

1986年 國民大學校 大學院 經營學科 修了 經營學碩士

經歷

1952年 交通 技術 研究所 第3課 [電氣 通信 擔當]〈交通部〉

1953年 延禧大學校 交通部 委託生 入學〈交通部〉

1957年 釜山工作廠 清凉里 工場 技工〈交通部〉

1961年 서울 鐵道局 清凉里 機關車 事務所 檢查助役〈交通部〉

1962年 鐵道廳 工電局 車輛課 課員〈鐵道廳〉

1970年 鐵道廳 工電局 動力車計劃擔當官室 電氣機關車擔任職務代理〈鐵道廳〉

1971年 鐵道廳 工電局 動力車計劃擔當官室 電氣機關車擔任電氣技佐〈鐵道廳〉

1974年 鐵道廳 工電局 電氣機關車 課長 職務代理〈鐵道廳〉

1975年 鐵道廳 工電局 電氣機關車 課長 工業技正〈大統領〉

1981年 交通 公務員敎育院 技術 課長〈鐵道廳〉

1985年 鐵道廳 車輛局 디젤 電氣機關車 課長〈鐵道廳〉

1986年 釜山 鐵道車輛 整備廠 廠長〈工業 副技監〉〈大統領〉

1990年 서울 鐵道車輛 整備廠 廠長〈工業 技監〉〈大統領〉

1991年 停年 退任〈大統領〉

償勳

1962年 勉勵褒章 第 25,522號〈大統領 職務代行〉

1963年 表彰狀 第 73號〈交通部長官〉

1968年 表彰狀 第 2,058號〈鐵道廳長〉

1971年 表彰狀 第 3,017號〈鐵道廳長〉

1973年 表彰狀 電氣鐵道 開通有功 第 40,546號〈大統領〉

1977年 表彰狀 25年勤續 第713號〈鐵道廳長〉

1987年 表彰狀 35年勤續 第1,130號〈鐵道廳長〉

1991年 紅條勤政勳章 第 3,043號〈大統領〉

著書 目錄

1. 철도차량 일반〈1984.3.1.〉

2. 철도 전기 차량〈1985.3.1.〉

3. 기하학적으로 분석한 訓民正音〈2001.11.28.〉

4. 훈민정음의 신비〈2007.2.14.〉

5. 七十 年을 돌아보면서〈1999.11.27.〉

6. 고조선 역사 유적지 답사기〈2013.3.16.〉

7. 동남아 역사 유적지를 찾아서〈2013.4.25.〉

8. 노을 속의 메아리〈2014.3.25.〉

9. 21세기 고조선 역사유적지 답사기〈2017.11.28.〉

10. 바른 소리글자〈2018.5.25.〉

11. **인뷰문까**〈2018.5.25.〉

12. 九旬 人生 主役〈2020.6.5.〉

海外 出張

番號	旅券番號	發行日字	出發日字	歸國日字	經由地	滯留國	出 張 目 的
1	第10345	1964.11.09	1964.12.02	1965.06.03	–	日本國	日本 國鐵에서 動力車 分野 技術 訓練
2	第15079	1967.06.01	1967.06.03	1967.08.25	캐나다	美 國	美國 GMC-EMD工場과 디젤電氣機關車와 關聯會社에서技術訓練
3	第19485	1968.08.31	1968.09.11	1968.10.04	–	美 國	디젤 電氣機關車 導入에 따른 技術 檢討
4	第23907	1969.11.27	1970.01.30	1970.04.13	–	美 國	洋灰協會 購入하는 디젤 電氣機關車 技術 檢討
5	第31004	1971.12.15	1972.01.05	1972.03.07	日 國英 國	佛蘭西, 西獨,벨기, 스위스,	電氣機關車導入에따른製作會社巡廻 訪問
6	第37379	1973.11.22	1973.12.01	1974.03.27	–	日本國	電氣動車 導入에 따른 製作 監督
7	第08206	1982.07.09	1982.07.19	1982.09.12	–	日本國	日國鐵 敎育機關 視察

| 8 | 第08206 | 1082.07.09 | 1983.05.30 | 1983.06.10 | - | 스웨덴 | 스웨덴 ASEA會社 100周年 記念 行事에 招待 |
| 9 | 第48779 | 1987.07.01 | 1987.07.08 | 1987.07.21 | 캐나다 美國 | 캐나다, 스페인, 대만 | 旣存鐵道에서 速度 向上을 爲하여 外國鐵道 視察 캐나다, 스페인, 臺灣鐵道 視察 |

和風 處士의 住民 登錄 番號

나의 住民 登錄 番號는 301201-1009720이다. 住民 登錄番號가 陽 陰曆의 誕 生날짜와 같은 것이 너무나 神奇하다. 1930年 12月 1日〈1930.11.28. 出生.〉이 戶籍 이다. 陰曆으로 1930年 10月 9日 7時 20分 頃〈卯時〉이다. 그런데 住民 登錄 番號 의 뒤 數字가 1009720으로 陰曆의 生 月 日 時 分과 같다. 偶然의 一致인지는 모 르지만 나는 記憶을 하기가 쉽다.

雅號를 갖게 된 動機

나이가 50代가 되고 보니, 雅號가 必要하다면서 "堤鳳"이라고 지어주신 分이 元老 朴 益吉 先輩이시다. "堤鳳"이란 堤川市 鳳陽邑에서 태어난 人物이라는 뜻 이다. 나름대로 感謝하며 只今도 使用하고 있다.

堤鳳은 언덕에 앉아있는 鳳凰 새로 解釋도 한다. 또 어떤 분은 '堤峰'〈언덕 과 山 봉오리〉이라고도 한다.

歲月은 흘러서 望白이 되면서 時代에 順應할 雅號를 가지고 싶어서 自作 한 雅 號가 "和風"이다. 生成 한 攝理의 六 恩惠 中에서 바람의 恩惠를 터득하게 되면 서, 融合을 하고 和合을 하는 바람〈風〉과 같이 奉仕하면서 餘生을 살아보겠다고 "和風"이라고 하였는데, 어렵고 不足하지만, 努力을 하고 있다.

以外에도 "如水", "如風"도 생각을 해보았다. 물은 模樣이나 形態가 없다. 어 떠한 容器에도 담긴다. 卽 누구와도 條件이나 要式에 拘碍를 받지 않으며 自由 로이 만나고 對話할 수 있고 奉仕할 수 있는 雰圍氣이다.

또한 물은 모든 生命體를 育成하는 役割도 한다. 그래서 "如水"를 생각해보

앉고. 바람의 特性을 배우고 履行하기 爲하여 바람과 같이 "如風"으로 할까 하다가 바람의 融和가 實感이 남으로 "和風"으로 한 것이다.

車星會(거성회)

車星會 員은 鐵道廳 車輛 分野에서 勤務하였거나, 철도 公社에서 勤務한 者로서 五級以上의 職位에서 職務를 遂行한 者로 構成을 하고 있다.

車 字는 漢字 辭典에는 "수레 거" "수레 차"로 되어있다. "거성회"로 한 理由는 軍隊에서 큰 별을 달은 軍人들을 將軍으로 呼稱하는 그것과 같이 現職에서 國家를 爲하여 職務를 遂行한 者들을 말하는 呼稱입니다.

參羅萬像이란

參羅萬像은 생명을 가진 형태로서 自然 攝理로 태어났다.
1. 自由 形成 永遠 不滅 存續 形體일 뿐이다.
2. 順應하라. 幸福하다. 즐겨하라. 便安하다.
3. 世上 삶은 無理하지 말고 順理대로 하다.
4. 理致대로 따라서 살면은 萬事가 亨通한다.
5. 인간이면 이 道理에 實踐해야 한다.
6. 이것은 世上을 사는 順理의 理致일 뿐이다.

和風 處士의 名銜(명함)

새 天符經典 定立者
새 나라歌詞 作詞者
새 愛國歌飼 作詞者
새 人類文字 創案者
새 六曜달曆 創案者

새 마음運動 提案者

舍廊房 모임 參席者

堤鳳 金世煥

서울시 永登浦區 永新路 191番地 東部센트레빌 (A) 101棟 1402號

郵便番號：07258

집전화：02-2634-6796

핸드폰：010-6772-6796

E-mail：gsw@daun.net

아버지의 信條

1. 勤儉 節約은 必須的이며 쓸데없는 浪費는 없도록 한다.
2. 自力更生 徹頭徹尾한 信條와 自進 履行 實踐 完遂한다.
3. 새로움의 發掘과 實地로 施行 體驗하여 立證 確認한다.
4. 勤勉 誠實 努力으로 衣食住 解決과 子女 敎育 獎勵한다.
5. 모든 일 自力更生으로 率先垂範 實踐 解決로 實踐한다.
6. 識見이 不足함을 自覺하며 모두를 勉學으로 解決한다.

아버지의 信念을 本 받았으면, 果然 맡은바 職務와 行實을 아버지에 못지않게 遂行을 하면서 子息된 道理를 하여야 한다. 努力을 하고 있습니다.

無學의 農軍 아버지

나의 아버지는 農軍이셨다. 간발 한 채 주무시고 달밤에도 김을 매셨으며 자나 깨나 일밖에 모르셨다. 學校도 못 가고 書堂에도 못 가시고 어깨 너머로 漢文을 익히셨다고 한다. 오직 自身의 自力으로만 일하시는 勤勉 誠實한 분이셨다.

밥풀 하나도 버리지를 못하게 하셨으며 참깨 알 하나도 하나하나 주우셨다. 알뜰히 살림한 살림꾼이 셨다. 돌서덜 갈대밭을 오랜 기간에 일구어서 肥沃 한 텃밭으로 만드셨다. 그래서 훗날에는 산골 富者가 되었답니다.

恒常 새로운 構想으로 硏究 勞力하시면서 自力으로 樹木 花草와 各種 動物들을 飼育 함으로써 시골 산골의 植物園이요 動物園이라고 하였답니다. 時代가 흐르면서 새로운 토마토를 發見하시고 栽培를 하면서 땅 감이라고 가르쳐 주셨다. 땅⟨地⟩에서 栽培하는 감⟨柿⟩이란 뜻이다. 그런데도 辭典에는 없는 用語이다. 지금에 와서야 아버지께서 만든 用語임을 알게 되었다.

그러시면서도 아버지께선 自身이 할 수 있는 것은 무엇이든지 하셨다. 生活의 用品이나 家具와 연장들은 모두 손수 만들었다. 대장間을 차려놓고 簡單한 무쇠 연장과 道具들을 만들었다. 所謂 自力更生의 標本이셨다. 子息들은 工夫를 시켜 棟梁材로 만들겠다고 督勵를 하셨다.

그 밑에서 자라난 나는 不可能을 모르면서 所信껏 맡은바 職務를 보람되게 遂行하면서 龜鑑이 되겠다고 勞力하고 있다. 只今도 아버지와 어머니의 肖像畫를 걸어 모셔 놓고 혼자서 生活을 하고 있으며, 肖像畫를 바라보면서 回想하며 다짐을 하곤 한다.

아버지의 뜻에 따라 먹거리는 고춧가루도 남기지 않고 깨끗이 먹는다. 숨을 쉬어야 사는 것과 같이 먹거리를 먹어야 산다는 貴한 飮食임을 알아야 한다.

勞力으로 取得한 食品은 生命 維持의 必需品으로 배고픔의 서러움을 解決해 준 것이다. 어려운 일이 결코 아니다. 實踐을 해야 한다. 知識人의 遺産이다.

堤鳳의 生活 信條

1. 節約함은 習慣으로 살라는 것이랍니다.
2. 받는 것은 고마움의 뜻임에 感謝합니다.
3. 주는 것은 즐거움게 느끼는 보람입니다.
4. 世上 삶은 주고받는 行實이 理致입니다.
5. 自負함은 幸福함의 姿勢가 重要합니다.
6. 人間됨은 實踐함이 當然한 道理입니다.
~~只今은 21世紀로 **豊饒**로운 世上이니 滿足하며 즐겁게 살아보자.~~

1) 勤儉節約은 必須的이므로, 可及的이면 浪費는 絕對로 안 하여야 한다.

2) 받는 모든 것은 고맙게 생각하고 즐거운 마음으로 感謝를 하여야 한다.

3) 베푸는 것은 너무도 좋고 즐거운 것이니, 보람됨을 느끼게 하여야 한다.

4) 주고받는 行實의 實踐으로, 幸福한 바른 몸가짐에 置重을 하여야 한다.

5) 自負心의 뜻대로 아니 됨이 많으나, 事理와 理致에 맞도록 하여야 한다.

6) 사람답게 살아가면서, 이런 것들이 꼭 지켜야 할 道理로서 하여야 한다.

人間은 慾望을 가짐으로 發展한다. 私利私慾 없이 奉仕하는 信條를 가져야한다. 사는 동안 배우고 얻은 것, 가지고 못 가니 기록으로 남겨두고 가는 것이다.

和風 處士 家門의 寶物

1. 十八子雨云人山 卷之單 [李 雲仙 글의 한편]
이 册은 1929年 아버지 43歲 때에 다른 사람의 책을 베끼신 筆跡이다.

2. 回心曲 卷之單 [回心曲 글의 한편]
이 册은 아버지 73歲에 佛敎에 心醉하시던 때에 다른 사람의 册을 베끼신 筆跡이다.

3. 農事講習之證

나의 아버지 30歲 산골 靑年으로 農事의 講習를 받는다고 하셨으니 그 意志를 높이 높이 評價할 만하다.

이 遺物들은 그냥 주어도 버릴 것들이지만, 子息인 나에게는 가장 貴重한 遺物이다. 그래서 우리 집 資料館에 所重하게 保管할 것이다.

차례

책머리에

제1장 새 나라 跳躍을 위한 研究

제2장 和風의 探求 生活

제1장

새 나라 跳躍을 위한 研究

새 天符經
(천부경)

天符經은 우리 民族(민족)의 정신문화(精神文化)의 뿌리이며 唯一(유일)한 경전(經典)으로 지식인(知識人)들은 모두가 연구(研究)하고 있으며, 나름대로 해석(解釋)을 하고 있다. 그런데 아직껏 공통(共通)된 解釋을 보지 못하고 있는 것이 안타까울 뿐이다.

그래서 인간(人間) 도리(道理)에 맞는 解釋을 해보려고 나의 소신(所信)대로 형이하학적(形而下學的)으로 현실(現實)에 맞추어 나름대로 합리적(合理的)으로 새 천부경(天符經)을 정리(整理)해 본 것이다.

전인류(全人類)가 가지고 있는 經典은 많다. 불경(佛經), 성경(聖經), 사서삼경(四書三經) 등 대표적(代表的)인 經典들은 경서(經書)가 여러 권(卷)의 책(冊)으로 수 만자(數萬字)로 편찬(編纂)이 되어있다. 그리고 종교적(宗敎的)인 성격(性格)을 띠고 있으며 긴 도덕경(道德經)的인 해설(解說)로 많은 부담(負擔)을 주고 있다. 그런데 天符經은 불과(不過) 81字로 되어있다.

물론(勿論) 宗敎的인 性格은 없으며 다만 人間의 道理를 지키고 깨우치라는 經書로서의 지침서(指針書)로 볼 수가 있다.

비록 짧은 經典이지 만 이해(理解)를 명확(明確)하게 하기 위(爲)해서 다음과 같이 6단계(段階)로 구분(區分)하여 解說을 해보았다.

1) ○ (宇宙아)와 天·地·人(천지인)의 誕生(탄생)
2) 天·地·人의 形態(형태)
3) 無匱(무궤)인 天·地·人 機能(기능)과 役割(역할)
4) 人間으로서의 任務(임무)
5) 天·地·人의 섭리(攝理)
6) 宇宙〈○〉의 順航(순항)하는 攝理

그리고 구두점(購讀點)〈漢字 띄어쓰기〉으로 구분(區分)하여 解說 함으로서 공통점(共通點)을 유도(誘導)했다. 또한 天符經은 기본(基本) 數(수)ㅅ字의 經典으로서, 특(特)히 六 字는 天符經의 근본(根本)인 天·地·人을 상징(象徵)하는 數

ㅅ字로서 81字의 중심(中心)에 위치(位置)하는 위상(位相)임을 높이 평가(評價)를 해야 한다. 그래서 감(敢)이 天符經을 수정(修正)하게 되었는데 이것은 現 實情에 부합(符合)하기 爲한 불가피(不可避)한 것이다.

天符經은 數ㅅ字의 經典이다. 현행(現行)의 天符經은 一字로부터 十字까찌 열 字로 풀이를 하고 있다. 그런데 새 天符經은 基本 數ㅅ字인〇〈빈 **앙**〉字로 부터 구(九)字까지의 열 字로만 解說을 하여야 한다. 그러므로 基本 數ㅅ字의 첫 字인〇字로 부터 시작(始作)이 되어야 한다고 본다. 〇字는 비어있는 첫 數ㅅ字의 상징(象徵)이고 九 字는 가득 찬 만(滿)의 機能을 가진 數ㅅ字이다. 그리고 十 字는 十 系列의 첫째 字이며 合成(합성) 數ㅅ字일 뿐이다.

새 天符經
天符經의 變遷(변천)

甲骨文(갑골문)	現行漢字體制(현행한자체제)	改善(개선)漢字體制
	一始無始一析三極無	〇始無始 〇析三極 無盡本
	盡本天一一地一二人	天一一 地一二 人一三
	一三一積十鉅 無櫃化	〇積九鉅 無櫃化三
	三天二三地二三人二	天二三 地二三 人二三
	三大三合六生七八九	大三 合六 生七八九
	運三四成環五七一妙	運二三四 成環音聲
	衍萬往萬來用變不動	五播渺然 萬往萬來
	本本心本太陽昂明人	用變動本 木心不變
	中天地一一終無終一	太陽昂明 人中天地 〇終無終

새 天符經 解說(해설)

宇宙(우주=O)와 天·地·人(천지인)의 誕生(탄생)

O始 無始 : O始 始無이다. 即 宇宙〈O〉의 始作은 始作이 없다. 〈一을 O 으로〉

O析 三極 : O極 三析이다. 即 宇宙〈O〉는 三極을 점지〈析〉했다. 〈一을 O 으로〉

《宇宙〈O〉는 天〈太陽〉과 地〈地球〉와 人〈人間〉의 三才〈三極〉를 점지했다.

無 盡 本 : 本 盡無이다. 即 天 地 人의 根本은 다 할 수 없이 永遠이 無窮하다.

天·地·人의 形態(형태)

天 一 一 : 太陽〈天〉 一一이다. 即 宇宙界內의 一의 太陽으로서 强烈한 光하나〈一〉로 形成된 一〈하나〉의 形態인 太陽이다. '一'은 太陽을 象徵한다. 《太陽은 宇宙界에 있는 큰 별들 中의 하나로서, 빛〈光〉으로만 이루어진 하나의 形態로 構成되어 있으며, '一'은 太陽을 代表한다.》

地 一 二 : 地球〈地〉二一이다. 即 太陽界의 行星中에서 生動하는 地球로서 바다와 陸地의 둘〈二〉로 形成된 하나〈一〉의 形態인 地球이다. '二'는 地球를 象徵한다.

《地球는 太陽界에 있는 衛星中의 하나의 地球로서 바다와 陸地로 이루어진 둘의 形態로 構成이 되어있으며, '二'는 地球를 代表한다.》

人 一 三 : 人間三一이다. 即 地球上에 生存하는 森羅萬想衆 靈長인 人間으로서 頭部와 體部와 肢部의 셋〈三〉으로 形成된 하나〈一〉의 形態인 人間이다. '三'은 人間을 象徵한다.

《人間은 地球上에 生存하는 森羅萬象衆의 靈長으로서 知能의 頭腦部와 生體를 活性化하는 臟器部와 活動을 하는 肢部로 이루어진 셋의 形態로 構成되어 있으며, '三'은 人間을 代表한다.》

O積 九鉅 : O九 鉅積이다. 即 天符經은 宇宙 와 天·地·人 과 基本 數字인 O부터 九까지의 열 數字 만으로 쌓은〈積立〉 큰 틀〈鉅〉의 形態이다.

〈一을 으로, 十을 九로〉

《天符經은 宇宙와 太陽, 地球, 人間을 基本 數字인 ○부터 九까
지 十의 數字 만으로 解說하여 짜여져 있는 큰 틀의 經典이다.》

無價(무궤)한 天·地·人의 機能(기능)과 役割(역할)

無價化三 : 無價三化이다. 卽 틀에 拘碍를 받지 않고 三〈모든 것〉으로 變化
시킨다.

　　《特別한 條件없이 天·地·人·各 機能으로 各者가 거느리고 있는 對
象의 모든 것〈三 形態以上〉을 거느리고 다스리며 變化를 시킨다.》

天 二 三 : 太陽〈天〉二三이다. 卽 太陽〈天〉은 强熱한 光과熱의 二機能으로
太陽界의 모든 行星들을 다스리며 變化를 시킨다.

　　《太陽은 强烈한 光과 輻射熱로 太陽界에 있는 地球와 달 等 모든
〈三以上〉行星들을 다스리며 變化를 시킨다.》

地 二 三 : 地球二三이다. 卽 地球는 自轉하면서 낮과 밤의 二機能으로 地
球上에 生存하고 있는 모든 森羅萬象인 動物, 植物, 魚貝類等 地
球上의 生態系를 成長과 休息으로 育成하며 變化를 시킨다.

　　《地球는 自轉하면서 밤과 낮의 二現像으로 地球上에 生成하는 모
든 生物體를 낮에는 成長하고 밤에는 休息으로 다스리며 變化를
시키면서 育成한다.》

人 二 三 : 人間二三이다. 卽 人間은 靈長으로서 男과 女의 二機能으로 三人
以上의 子女를 낳아서 人類가 永遠히 繁榮토록 한다.

　　《人間은 男女 二人이 三人 以上 出産하여 人類기 繁盛하게 圖謀하
는 것이다.》

大 三 合 : 三大合이다. 卽 太陽, 地球, 人間 三의 큰 形態가 가지고 있는 光
과 熱, 晝와 夜, 男과 女의 機能으로 서로 融合을 하여 億兆蒼生
이 生存을 하게 되는 것이다.

　　《큰 形態인 太陽, 地球, 人間 셋 틀이 가지고 있는 光과 熱 晝와

夜 男과 女의 三機能이 서로 融合을 하여 億兆蒼生의 모든 生命
體가 生存을 하고 繁榮하는 根本이 되는 것이다.》

六　　　：六은 天·地·人을 象徵〈代表〉하는 一·二·三을 合한 六으로 天符
經의 本으로서 81字의 中心이다. 六字는 天地人 三 材 〈·＿ l＝○
□ △ 〉의 結合字이며 이것이 天核〈·〉과 地平〈＿〉과 人立〈l〉의
結合字이다.

《天符經은 天地人을 本으로 하는 六〈1+2+3〉으로서 六을 根本으
로 하는 經典이다.》

┌─────────────────────────────┐
│　　　　　　人間의 任務(임무)　　　　　│
└─────────────────────────────┘

生七八九 : 七八九生이다.
생 칠 팔 구　칠 팔 구 생
　　　　即 [七生]은 天一一, 天二三의 合으로 天은 七項目으로 曆法을 制
　　　　칠생　　　　천 일 일　천 이 삼　　합　　천　칠 항 목　　　역 법　제
定한다. 天地 間에서 일어나는 모든 現象을 靈長인 人間은 生活
정　　천 지　간　　　　　　　　　　　　　현 상　　영 장　　인 간　　생 활
의 秩序維持를 爲하여 年·月·日·時·分·曜·節의 七個項目으로
　　질 서 유 지　　위　　　연 월 일 시 시 요 절　칠 개 항 목
曆法을 制定하여 生活의 規範으로 삼는 것이다.
역 법　　제 정　　　생 활　　규 범
　　　　即 [八生]은 地一二, 地二三의 合으로 地는 八段階로 食料品을
　　　　팔생　　　　지 일 이　지 이 삼　　합　　지　팔 단 계　식 료 품
準備하는 機能을 가진다. 人間은 生存 取食을 爲하여 地球上에
준 비　　기 능　　　　　　인 간　　생 존 취 식　위　　　지 구 상
生存하는 食用物을 四季節과 四段階로 生育하여 食用品을 確保
생 존　　식 용 물　사 계 절　사 단 계　　생 육　　식 용 품　확 보
한다. 春夏秋冬의 四季節에 따라 播種 繁殖하고, 成長 育成하고,
　　　춘 하 추 동　사 계 절　　　파 종 번 식　　　성 장 육 성
結實 收穫하고, 貯藏 加工을 하는 八段階로 食糧을 確保하는 것
결 실 수 확　　　저 장 가 공　　　　팔 단 계　식 량　　확 보
이다.
　　　　即 [九生]은 人一三, 人二三의 合으로 人은 九種類의 機能을 가
　　　　구생　　　　인 일 삼　인 이 삼　　합　　인　구 종 류　기 능
진다.
人間은 生存의 品位와 威嚴을 維持하기 爲하여, 人體 組織의
인 간　　생 존　품 위　위 엄　유 지　　　위　　　인 체 조 직
九竅의 役割을 正常으로 發揮하여야 한다. 耳 目 口 鼻의 七竅와
구 규　역 할　정 상　　발 휘　　　　　　이 목 구 비　칠 규
大便 小便用의 二竅을 合하여 九竅의 役割이 圓滑하게 이루어져
대 변 소 변 용　이 규　합　　　구 규　역 할　원 활

야 하는 것이다.

運二三四 : 二三四 運이다. 卽 人間은 男과 女의 二結合 하고 衣·食·住의
三條 件을 具備해서 子女는 四名以上을 出産하여 運營함으로서
人間의 安定된 生活을 永遠하게 維持토록 繁榮을 하게 하는 것
이다.〈二를 追加〉

成環音聲 : 音聲環成이다. 卽 基本 九音과 基本 六聲으로 결합이 된
文節文字가 서로 고리를 이루어서 말과 노래를 만들어 즐기면서
文字로 記錄하는 것이다.〈五 七을 音聲으로 變更〉

《이 音과 聲이 結合한 것이 音節文字이다. 이 글자가 고리를 이루
며 文字와 말과 노래를 만들어 즐긴다.》

[九音 六聲의 音聲 槪念으로 보면 當然히 "成環九六"이 되어야 하
나, '六' 字는 天符經을 代表하는 數人字임으로 代身 九音 六聲의
機能을 가진 '音'字와 '聲'字로 代替한 것이다.]

[現行 天符經의 成環五七은 소리의 基本을 五音聲인 宮 商 角 徵
羽와 여기에 半商 半徵를 合하여 五音 七調의 五七소리로 이루
어진 것으로 본다. 이 五音七調를 六音聲體制로 整理를 하면 宮
商 角 徵 羽 半이 된다. 또 한 日本의 詩文學인 俳句〈하이쿠〉의
短歌詩도 亦是 5·7·5로 되어 있다. 當時의 天符經의 方式에 따르
고 있음을 알 수가 있다.]

┌─────────────────────────────┐
│   天·地·人의 攝理(섭리)   │
└─────────────────────────────┘

五播渺然 : 五播 渺然이다. 卽 本 經典은 奧妙히고 無窮 無盡하며 不變 無
限함이 넓고 넘침이 中央을 비롯 四方을 合한 五方位로 끝없이
넓고 넓게 傳播하여 全人類가 골고루 惠澤을 받아야 한다.〈一은
五, 播 追加, 妙衍은 渺然〉

《이 天符經의 眞意는 世上에 生成하는 모든 現象은 豊饒롭고 奇
奇妙妙 하고 變化不測하니 널이 傳播하고 서로 融合하며 어울려서

生存을 營爲하는 것이 온 누리로 넓고 넓게 傳播되어 惠澤을 받게
한다.》

[여기서 一妙衍을 五播渺然으로 한 것은 一이 宇宙를 象徵하는 것
으로 볼 때 五는 四方과 中央을 象徵하는 廣活한 槪念으로 地球
上의 宇宙에 相應하는 槪念으로 보아 五字로 代置 하고 妙衍은
渺然으로 한 것이다.

萬往萬來 : 萬來萬往이다. 卽 人類의 居住環境은 多樣하므로 서로 오고 가
고 주고 받는 것이 世界萬邦과 坊坊曲曲에 골 고루波及이 되어
서 相扶相助를 하면서 和合하는 雰圍氣를 造成한다.
《人類는 上下貴賤이 없이 平等하게 서로 오고 가며 어울리면서 어
디에서나 모든 것이 和解로서 去來한다.》

用變動本 : 本 變動用이다. 卽 本인 天·地·人의 뜻에 맞게 變動 된 것은 本
과 같이 使用한다. 〈不을 削除〉
《어떤 案件이든 本에 맞게 變動이 된 것은 本과 같이 使用을 한다.》

宇宙〈O〉의 順航(순항)하는 攝理(섭리)

本心不變 : 本心變不이다. 卽 天·地·人의 理致는 變하지 않는 眞理의 根本
이다.
〈本을 不變으로 代替〉

太陽昻明 : 太陽明昻이다. 卽 太陽의 밝은 빛을 우러러보면서 살고 있는人間
으로 이 世上에서 부끄러움 없이 감사하며 살아야 한다.

人中天地 : 天地中人이다. 卽 太陽系 地球中의 大自然속에서 攝理에 順應하
면서 사는 人間이다. 이것이 最大의 幸福한 것이다. 〈一을 削除〉

O終無終 : O 終終無이다. 卽 宇宙는 끝이 없다. 宇宙의 役割은 一刻의 어김
도 없이 永遠히 順航을 하고 있다. 〈一을 O로, 一을 削除〉

天符經 81字의 配列

○始無始 〈4〉

○析三極 無盡本 天一一 地一二 人一三 ○積九鉅 無匱化三 天二三 地二三
人二三

大三合 〈36〉

六 〈1〉

生七八九 運二三四 成環音聲 五播渺然 萬往萬來 用變動本 本心不變 太
陽昻明

人中天地 〈36〉

○終無終 〈4〉

天符經은 數人字로 解說 한 人類 經典

本 經典(경전)은 ○ =1, 一=4, 二=5, 三=8, 四=1, 五=1, 六=1, 七=1, 八=1, 九
=2의 基本 數人字로 合計(합계)는 25字가 된다. 本 經典 81字의 30.87%이다. 30%
以上의 基本 數人字를 包含(포함)하고 있으며 六 字를 中心으로 하여 數人字로 解
說을 해 놓은 人類(인류)의 珍本(진본) 經典이다.

漢字 ○ 字와 ○字의 創案

○〈동그라미〉字는 모든 것을 包容(포용)을 하는 비어 있는 形態(형태)의 眞
圓(진원)(○)形이다. 이 ○는 球(구)의 平面(평면)이다. 이 球의 元祖(원조)는 宇
宙의 形象(형상)이다. 그래서 宇宙를 象徵(상징)하는 文字로 選擇(선택)을 했다.
呼稱(호칭)은 "宇宙 아"로 하였으며 모든 文字를 代表(대표)하는 第一(제일)의
文字로서 創案(창안)을 한 것이다. "아"는 소리〈音聲〉의 첫 번째로서 소리의 本
이다.

○〈가로 동그라미〉字는 비어있는 形態인 가로 橢圓(타원)(○)形이다. 가로
形字이므로 가로形 인 漢字體制에 包含하여 呼稱은 "빈 앙〈으〉"으로 하여 漢字

數ㅅ字의 첫 字로 하였다.

○ 은 漢字文字의 基本 數ㅅ字의 첫째 字인 "**앙**"으로서 數를 세는 첫 字로 하여 ○, 一, 二, 三, 四, ---의 順序(순서)로 한다. 只今은 一, 二, 三, 四, 五, ---로 되어있다.

[參考] 알파벳의 基本 數ㅅ字의 첫째 字인 "0"字는 비어있는 세로 "**앙**"字이다. 零〈빌 영〉字 呼稱은 "**앙**"인데 한글은 "영"으로 呼稱하며 쓰고 있다.

빈 字의 創案과 呼稱

○ 는 眞圓 빈 아 字 〈眞圓形 빈空間의 大宇宙를 象徵〉
○ 는 가로 빈 으 字 〈가로形 漢字式의 數ㅅ字를 象徵〉
〇 는 세로 빈 이 字 〈세로形 알파벳의 數ㅅ字를 象徵〉
동구람 型의 數ㅅ字는 비어 있음을 象徵하는 글ㅅ자이다.

數ㅅ字 定義와 解說

基本 數ㅅ字는 ○·一·二·三·四·五·六·七·八·九 열 字로서 이를 基數라고 한다.

合成 數ㅅ字는 ○·一·一一·一二·一三·一四·一五·一六·一七·一八·一九로 合成字로서 이를 合數라고 한다.

數ㅅ字의 順序는 ○ 字로 부터 九 字까지의 열 字로서 十進法(십진법)에 맞는다.

數ㅅ字의 十進法을 바꾸었다

現在(현재)의 十進法은 一·二·三·四·五·六·七·八·九·十이다.
改正(개정)한 十進法은 ○·一·二·三·四·五·六·七·八·九이다.
十字는 一○의 合成 數ㅅ字로서 十 系列(계열)의 첫 번째 數ㅅ字이다.

天符經의 전래(傳來)

天符經·삼일신고(三一神誥)·참전계경(參佺戒經)은 단군조선(檀君朝鮮)⟨BC-2333⟩부터 시작(始作)하여 마지막 단제(檀帝) 이신 47대(代) 고열가(古烈加)⟨BC-295~238⟩까지 전(傳)하던 것을 그 後 고구려(高句麗) 9代인 고국천왕(故國川王)⟨AD-179~197⟩ 때의 재상(宰相)인 을파소(乙巴素)가 傳受(전수)해서 믓今(지금)까지 내려오고 있는 우리 민족(民族)의 唯一(유일)한 경전(經典)이라고 한다.

現行의 生 數와 成 數

一·二·三·四·五는 生 數라 하고, 六·七·八·九·十은 成 數라고 하고 있다.
六은 成 數의 첫 번째 글자이다. 北方은 一 六 水로 물은 萬物의 根源이다.
三 合 六⟨一·二·三⟩成數 六始 也 故 六 天符經 中心 也.⟨甲骨文字에 依據함⟩

새 나라

이 構想(구상)은 옛날에 우리의 祖上(조상)들께서 雄據(웅거)를 하셨던 넓은 中原(중원) 벌판을 踏査(답사)하여 確認(확인)을 하고 우리나라 歷史(역사)가 9,000年이 넘는다고 배우고 보니 이의 定立(정립)을 하기 위하여 그 時代와 같이 弘益人間(홍익인간)과 理化世界(이화세계)를 復元(복원)하여야 하겠다는 使命感(사명감)을 느끼게 되었다.

이제라도 우리가 忘却(망각)하였던 過去(과거)를 反省(반성)하면서 失地(실지)를 恢復(회복)하여야 하겠다는 自責感(자책감)에서 敢이 詩歌(시가) 調(조)로 엮은 것이다. 새 나라는 이렇게 되어야 할 것이다.

1) 새나라의 넓은 疆土 一萬幾千里
　　　　　　　강토　일만기천리
　　이곳에서 사는 百姓 五億幾千萬
　　　　　　　백성　오억기천만
　　桓因紀元 빛난 歷史 九千幾百年
　　환인기원　　역사　구천기백년

2) 새나라의 桓雄時代 六十一世紀
　　　　　환 웅 시 대　육 십 일 세 기

天地山이 뻗어내린 넓은平原에
천 지 산　　　　　　　　　　평 원

桓雄族이 다스리는 和白의나라
환 웅 족　　　　　　　　화 백

3) 새나라의 弘益人間 理化世界다
　　　　　홍 익 인 간　이 화 세 계

모두함께 부지런히 터를닦아서

여기에서 사는百姓 다같이幸福
　　　　　　백 성　　　　　행 복

4) 새나라의 바른소리 글자創案해
　　　　　　　　　　　　창 안

온나라에 널리펴서 배우게하니

글모르는 사람없이 平準한知識
　　　　　　　　　平 준　지 식

5) 새나라의 自由民主 이루었으니
　　　　　자 유 민 주

先進國의 隊列中의 模範國家로
선 진 국　대 열 중　모 범 국 가

支援하는 姿勢로서 先導를하며
지 원　　　자 세　　　선 도

6) 새나라의 繁榮함의 矜持가지고
　　　　　번 영　　　궁 지

온누리의 百姓들을 깨우치면서
　　　　　백 성

平和롭게 사는世上 이룩합시다.
평 화　　　　세 상

새 나라의 疆域圖(강역도)

이 疆域 地圖(강역 지도)는 美國의 有名(유명)한 豫言家(예언가)인 "존 티토"가 "2,036年(년)에는 日本國(일본국)이 韓國(한국)의 植民地(식민지)가 될 것이다."라고 豫言(예언)을 하고 公開(공개)를 한 地圖이다.

2,036年 地圖에 日本國이 韓國의 支配(지배)를 받는 植民地로 表記(표기)가 되어있어, 衝擊的(충격적)이다.

"존 티토의 豫言"은 日本國이 韓國의 植民地가 될 것이며 韓國은 現在(현재)의 中國(중국)의 一部(일부)를 統合 統治(통치)하게 될 것이라고 말을 해서 눈길을 끌고 있다.

"존 티토"는 2,036年에 世界(세계) 3次(차) 大戰(대전)이 勃發(발발)한 後(후)의 變化(변화)가 될 各國(각국)의 疆域을 公開(공개)한 地圖(지도)이다.

이 地圖는 桓雄時代(환웅시대)에 蚩尤帝(치우제)가 다스리던 疆域과 類似하다.

새 나라 愛國歌(애국가)

1 節 : 黃海물과 天池山이 다 마르고 다 닳도록 하느님이 保祐하는 우리나라일세
　　　 황 해　　 천 지 산　　　　　　　　　　　　　　　 보 우

2 節 : 自然攝理 創造로서 이루어진 華麗한곳 永遠토록 不變하는 우리 터전일세
　　　 자 연 섭 리 섭 조　　　　　　 화 려　　 영 원　　 불 변

3 節 : 森羅萬象 共榮共生 成長으로 育成하고 繁殖하며 生存하는 우리 樂園 일세
　　　 삼 라 만 상 공 영 공 생 성 장　　 육 성　　 번 식　　 생 존　　　　 낙 원

4 節 : 暖流寒流 三寒四溫 春夏秋冬 變化하는 錦繡江山 자랑하는 나라 되게 하세
　　　 난 류 한 류 삼 한 사 온 춘 하 추 동 변 화　　 금 수 강 산

5 節 : 이 氣象과 忠誠으로 즐거우나 괴로우나 一片丹心 團合하는 나라 사랑하세
　　　 　 기 상　 충 성　　　　　　　　　　　　　　 단 합

6 節 : 無窮花꽃 萬幾千里 피고 지는 疆域이니 桓雄子孫 永存하는 나라 이룩하세
　　　 무 궁 화　 만 기 천 리　　　　　 강 역　 환 웅 자 손 영 존

黃海는 우리나라의 內海(내해)이고 天池山은 우리 民族(민족)을 象徵(상징)하는 神秘(신비)의 靈山(영산)이다. 이를 象徵하기 위해서 黃海와 天池山으로 한 것이다.

現在(현재) 愛國歌의 "우리나라 萬歲(만세)"에서 萬歲를 뺐다. 왜! 우리나라는 萬年(만년)이 다 되어간다. 그래서 萬萬歲로 할까 하다가 限時的(한시적)인 숫자보다는 現實的(현실적)으로 合理性(합리성)에 맞는 歌詞(가사)로 하였다.

새 나라가 되었으니 새 愛國歌는 한 節을 追加(추가)하여 6節로 創案(창안)을 했다.

인뉴문ᄱ 의 창안(創案)

인뉴문ᄱ(인류문자=人類文字)는 다음과 같다.

* 부음(父音) 文字

기본(基本)字

○·Ⓥ·ㄱ·ㄴ·ㄷ·ㄴ·Ⅴ·▽·□

父音가획(加劃)字

○·○·○	⊖·Ⓘ·⊙
Ⓥ·Ⓥ·Ⓥ	⊖·Ⓘ·⊙
ㄱ·ㄱ·ㄱ	ㄱ·ㄱ·ㄱ
ㄴ·ㄴ·ㅌ	ㄷ·ㄴ·ㄴ
ㅌ·ㄷ·ㄷ	ㅌ·ㄸ·ㄷ
ㅂ·ㄴ·ㄴ	ㅂ·Ш·ㄸ
Ⅴ·Ⅴ·Ⅴ	Ⅴ·Ⅴ·Ⅴ
▽·▽·▽	▽·▽·▽
日·□·□	日·Ⅲ·⊡

* 모성(母聲) 文字

기본(基本)字

ㅡ·ㅣ·ㅏ·ㅓ·ㅗ·ㅜ

母聲합성(合成)字

ㅑ·ㅕ·ㅛ·ㅠ·ㅓ·ㅡ

ㅐ·ㅔ·ㅚ·ㅟ·ㅢ

ㅒ·ㅖ·ㅛ·ㅲ

ㅘ·ㅝ·ㅙ·ㅞ

지구상(地球上)에는 수많은, 인종(人種)들이 살고 있다. 이 많은 종족(種族) 은 제 나름대로 소리를 내면서 말들을 하고 있다. 그런데도 그 말이 다른 種族 들과는 通하지 않는다.

또한 좀 선진(先進) 種族들은 제 나름대로 文字를 가지고 있다. 그러나 이 文字 역시(亦是) 다른 種族들과는 通하지 않고 있다.

소리〈音聲〉와 말〈言語〉과 그림〈圖形〉과 글자〈文字〉가 생긴 것은 人類가 생존(生存)하면서부터 오늘에 이르고 있다. 그런데 지금까지도 서로 간에 의사소통(意思疏通)이 제대로 되지 않고 있다.

그래서 어떻게 하면 말과 글자를 통일(統一)하여 서로 간의 意思를 疏通하게 할 수 있을까 절실(切實)히 필요성(必要性)을 느끼게 되었다.

다시 말을 하면은 21세기(世紀)의 문명시대(文明時代)가 되었는데도 種族 間의 意思疏通이 되지 않고 있으니 부득이(不得已) 새로운 글자를 제정(制定)해서 전(全) 人類가 같이 쓸 수 있는 글자가 없을까! 구상(構想)을 하다보니 새로운 글자를 創案하게 되었다. 이것을 **인뷰문ⴸ** 라고 이름을 지었다.

말과 글자는 人間(인간)만이 가지고 驅使(구사)를 하고 있다. 말은 一種의 소리로서 입으로 한다. 소리는 音(음=소리 음)과 聲(성=소리 성)의 결합(結合)이다.

그래서 音과 聲의 발음(發音)과 발성(發聲)하는 위치(位置)를 調査(조사)해 보니, 그 특성(特性)이 완연(完然)하게 다르다. 그래서 이것을 분류(分類)하여 父音과 母聲의 두 가지로 呼稱으로 하기로 했다. 즉(卽) 음대(音帶)에서 나는 소리는 父音으로 하고 성대(聲帶)에서 나는 소리는 모성(母聲)으로 하여 두 가지 호칭(呼稱)으로 하기로 했다. 訓民正音(훈민정음)에서는 이를 子音(자음)과 母音(모음)으로 呼稱을 하였는데 이것은 잘못된 表現(표현)인 것이다.

＊ 父音 文字
父音 文字가 생성(生成)하고 發音하는 것을 검토(檢討)해 보았다.

父音 文字가 發音을 하는 곳은 口腔(구강) 音帶, 咽喉(인후) 音帶, 舌根(설근) 音帶, 舌端(설단) 音帶, 前齒(전치) 音帶, 口脣(구순) 音帶로 六(육) 音帶 뿐이다.

그래서 發音 位置인 音帶의 모양(模樣)을 본을 떠서 文字를 만들었다. 卽 口腔音은 입안이 비어 있는 空間의 模樣인 'ㅇ'로 하고, 咽喉音는 목구멍의 模樣인 'ⴰ'로 하고, 舌根音은 혀뿌리의 模樣인 'ㄱ'로 하고, 舌端音은 혀와 혀끝의 模

樣인 'ㄴ'로 하고, 前齒音은 앞 윗니의 模樣인 'Ⅴ'로 하고, 口脣音은 입술의 模樣인 'ㅁ'로 했다. 그래서 父音의 基本 文字는 "ㅇ·ʊ·ㄱ·ㄴ·Ⅴ·ㅁ"六 字인데, 여기에 舌端 音帶에서 ㄷ와 ㅂ와 前齒 音帶에서 ▽字를 追加하여 基本 父音字는 九 字가 되었다.

父音 基本 字에 公式 劃(공식 획) "-〈기로劃〉, Ⅰ〈세로劃〉, ·〈點(점)劃〉"을 加劃(가획)하여 "ㅡ·ⓘ·⊙·ʘ·Ⓦ·ʊ·ㅋㄱ·ㄴ·ㄴ·ㅌ·ㄷ·ㅂ·ㄴ·ㄴ·ⱱ·ᴠ·ᴧ·▽·▽·ㅂ·ㅃ·ㅁ"27字를 于先(우선) 創案을 했다.

이로써 父音 文字는 基本字 9字와 加劃 字 27字를 合(합)한 36字를 實用(실용)字로 하여 使用(사용)하기로 했다.

音價(음가)는 다음과 같다.

父音 基本字는 ㅇ=ㅇ= η·ʊ = ʊ ㅡ= h·ㄱ= ㄱ = g·ㄴ= ㄴ = n·ㄷ= ㄷ =d·ㅂ=ㅂ ㅡ=R·Ⅴ = Ⅴ ㅡ = S·▽ = ▽ ㅡ= z·ㅁ=ㅁ=m·이다.

父音 加劃字는 ㅡ=ㅡ=~·ⓘ= ⓘ = ~·⊙=응= ng·ʘ= ʊ ㅡ= f·Ⓦ = Ⓦㅣ=~·ʊ = ʊ·=~·ㅋ = ㅋ = ~·ㄱ = ㄱ = ㅋ·ㅋ =k·卿 = ㄴ = ~·ㄴㅣ =~·ㅌ= ㅌ = ~·ㅂ=ㅂ ㅡ= R·ㅣ =~·ㅂ·=~·ㅌ= ~·ㄷ= ㄷㅣ = ζ·ㄷ= ㄷ·=t·ス = ʃ·ᴧ = ㅡ ᴧ = ~·▽ = ▽ㅡ= ʤ·▽ = ▽ㅣ = ~·▽· = ʧ·ㅂ = b · ㅃ = ㅁㅣ = ~·⊡=~ 이다.

인뷰문ⱱ와 같이 發音 聲대로 記錄을 하지 못함으로 別途의 發音聲 記號를 만들 수밖에 없었을 것이다.

＊ 母聲 文字 :

母聲 文字가 生成 發聲하는 것을 檢討해 보았다.

母聲 文字의 發聲 位置는 목구멍의 한 곳이다. 그런데 口腔으로 변위(變位)하여 오(五) 變形을 하면서 發聲을 한다. 卽 목구멍의 一(일) 聲帶에서 "ㅡ發聲"을 하고 口腔으로 옮겨 와서 "ㅣ·ㅏ·ㅓ·ㅗ·ㅜ"를 입의 벌림 크기를 변화(變化)를 하면서 發聲을 한다. 이를 合하면 "ㅡ·ㅣ·ㅏ·ㅓ·ㅗ·ㅜ"6字가 되는 것이다. 목구멍의 一聲帶와 口腔內(내)의 五變聲을 合하여 六變 發聲으로 發聲를 하는 것이다. 이를 六 聲帶로 볼 수도 있다. 母聲의 基本文字는 六 字이다.

그리고 母聲의 基本文字 "ㅡ·ㅣ·ㅏ·ㅓ·ㅗ·ㅜ" 六字를 서로 合成을 하여서 "ㅢ·ㅑ·ㅕ·ㅛ·ㅠ·ㅐ·ㅔ·ㅚ·ㅟ·ㅒ·ㅖ·ㅚ·ㅞ·ㅘ·ㅝ·ㅙ·ㅞ"

18字를 于先 創案을 했다. 이로써 母聲 文字는 基本 文字 6字와 合成 文字 18字를 合한 24字를 實用 字로 하여 使用하기로 했다.

聲價(성가)는 다음과 같다.

母聲의 基本字는 ㅡ=으=∼·ㅣ=이=i·ㅓ=어=ə·ㅗ=오=Ɔ·ㅜ=우=u·ㅢ=의 =∼·ㅑ=0ㅑ=∼·ㅠ=유=jwi·ㅘ=와=wa·ㅝ=워=·ㅙ=왜=wæ·ㅞ=we이다.

그런데 英語等은 發聲대로 記錄하는 것이 아니고 發聲 記號로 記錄을 하는 것 같다. 참으로 不合理的이다. 그래서 合理的인 **인뉴문ㆍ**를 採擇할 수밖에 없다.

인뉴문ㆍ는 基本 父母 基本 文字 15字와 父音 加劃字 27字와 母聲 合成字 18字를 合하면 實用 字는 60字이다.

인뉴문ㆍ의 實用 父母 文字로서 60字를 입체적(立體的)으로 결합(結合)한 글자를 음성절(音聲節) 文字라고 하며 무려(無慮) 40,000여(餘) 字가 되므로 人類가 發音하고 發聲하는 모든 소리를 기록(記錄)할 수 있음으로 소리를 記錄 하여 의사(意思)를 소통(疏通)할 수 있을 것으로 본다.

이 **인뉴문ㆍ**는 기하학적(幾何學的)이며 음운학적(音韻學的)으로 논리(論理) 에 맞도록 제자(製字)한 가장 합리적(合理的)이고 과학적(科學的)으로 創案이 된 文字이다. 따라서 컴퓨터의 새로운 字板과 핸드폰의 字板이 改善이 된다.

참고(參考)로 **인뉴문ㆍ**를 공부(工夫)하고 싶으시면 "바른 소리글자〈正 音 聲 文字〉" 책(册)을 읽어 보시길 권장한다.

인뉴문ㆍ를 共用文字(공용문자)로 해야 하는 理由(이유)

人類는 多樣(다양)하고 따라서 發音聲(발음성)하는 소리도 多樣)하다. 只今 은 世界 人類가 疏通(소통)을 하며 共生(공생)하는 時代(시대)이다.

말은 달라도 文字는 같은 文字를 共通(공통)으로 使用(사용)하여 意思(의 사)를 疏通하는 것이 좋겠다. 그런데 같은 입으로 말을 하는데도 말이 모두 다르고, 말을 記錄(기록)하는 文字도 다르다.

인뉴문마는 입의 構造(구조)인 音帶(음대)와 聲帶의 模樣(모양)의 本을 떠서 가장 合理的(합리적)으로 만든 基本(기본)文字 15자를 서로 結合(결합)을 하여 音節(음절) 文字로 幾萬(기만)字를 만들어 어떠한 소리도 記錄(기록)을 할 수가 있기 때문이다. 그러므로 全 人類가 같이 共用(공용)을 하도록 하는 것이 妥當(타당)하다고 본다.

인뉴문마는 世上(세상)에서 가장 簡單(간단)하게 科學的(과학적)으로 만들어졌으며 어떠한 소리도 記錄(기록)을 할 수 있기 때문이다. 모든 것들은 可及的(가급적)이면 하나로 統一(통일)을 하는 것이 妥當하다고 본다.

한글이 現在(현재) 世界에서 使用(사용)을 하고 있는 文字 中(중)에서 가장 優秀(우수)한 文字임이 證明(증명)이 되어 있다. 그래서 自國(자국)의 文字가 없는 나라에서는 한글을 自己(자기)네 國字(국자)로 採擇(채택)을 하고 있다. 그런데 **인뉴문마**는 한글을 보다 合理的(합리적)으로 改善(개선)을 한 文字이다.

이와 같은 狀況(상황)이라며 自國 文字가 없는 나라가 많으니 **인뉴문마**를 共用 文字로 使用(사용)하는 것이 좋다고 보는 것이다.

인뉴문마 (人類文字) 構成과 機能

人間言語行爲 :
인 간 언 어 행 위
　　言語行使口脣 [말은 사람만이 하는데 입 機能으로 遂行을 한다.]
　　언 어 행 사 구 순

父音發音位置 :
부 음 발 음 위 치
　　口腔內六音帶 [父音 소리를 내는 곳은 입안의 六音帶에서 한다.]
　　구 강 내 육 음 대

母聲發聲位置 :
모 성 발 음 위 치
　　一聲帶五變帶 [母聲 소리를 내는 곳은 一聲帶 五變帶에서 한다.]
　　일 성 대 오 변 대

基本父音九字 :
기 본 부 음 구 자
　　ㅇ ㅎ ㄱㄴㄷㄴㅿㅁ[基本 父音 글자는 아홉 字로ㅇ ㅎ ㄱㄴㄷㄴㅿㅁ이다.]

基本母聲六字 :
기 본 모 성 육 자
　　ㅡㅣㅓㅗㅜ [基本 母聲 글자는 여섯 자로 ㅡ ㅣㅓ ㅗ ㅜ 이다.]

基本父母文字 :
기 본 부 모 문 자
　　合計十五文字 [基本 父音과 母聲 글자 合하면 모두 15字 이다.]
　　합 계 십 오 문 자
父音加劃文字 :
부 음 가 획 문 자
　　二七字를 增字 [父音은 加劃 添加 方法으로 27字를 더 만들었다.]
　　이 칠 자 　 증 자
母聲合成文字 :
모 성 합 성 문 자
　　十八字를 增字 [母聲은 合成 하는 方法으오 18字를 더 만들었다.]
　　십 팔 자 　 증 자
立體結合文字 :
입 체 결 합 문 자
　　左右上下合字 [父母 字을 立體的으로 結合 소리를 내게 하였다.]
　　좌 우 상 하 합 자
實用父音文字 :
실 용 부 음 문 자
　　合計三十六字 [基本 父音 加劃 父音을 合하여 實用글자로 하였다.]
　　합 계 삼 십 육 자
實用母聲文字 :
실 용 모 성 문 자
　　合計二十四字 [基本 母聲 合成 母聲을 合하여 實用글자로 하였다.]
　　합 계 이 십 사 자
實用父母文字 :
실 용 부 모 문 자
　　合計六十字 [實用글자는 父母 字를 合하면 모두 60글자이다.]
　　합 계 육 십 자
父母結合文字 :
부 모 결 합 문 자
　　呼稱音節文字 [父母글자의 結合 한 文字를 音節 文字라고 한다.]
　　호 칭 음 절 문 자
音節幾萬文字 :
음 절 기 만 문 자
　　音聲記錄可能 [音節 文字로는 어떠한 소리도 記錄을 할 수 있다.]
　　음 성 기 록 가 능
優秀人類文字 :
우 수 인 류 문 자
　　全人類爲共用 **인뉴문가** 優秀하니 다 같이 使用하여야 한다.]
　　전 인 류 위 공 용

　　　　　　　人類의 發祥과 文化는 더불어 移動
黃白黑赤民族 － 黃色民族桓族
　　[人種의 色은 黃,白,黑〈紫〉,赤色, 桓族 民族은 黃色이다.]
人類發祥大陸 － 漸次移動島嶼
　　[人類의 發祥地는 大陸이고, 大陸에서 島嶼로 移動했다.]
文化創始大陸 － 變遷傳播島嶼

[文明은 大陸에서 發祥을 하여, 島嶼 나라로 傳播했다.]

桓族渡去日族 – 自然海流着日

[韓族 渡去로 日民族 形成, 韓國에서 海流로 移動했다.]

桓字創始蒼詰 – 訓正創製世宗

[桓字는 蒼詰이 創始하고, 訓民正音은 世宗이 創製했다.]

桓字傳授王仁 – 文明渡去桓國

[日國에 글 傳授는 王仁이고, 文明은 韓國에서 傳授했다.]

片假名桓字劃 – 平假名桓草書

[アイウエオ와 あいうえお는 桓文字의劃과 草書體다.]

日國形成文化 – 韓國傳授必然

[日本國 建國과 文明은 韓國에서 全部傳授 한것이다.]

中日不合理字 – 人類文字授與

[中, 日의 文字 苦悶은"**인뉴문ㅿ마**"受容으로 解決이 된다.]

英佛獨西文字 – 人類文字授與

[英,佛,獨 等의 文字는"**인뉴문ㅿ마**"受容이 不可避하다.]

アイウエオ( ) – ㅡㅣㅏㅓ ㅗㅜ

[日 文字의序列의順序는 發音聲順序에 맞지가 않는다.]

アカサナハマ – ㅇ ㆁ ㄱ ㄴ V ㅁ

[日 文字의配列의順序는 發音聲順序에 맞지가 않는다.]

〈日 文字의 配列의順序アカサタナハマヤラヮン은 原則 없이 無秩序하다.〉

A G H M N S – ㅇ ㆁ ㄱㄴVㅁ

[英語文字의 序列順序는 發 音聲 順序에 맞지 않는다.]

A E I O U Y – ㅡㅣㅏㅓ ㅗㅜ

[英語文字의 配列順序는 發 音聲 順序에 맞지 않는다.]

〈英語文字의 順序 AA B C D E F G H I J K L M N O P Q R S T U V W X Y Z. 赤 父音, 青 母聲〉

인뉴문ㅿ마 創案 – 合理化로 完成 [訓民正音을 補完하여 合理的 "**인뉴문ㅿ마**"로 完成했다. 소리는 입이 한다. – ㅡ,ㅓ文字가 없다 [소리는 입이 하는데 왜 外

國語는 ㅡ,ㅓ字가 없을까.]

그러고 보니 "**인뷰문마**"를 採擇하지 않을 수 없게 될 것이다. 이는 不可避
한 現實의 趨勢일 뿐이다.

文字의 變遷

1. 桓字創始蒼詰 - 訓正創製世宗

   [桓文字는 蒼詰이 만들고 訓民正音은 世宗이 만들다.]

2. 桓字傳授王仁 - 文明渡去桓國

   [日本에 글 傳授는 王仁이고 文明은 우리나라에서 갔다.]

3. 片假名桓字劃 - 平假名桓草書

   [アイウエオ와 あいうえお는 桓字 劃과 草書體이다.]

4. アイウエオ - ㅡㅣㅏㅓㅗㅜ

   [日本文字 製字順序는 發音聲順序에 맞지가 않는다.]

5. アカサナハマ - ㅇ ♡ ㄱㄴＶㅁ

   [日本文字 序列順序는 發音聲 順序에도 맞지 않는다.
   〈アイウエオ, カキクケコ, サシスセソ, タチツテト, ナニ
   ヌネノ, ハヒフヘホ, マミムメモ, ヤイユエヨ ラリルレロ,
   ワヰウヱヲ, バビブベボ, パピプペポ, ガギグゲゴ, ザジズ
   ゼゾ, ダヂヅデド, ン〉

6. A G H M N S - ㅇ ♡ ㄱㄴＶㅁ

   [英語文字 配列順序는 發音順序에도 맞지 않는다.]

7. A E I O U Y - ㅡㅣㅏㅓㅗㅜ

   [英語文字 配列順序는 發聲順序에도 맞지 않는다.]
   〈英語文字順序는 A A B C D E F G H I J K L M N O P Q R S T
   U V W X Y Z, 赤 父音, 靑 母聲〉
   〈θ ʤ ʃ ŋ ə ɥ æ e ʃ δ〉

8. 日國形成文化 - 韓國傳授必然

9. 中日不合理字 －人類文字受容

　　[中,日의 文字 苦悶은 **인뉴문까** 受容으로 解決이 된다.]

10. 英 佛 獨 西 文字 － 人類文字受容

　　[英,佛,獨 等 文字도 **인뉴문까** 受容이 不可避 하다.]

같은 글자인데 呼稱과 소리가 다르다

文字	A	B	C	D	E	F	G	H	I	J	K	L	M	N	O	P	Q	R	S	T	U	V	W	X	Y	Z
英語	에이	비	시	디	이	에흐	지	에치	아이	제이	케이	엘	엠	엔	오	피	큐	알	에스	티	유	브이	따불	엑스	와이	제트
佛語	아	베	세	데	에	에흐	제	아쉬	아이	지	카	엘	엠	엔	오	페	키	알	에스	테	유	베	둡러	익스	익르슥	즈스드
獨語	아아	베에	쎄에	데에	에에	에흐	제에	하아	이이	자아	카아	라아	마아	나아	오오	파아	크봐	라	자아	타아	유유	바아	바아	익스	입실론	젯

　　文字에 魅惑이되어 "**인뉴문까**"를 創案하고 보니 世界의 人類마다 말과 文字를 가지고 있는 것을 알게 되었다. 代表的인 文字가 많은데 이 中에서 英語의 例를 들어본다. 英語는 26字이다. 이 26字 中의 B. V·C. S. X·F. H·G. K. Q·I. Y·J. Z 等은 發音 聲은 비슷한데 駭怪한 發音聲 記號로 區別하여 소리를 내고 있다.

　　소리와 말은 人間이 가진 하나 뿐인 입안의 音帶와 聲帶로 하면 되는데 왜 發音聲 記號가 必要한가?. 이것은 再考를 해 볼 必要가 있다고 본다. 그래서 더욱이 느낀 것이 "**인뉴문까**"를 世界 全 人類가 共用으로 使用하자는 것이다.

六曜 曆(육요 역)

六曜 曆은 天符經(천부경)의 完成(완성)의 眞理(진리)인 六에 立脚(입각)하여서 創案(창안)을 한 달력이다.

六曜 曆은 六曜日의 名稱(명칭)을 生命體(생명체)를 育成(육성)하는 六 恩惠(은혜)인 誕生(탄생), 空氣(공기), 水分(수분), 光熱(광열), 和風(화풍), 土壤(토양) 中에서 生, 氣, 水, 光, 風, 土를 選擇(선택)한 것이다.

曆 制度(제도)는 人間生活(인간생활)의 絕對(절대)로 必須的(필수적)인 要件(요건)이다. 生命(생명)을 保存(보존)하고 維持(유지)하는 것과 도 같은 絕對로 必要(필요) 한 恩惠임을 象徵(상징)하는 뜻도 가지도록 한 것이다.

生曜日은 낳아주신 恩惠에 報答(보답)하는 뜻으로 푹 쉬시고 其他(기타) 曜日은 生産(생산)을 위하여 熱心(열심)히 일을 한다.

七曜 曆은 太陽系(태양계)의 衛星(위성) 으로 되어 있는 데 妥當性(타당성)이 좀 模糊(모호)하다.

七曜 曆은 1年(년)이 12枚(매)로 되어 있는데 六曜 曆은 1枚 뿐이다.

七曜 曆은 每月(매월)의 날짜와 曜日(일)이 다른데 六曜 曆은 같다.

七曜 曆은 土曜 方式(방식)을 削除(삭제)한 것은 하루의 行爲(행위)가 勤務(근무)와 休務(휴무)의 두 가지 行實(행실)을 構想(구상)한다는 것이 좀 不合理(불합리)하기 때문이다. 勤務(근무)를 하든 休務를 하든 한 가지에만 專念(전념)하도록 하기 위함이다. 只今(지금)은 土曜日도 休務日로 하고 있다.

七曜 曆은 複雜(복잡)하고 어수선한 데 六曜 曆은 아주 簡便(간편)하고 記憶(기억)하기가 쉽다. 1年 12個月(개월) 中(중)에서 큰 달 六 個月과 작은 달 六 個月로 區分(구분)하여 큰 달인 1, 3, 5, 7, 9, 11月은 奇數(기수) 月로서 31日로 하고 11月은 30日로 하는 데 閏年(윤년)에 만 31日로 하고. 작은 달인 2, 4, 6, 8, 10, 12月은 偶數(우수) 月로서 30日로 한다. 그리고 31日은 無曜(무요) 休務日로 한다. 그러면 每月(매월)의 日字(일자)와 曜日이 같게 된다.

~~이 境遇에 變化가 된 內容은 다음과 같다.~~

1. 年間(연간)의 週(주) 數(수) 變化(변화)

1年間의 週數는 七曜日制(제)는 52週이고 六曜日制는 60週가 된다. 이렇게 되면 勤務(근무) 時間(시간)과 休務(휴무) 日數가 變化하게 된다.

2. 年間의 勤務 時間 變化

1) 七曜日制 : 週間의 勤務 時間은 44時間〈8時間x5日+4時間x1日〉으로 年間은 2,288時間〈44時間x52週〉이 된다.

2) 六曜日制 : 週間의 勤務 時間은 40時間〈8時間x5日〉이 되고 年間은 2,400時間〈40時間x60週〉이 된다. 그런데 週間의 勤務 時間은 4時間이 적으나 年間은 112時間〈2,400~2,288〉이 많다.

3) 七曜日制 : 週間은 40時間〈8時間x5日〉이고 年間은 2,080時間〈40x52週〉이 되므로 320時間〈2,400~2,080〉이 적다.

3. 年間의 休務 日數 變化

1) 七曜日制 : 年間은 52週로 年間 休務日은 現行은 土曜日은 半 休務 일로 78日〈1.5日x52週〉에서 온 休日로 되어 104日〈2日x52週〉이다.

2) 六曜日制 : 年間은 60週로 年間 休務日은 60日〈1日x60週〉이 되고 閏年에는 61日〈閏月 1日 追加〉된다. 그러므로 年間의 休務日은 平年에는 18日이 減少하고 閏年에는 17日이 減少한다.

3) 現 行 制 : 土曜日 休務함으로 週間 勤務日 數는 五日이 되고 年間 休務日은 52日에서 104日〈52週x2〉로 增加(증가)하고 年間 休務日은 104日에 公休日 11日를 追加(추가)하면 115日이 된다. 이는 無慮(무려) 31.4% 以上(이상)으로 休日의 比率(비율)이 너무나 많다. 그러니 七曜日制는 休務日이 六曜日制 보다 49日이 많다. 人間(인간)이 生命(생명) 維持(유지)를 위해서는 먹거리를 取得(취득)하려고 일을 한다. 그런데도 30% 以上(이상)을 쉬니 生産性(생산성)은 떨어지고 休務日의 增加(증가)로 消費(소비)만 늘어난다. 이의 不合理(불합리) 함을 是正(시정)하기 위해서는 어떠한 制度(제

도)가 必要(필요) 하다고 본다.

4) 永久(영구) 不變(불변) 一面(일면) 달력:

달력은 큰달과 작은달로 區分(구분)되어 있는 1枚이다. 日字(일자)와 曜日이 每月(매월) 같음으로 簡單(간단)하고 記憶(기억)하기도 쉽고 아주 便利(편리)하다. 當該月(당해월)을 區別(구별)하기 위하여 달력에 表示(표시)를 한다. 永久달력은 一面으로 變化가 없으므로 美麗(미려)하게 作品(작품)으로 만들어서 걸어놓으면 보기도 좋고 品位(품위)도 있다.

六曜 달曆은 1枚의 永久不變 달曆
永久 달曆
月
Monthly

1	3	5	7	9	11
2	4	6	8	10	12

曜 日
Weekly

生 BORN	氣 AIR	水 WATE	光 LIGH	風 WIND	土 SOIL	無 NONE
1	2	3	4	5	6	–
7	8	9	10	11	12	–
13	14	15	16	17	18	–
19	20	21	22	23	24	–
25	26	27	28	29	30	31

綜合(종합) 評價(평가)

1) 한 장의 달력임으로 使用을 하는데 아주 便利하다.

2) 每月의 日字와 曜日이 같으므로 記憶을 하기가 쉬워졌다.

3) 年間 休務日은 줄였지만, 重複 休日은 며칠 旅行을 할 수 있다.

4) 年間 勤務 時間이 112時間 많아 生産 增强으로 經濟發展에 寄與한다.

5) 現行은 年間의 休務 時間이 320시간으로 너무나 많아서 合理性이 없다.

6) 六曜日 制度의 變更은 우리 人間生活 便宜上 반듯이 實踐이 되어야한다.

이 달력은 變하지 않고 好感을 느끼는 一枚의 달력임으로 親近感이 생긴다.

또 한 달력의 圖案은 各 나라마다의 象徵物을 背景으로 作成할 수 있다.

이 달력은 世界가 같이 使用을 하도록 UN에서 받아들였으면 좋겠다.

~~ 우리나라 公休日 ~~

1月1日〈新正(신정)〉, 陰曆(음력) 설〈舊正(구정)〉, 3月1日〈三一節〉, 부처님 오신 날〈釋迦誕辰日(석가탄신일)〉, 5月5日 어린이날, 6月6日 顯忠日(현충일), 8月15日 光復節(광복절)〉, 10月3日 開天節(개천절), 秋夕(추석)節, 10月9日〈한글 날〉, 12月25日〈聖誕日(성탄일)〉計(계) 11日

[청 원 서]

제 목 : 요일제도 변경

첨부 내용은 현행의 칠요일(七曜日) 제도 달력을 육요일(六曜日) 제도 달력으로 변경하여 제정한 것이오니 이를 정부 차원에서 검토하시어 타당성이 인정이 되면 정부 차원에서 UN에 건의하여 주시기를 앙망하는 바입니다. 끝

첨부 : 육요 역 1매

2022년   월   일

청원자 성명 : 김 세환(金 世煥)

주민등록 번호 : 301201-1009720

현주소 : 서울시 영등포구 영신로191. 동부센트레빌(A) 101동 1402호

전화번호 : 집 전화 02-2634-6796, 휴대 전화 010-6772-6796

새마음 運動(운동)

"새 마음 運動"을 모두 같이 전개(展開)하여 보자. 마음의 정신 운동(精神運動)이다. 생물체(生物體)는 여섯 가지의 은혜(恩惠)로 살고 있는데, 다섯 가지는 공짜이고 그 중 먹거리만은 공짜가 아니고 노력(勞力)을 하여야만 얻어지는 것이다. 勞力을 하지 않으면 먹을거리가 생기지 않아서 배가 고팠다. 勞力하지 않으면서 넘으려는 시절 그것이 "보리고개"였다.

이에 다짐하고 배고픔을 解決하기 위해 창안(創案)을 한 것이 "새마을運動"이었다. 行動인 勞力만으로 먹거리를 解決하기 위해 朴正熙(박정희) 大統領(대통령)께서 "할 수 있다."라는 구호(口號)를 제창(齊唱)하면서 모두 같이 힘과 勞力만으로 극복(克服)해 보자고 展開하여 成功한 것이 "새마을運動"이다.

그러면서 마침내 성취(成就)를 하여서 오늘날 全世界의 10位圈의 경제대국(經濟大國)이 되었다. "새마을運動"을 熱心히 실천(實踐)한 덕택(德澤)이다. 우리 국민은 계속(繼續)하여 勞力을 하여야 할 것이다.

사람이 살아가는 데는 언어(言語)와 行實은 必須的이다. 行動과 勞力으로 하는 運動인 "새마을運動"은 일단(一旦)은 成功하였으니, 只今부터는 言語와 精神으로 하는 "새 마음 運動"을 展開하여 現實 生活에 불합리(不合理)한 사고(思考)의 폐습(弊習)을 바로잡아 보자는 것이다.

다시 말을 하자면 언행일치(言行一致)를 하자는 마음의 精神 運動인 것이다. 現在 우리가 너무나 심각(深刻)하게 당하고만 있는 언론(言論)의 횡포(橫暴)를 言語와 精神과 한마음 한뜻으로 순화(醇化)를 하면서 화합(和合)과 융합(融合)으로서 이에 대한 橫暴을 저지(沮止)하여 시정(是正)하여 보자는 "새 마음 運動"이다.

自由와 民主主義의 본연(本然)의 진리(眞理)를 바탕으로 사리(私利)와 사욕(私慾)이 없는 合理的인 참된 마음으로 실천(實踐)을 해 보자는 "새 마음 運動"인 것이다. 이 運動이 成功을 한다면 平和롭고 화해(和解)를 하는 평등세상(平

等世上)이 이루어지게 될 것이다. "새마을運動"의 "할 수 있다"와 같이 "새 마음運動"은 "하면 된다."의 口號(구호)를 외치면서 해보자.

이것은 二律背反(이율배반)이 아니고 한마음 한뜻으로 人間다운 도리(道理)와 사명(使命)으로 完遂(완수)를 하여 보자는 言行一致(언행일치)의 實踐을 하자는 眞理의 마음가짐이 아니겠는가?

只今의 當面(당면)하고 있는 改革(개혁)으로는 두 가지는 推進(추진)을 하여야 한다.

첫째는 바른 歷史敎育(역사교육)으로 國民(국민)의 愛國心(애국심)을 定着(정착)시키는 것이고, 두 번째는 精神 改革(정신 개혁)의 "새 마음 運動"이다.

다시 말을 하자면 貧富(빈부) 간의 格差(격차)와 世代(세대) 간의 葛藤(갈등)과 地域(지역) 간의 不均衡(불균형)을 解消(해소)하는 方法(방법)으로 "새 마음運動"을 일으켜 精神 改革을 하자는 것이다.

金 世煥을 대표로 하여 새 마음 運動 推進 委員會 一同

새 마음 노래

堤鳳 金 世煥 作詞

1. 미운 마음 없어지며 착한 마음 생기니
   모두 같이 하나되어 즐거웁게 됩니다.
   새 마음 運動으로 和平世上을 이루세
       운 동   화 평
2. 좋은 마음 일어나며 고운 마음 생기니
   便安 함을 느끼면서 어울리게 됩니다.
   편 안
   새 마음 運動으로 和平世上을 이루세
3. 돕는 마음 우러나며 앞설 마음 생기니
   하는 일이 풀리면서 成就하게 됩니다.
              성 취
   새 마음 運動으로 和平世上을 이루세

4. 주는 마음 느껴지며 協助 마음 생기니
   흐뭇 하고 푸근해서 便安하게 됩니다.
   새 마음 運動으로 和平世上을 이루세
5. 받은 마음 솟아나며 布施 마음 생기니
   일을 하여 報答해서 즐거움게 됩니다.
   새 마음 運動으로 和平世上을 이루세
6. 하나 마음 굳어지며 참된 마음 생기니
   精神 運動 融合해서 뭉쳐지게 됩니다.
   새 마음 運動으로 和平世上을 이루세

새마을 노래

제1절 : 새벽鐘이 울렸네. 새 아침이 밝았네.
       너도나도 일어나 새 마을을 가꾸세
       살기좋은 새마을 우리힘으로 만드세
제2절 : 草家집도 없애고. 마을길도 넓히고.
       푸른 동산 만들어 알뜰살뜰 닦음세
       살기좋은 새마을 우리힘으로 만드세
제3절 : 서로서로 도와서 땀 흘려서 일하고.
       所得增大 힘써서 富者마을 이루세
       살기좋은 새마을 우리힘으로 만드세
제4절 : 우리 모두 굳세게 싸우면서 일하고.
       일하면서 싸워서 새 祖國을 세우세
       살기좋은 새마을 우리힘으로 만드세
제5절 : 다같이 協力해서 健全한 힘 가지고.
       어려움을 克服해 모든 일을 이루세
       살기좋은 새마을 우리힘으로 만드세

제6절 : 배고팠든 슬픔 을 깨끗이 물리치고.

봄 철의 보릿고개를 깨끗이 없애세

살기좋은 새마을 우리힘으로 만드세

只今 같으면 "새마을 運動" 노래를 六節로 지었을 것이다. 그래서 敢이 5節과 6節을 지어서 追加를 했다.

새마을 運動(운동)과 새 마음 運動

1. 새마을運動은 이룩하였고 새마음 運動 成功을 한다면
行動과 말의 言行 一致로 人間의 보람을 느끼게 됩니다.
2. 할 수 있다. 하면 된다. 못할理由 없다로 推進을 한다면
全人類가 與望하는 모든 일의 所願成就 이루게 됩니다.
3. 다 같이 손을 잡고 率先垂範으로 앞장서 일들을 한다면
이것이 바탕이 되어서 人類和合 團結을 이루게 됩니다.
4. 할 수 있다는 해 냈고 하면 된다로 完全成功을 한다면
마음의 다짐으로 如何 한 일도 못할 것이 없게 됩니다.
5. 다 같이 한마음 한뜻으로 하나로 뭉쳐 結束만을 한다면
모두가 平和롭게 和合을 하면서 幸福하게 살게 됩니다.
6. 새마을運動과 새마음 運動 相互協助로 完成을 한다면
世上萬事 融合 하면서 和平하는 터전을 만들게 됩니다.

우리는 "새마을運動"과 같이 할 수가 있다고 봅니다. 다시 한번 마음을 가다듬고 "새마음 運動"을 成就하여 世界人類의 先導者가 되도록 합시다.

윤 석열 대통령님께

　자유 대한민국과 국민을 위한 국정 수행에 진력하시며 특히 3대 개혁을 추진하기 위해서 불철주야 노력하시는 대통령께서 구상하시는 교육 개혁에 도움이 될까 하여 별첨 내용의 취지를 제안 드립니다. 취지를 검토하시고 대통령께서 직접 주도 전개를 하시어 박정희 대통령께서 "새마을운동"으로 경제 부흥을 이룩하신 것과 같이 "새마음 운동"으로 정신 순화를 이루어 주실 것을 간곡히 청원을 드리는 바입니다. 대통령님의 건승을 기원합니다.

2023년　　월　　일

金 世煥을 대표로 하여 새마음 운동 추진위원회 일동 배상

첨부 : 새 마음 운동 자료 1부.　끝

담배꽁초 이야기

空超 吳 상순 詩人은 生前에 담배를 하루에 100개비를 넘게 피워서 '꽁초'라는 別名으로 불리었다. "나와 詩와 담배"라는 詩에서 선 "나와 시와 담배는/異音 同曲"의 三位一體라고 讚美를 했다.

담배꽁초의 버림 現實

1. 아무 데나 마구 버린다.
周邊이 지저분 하여서 淸掃를 하여야 하니 人件費가 必要하다.
2. 특히 下水溝에 버린다.
막혀서 排水가 안되어 淸掃를 하여야 하니 人件費가 必要하다.
3. 汽車窓 문턱에 버린다.
보기가 凶해서 淸掃를 하여야 하니 재떨이를 附着하게 되었다.
4. 山林의 자락에도 버린다.
山불 火災의 불씨가 되어서 莫大한 被害를 가져오게 되었다.

담배꽁초 消火管開發

담배꽁초 消火管을 만들어서 吸煙者는 所持하고 吸煙 後 消火를 하여 담배郭에 保管을 하면 된다. 얼마나 便利하고 簡便한가.
構造는 內徑이 4mm 程度의 耐燃性 管으로 길이는 5cm 程度면 된다.
美麗하게 만들 수도 있으나, 飮料水 빨대를 利用해도 됩니다. 費用이 안드니 한번 試圖를 해 보세요. 담배꽁초 問題는 完全이 解決이 된다.
吸煙者는 담배꽁초 消火管을 所持하여 活用을 하도록 캠페인을 展開합시다.

담배꽁초의 處理方法

담배를 왜 피우는지 모르겠다. 담배가 우리나라에 들어온 것은 壬辰倭亂 以後로 알고 있다. 담배를 피우는 것은 배가 고파서 피우는 것은 아니고 嗜好로 安定을 찾기 爲해서 피우는 것으로 본다. 담배를 피우는 것을 보면 멋진 點도 있으나 피운 꽁초를 自己 便宜대로 아무 곳이나 버리게 되니 社會的인 問題가 되고 있다. 못된 버릇이며 體面도 없다.

버려진 꽁초는 環境汚染과 下水溝의 閉鎖와 火災의 原因이 되어 物議를 일으켜 深刻해지고 있는데도 이에 대한 뚜렷한 解決策이 아직은 없다. 그렇다면 根本的인 對策은 없을까 하여 構想한 것이 담배꽁초를 消火를 하고 保管하는 담배 郭의 開發이다. 담배를 피우고 남은 꽁초는 담배 郭에 附着이 되어 있는 不燃性 消化孔에서 火氣를 끈 後에 담배 郭에 넣어서 保管을 하는 것이다.

이 方式은 簡便하며 社會의 物議도 解決이 될 것이다. 따라서 吸煙者의 體面도 유지가 된다. 消化孔을 附着한 담배 郭의 價格도 現在의 담배 郭과 같은 水準으로 調整을 하여 需要者의 負擔도 없도록 한다.

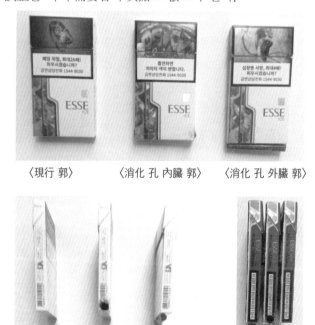

〈現行 郭〉　　　〈消化 孔 內臟 郭〉　　〈消化 孔 外臟 郭〉

六의 眞價

只今 六에 對해서 새삼스럽게 檢討해 보지 않을 수가 없게 되었다. 現實의 모든 風習이 거의 가 五를 基準으로 解說을 하고 있다. 그런데 이것이 不合理한 것을 나타내고 있다. 그러면 보다 合理的인 것이 없을까? 그래서 合理的인 數字를 찾아보기로 한 것이다.

우리 民族은 奇數를 選好하다 보니 모든 것을 一 三 五 七 九로 解說을 하고 있다. 그런데 數字 中에서 五로 解說을 하는 것이 不合理한 것으로 나타났다.

工夫를 하다 보니 大自然의 攝理가 모두가 六으로 이루어져서 完成이 된다는 것도 깨달았다. 六의 本뜻이 完成이라는 것도 알게 되었다. 그래서 六을 基本으로 하는 六 單位로 解說을 하고 있다.

自然의 攝理를 보면 太陽光線은 六 方向 照射이고 빛의 反射도 六 方向이다. 물의 結晶은 雪 形과 비슷하게 六 方向이고, 白雪의 六方 形態, 蜂巢의 正 六角形, 撚 線은 六 가닥 構造로 完璧을 이룬다.

人間의 幼年期는 六年, 小學校는 六年, 中 高 學年은 六 年, 大學 勉學은 六年 等 모든 理致가 六으로 이루어져 있다. 特히 우리 民族의 唯一한 경전인 天符經이 六字를 中心으로 編纂을 한 經典인 것을 볼 때 六이 中心이요 完成의 眞價임을 더욱 느끼게 되었다.

그래서 모든 與件을 六으로 解說을 하고 보니 참으로 神秘하게도 合理的이다. 늦었으나마 이제라도 六의 眞價를 알게 된 것이 千萬多幸한 일이다.

選擧制度 改善의 所見 〈建議事項〉

大韓民國은 只今 西歐式 自由民主主義와 自由經濟體制로 世界 先進國 隊列에 끼어 發展을 하고 있다. 그런데도 國政에 專念을 해야 할 國會議員을 뽑아 놓으면 國政에는 關心이 적고 地域 善心에만 置重하고 있다. 그뿐만 아니라 自己네가 國民의 主體라고 뽐내면서 國民위에 君臨을 하고 있다.

西歐에서 받아들인 民主主義이지만 이제 우리式 民主主義로 定着할 때가 되었다. 그동안 많은 選擧를 經驗했다. 그런데 人間은 怜悧하여 巧妙하게도 法網을 벗어나 주어진 權限으로 自己의 利益을 追求하고 있다.

또한 不可避한 因緣인 地緣, 血緣, 學緣 等을 排除하기도 대단히 어렵다. 이와 같은 體驗을 우리는 겪어왔다. 이와 같은 不合理한 것을 改善할 方法은 없을까 모두 생각을 하고 있을 것이다. 그렇다면 좋은 方法을 摸索해보았다. 저의 構想을 적어 본다.

大統領과 行政府 總理와 司法府 院長과 立法府議長은 國民選擧로 選出하면 좋겠다.

大統領 立候補者의 資格은 道德, 倫理, 公益, 專工, 經綸, 體貌의 6項目을 갖추어야하고, 三府 首長과 國會議員의 資格은 體貌 項目 代身 奉仕 項目을 갖추어야 한다.

現在 選擧法에 依하여 選出 되는 職責은 大統領, 國會議員, 市, 群, 區의 長과 各 議會議員 等이다. 아무리 道德性을 强調하여도 緣故를 排除하기는 참으로 어렵다. 그래서 改善策을 硏究해 본 것이다.

政黨 數는 三個 程度면 좋겠고 大統領은 國民이 直接 뽑으며 當選者는 無黨籍으로 國家를 代表하는 位置에서 和白 精神을 理念으로 權威를 維持하면 된다.

國會議員은 地域 代表가 아닌 政黨員으로 選出하여, 地緣 血緣 學緣 等의 영향이나 拘碍를 받지 않게 함으로써 自己 專門 分野에서 所信껏 國事에 奉仕할 수 있게 하면 된다. 行政府 形態는 內閣責任制가 좋겠고 內閣 總理도 國民이 直接 選出을 한다.

各 政黨의 國會議員은 國事를 論議 牽制할 수 있는 有能한 人才로서 道德性이 있고 人格이 高邁하며 各 分野別의 專門性과 技能 所有者를 選定하여 國會議員 定足數에 맞추어서 序列을 定하여 公告하면 國民이 評價하여 政黨을 投票하면 된다. 開票 結果의 得票 比率로 各 政黨 別의 議員 數를 分配하여 決定하면 된다.

　　國會議員 數는 機能 專門性 別로 分類한 三倍數로 한다. 그리고 缺員이 생기면 選擧를 하지 않고 次 得點者로 承繼를 하게 한다. 國會議員은 專門家이고 技能者임으로 輔佐官 數를 줄일 수가 있으므로 豫算도 節減도 된다.

　　國會議員은 國事를 論議하여야 할 사람임으로 地緣, 血緣, 學緣 等에 拘碍됨이 없이 오직 自己 專門 性의 擔當 分野에서 國事에만 專念하면 된다. 國政을 監視하며 相互牽制를 하면서 是是非非를 가린다. 國會議員은 公職의 兼職을 해서는 안되며 兼職 時는 議員 職을 喪失케 한다.

　　國民의 選擧方式은 投票所에서 住民登錄證을 對照하여 名簿에 本人이 署名을 하고 選擧 場所에 設置가 되어있는 立候補者의 名義 通路를 通過만 하면 되는 것이다. 이 通路에는 30kg의 무게로 作動하는 表示 스위치가 設置되어 있으며 이를 밟고 通過를 하면 自動的으로 한 票가 記錄이 된다. 記標없이 通過만으로 自動的으로한 票가 加算이 된다. 이렇게 되면 투표用紙가 없으니 開票할 것도 없고 따라서 開票 不淨은 있을 수가 없다. 30kg 表示 스위치는 保管하여 繼續 使用할 수도 있으며 費用도 低廉하여 經濟的이다.

　　地方自治團體의 選擧法도 위와 같은 方式으로 하면 좋을 것이다. 따라서 地方自治團體는 組織 單位로 地域 特性에 맞게 發展을 시켰으면 좋겠다.

제2장

和風의 探求 生活

大韓民國에는 세 가지 寶物이 있다.

"한글"과 "海印"과 "天符經"

韓國은 文盲率이 1% 未滿인 唯一한 나라다. 한글 德澤이다. 大韓民國의 한글은 偉大함을 말로 表現을 하지 안 해도 全世界의 言語學者들은 이제 한글을 모르는 사람은 없다. 한글은 컴퓨터가 나오면서 情報 化 디지털 時代에 다시 威力을 떨친다. 한글은 마치 現代의 컴퓨터까지, 생각을 했는지, 그 便利함과 人體學的으로 정말 놀랍다. 世上에 이렇게 科學的이고 體系的이며 實用的인 글자는 일찍이 存在 한 적이 없었다. 한글은 바보를 普通 사람으로, 普通 사람을 天才로 만드는 驚異的인 文字이다.

天地人으로 構成된 세 個의 記號 母聲〈·ㅡㅣ〉, 글자의 本 바탕을 이루는 母聲이 하늘과 땅과 人間의 根本를 象徵하고 있으며, 人間을 象徵하는 'ㅣ'가 合成을 하면서 變化하여 擴張하고 있다는 點等이 天地人 三才인 "天符經"의 理致와도 聯關이 된다.

또한 人間만이 말을 하고 그 말을 記錄하고 있다. 이 記錄을 하는 文字의 創案이 音聲을 發生하는 口腔內의 音帶와 聲帶를 模倣하여 만든 것으로, 世界 人類 文字 創製의 唯一한 方法이다. 可이 寶物이라 할만한 것이다.

"天符經"은 우리나라 唯一의 經典으로 但只 81字의 數ㅅ字로 이루어진 經典이다. 다른 나라의 經典들은 數萬字 數卷의 册으로 되어 있다. 天地人을 象徵하는 六字를 中心으로 30%가 넘는 基本 數ㅅ字 만으로서 宇宙가 造化롭게 秩序를 維持하는 것을 數ㅅ字的 原理로 人類의 道理와 任務를 解說해놓은 簡便한 經典인 것이다.

天符經은 人類의 經典 中에 가장 적은 文字로 이루어졌으며, 오로지 人間의 도리를 解說한 經典이며 宗敎的인 性格이 없다. 그러니 寶物인 것이다.

"海印"에 關해서는 鄭鑑錄에 "海印"을 가진 者는 天下를 얻는다고 하고 記錄이 되어 있다. 無數한 사람들이 "海印"을 찾고 있지만 지금까지도 찾지를 못하고 있다. 眞正한 寶物은 누구 한 사람의 것이 될 수가 없다. 햇빛과 空氣와 물처럼 寶物은 누구나 쉽게 接할 수 있어야 한다.

오늘날에 있어 "海印"은 情報의 바다라고 불리는 인터넷(Inter net = 묻혀있는 計略)이라고 할 수도 있다. 그러므로 이 또한 寶物에 該當이 되겠다.

그리고 그 寶物은 우리의 손안에서 願할 때마다 接續할 수 있다. 그리고 4次 産業革命을 主導的으로 풀어나 갈 天符經은 우리 人間의 DAN가 녹아있는 알고리즘이다. 現代 物理學의 모든 難題를 풀어 갈 열쇠가 될지도 모른다.

大韓民國은 이 세 가지의 寶物을 가지고 있지만 하나가 더 있어야 만 빛을 發生한다. 이 세 가지 寶物을 구술로 꿰어줄 "알통"〈頭角을 나타냄〉이 그것이다.

大韓民國은 이 세 가지의 寶物과 "알통"을 保有한 國家이다.

天象列次 分野之圖

"天象列次 分野之圖"는 世界에는 없으며 우리나라 唯一의 貴重한 天文圖이다. 高句麗時代에 "天象列次 分野之圖"를 石刻으로 새겨서 만든 것인데, 大同江에 빠져 없어진 것을 拓本하여 가지고 있던 後孫이 새로 建國한 李氏朝鮮 太祖 李成桂에게 建議하자 天運의 膳物이라고 하면서 新生國家 建國의 統治理念으로 삼으며 民心 收拾의 次元에서 天文 觀測機關인 書雲觀에 命하여 修正하여 1395年에 權近, 유광택, 권중화 等 學者에게 "天象列次 分野之圖"를 돌에 새기게 했다.

"天象列次 分野之圖" 刻石은 높이 211cm, 가로 122.5cm, 두께 12cm의 大形 遺物이다. 여기에 地上에서 觀測이 되는 1,467個의 별과. 295個의 별자리가 精巧하게 새겨져있다. 스케일도 대단히 큰데다 正確性도 높이 評價되는 文化財이다.

이 刻石은 現在 世界에 남아있는 돌에 새겨진 별자리 그림 中 둘째로 오래된 것이다. 中國南宋의 1247年의 "순우 天文圖"이지만 "天象列次 分野之

圖"의 原本이 4~6世紀 高句麗 것이라고 생각이 되는 만큼 "순우 天文圖"보다 훨씬 앞선 天文圖라고 보고 있다.

　"天象列次 分野之圖"는 별자리의 中心에 北極星을 두고, 太陽이 지나가는 길인 黃道를 그렸으며 南極과 北極 가운데로 赤道를 나타냈다. 黃道 附近의 하늘을 12등 분해 1,467個의 별을 點으로 表示했다. 사람의 눈으로 관찰할 수 있는 별을 總網羅한 것이다. 이 그림으로 해와 달 5行星인 水星, 金星, 土星, 火星, 木星의 움직임을 알 수 있고 位置에 따라 節氣를 區分 할수도 있다. 河水도 區分하고 있다. 밝기에 따라 별의 크기를 다르게 그린 것은 中國의 天文圖보다 뛰어나다는 평가를 받고 있다.

　"觀象授時"란 用語가 있다. "觀象"이란 天體의 움직임을 본다는 말이고, "授時"란 農耕 生活에 必要로하는 節氣, 날짜, 時間을 百姓에게 알린다는 뜻이다. 이것은 옛 農耕 國家의 君主가 반드시 해야 할 일이었다.

　"天象列次 分野之圖"는 肅宗 時代인 1687年에 石刻을 한 것이 있으며, 只今은 寶物이나 國寶로 指定되어 博物館에 保管하고 있다.

　"天象列次 分野之圖"에 關한 朝鮮日報 2022年 12月 29일 木曜日 A29面 記事를 參照 整理했다.

내가 停年退任하고 우리나라 上古 歷史를 工夫하기 爲해서 한배달에서 工夫하고 있을 때 偶然히 "天象列次 分野之圖"를 接하게 되었다. 이의 重且大 한 學文임을 깨닫게 된 나는 한배달 歷史 天文學會를 만들어 書店에서 現代 天文學 書籍인 "天文類抄" 等 冊을 사서 比較 檢討 對照를 하면서 다음 圖面인 "天象列次 分野之圖"를 1999年 3月 29日에 完成을 하였다. 하늘의 별자리인데 하늘의 별들이 北極星을 中心으로 配列이 되어 回傳하며 運行을 하고 있다.

大韓民國의 現實

1. 大韓民國은 豆滿江과 鴨綠江 東南쪽의 三千里半島와 周邊의 島嶼로 形性되어 있다.

2. 世界二次大戰 終戰 時에 北緯 三十八度線으로 南과 北으로 分割하여 우리나라 가 두 조각이 되었다.

3. 38度線 以北을 占有하고 있던 金日成 集團이 1950年 6月 25日에 不法 南侵으로 戰爭을 勃發하였다.

4. 不法으로 南侵을 하므로 이를 防禦하기 爲하여 UN軍이 1950年 7月 25日에 參戰을 하였다.

5. 北緯 36度線 近處까지 밀렸다가 北進을 하여 9月 28日에 서울을 收復하고 1950年 10月 1日에 38度線을 突破하며 北進을 하여 鴨綠江과 豆灣江에 이르러 自由民主主義 統一를 이루려는데 1950年 10月 19日에 元兇 毛澤東 共産政權의 中共軍이 人海戰術로 鴨綠江을 건너 侵入을 함으로 南쪽으로 밀리게 되었다.

6. 1951年 1月 4日 不可避 한 力不足으로 서울을 내주고 北緯 37度 線까지 後退를 하였다. 이것이 所謂 1·4後退이다. 다시 北進을 하여 現在의 休戰線에서 對峙를 하면서 休戰協定 會談이 始作되었다.

7. 1953年 7月 27日에 板門店에서 UN군〈韓國 軍 陪席〉과 中共軍〈北 傀

僞軍 陪席〉과 休戰 協定 會議에서 現在의 休戰線이 確定되었다. 當時 李承晚 大統領은 積極的으로 反對를 했다. 理由는 우리나라의 防衛가 不安했기 때문이다.

8. 그래서 1953年 10月 1日에 韓美防衛條約을 締結하여 調印을 하였고 1954年 11月 18日에 發效가 되었다. 이 內容을 要約하여보면 美軍이 UN軍으로 韓國에 駐屯을 하며, 有事時에는 相互防衛協力을 한다는 것이다. 이는 休戰反對의 李承晚 大統領이 要求한 休戰 協定 調印의 前提 條件이었다.

9. 休戰이란 戰爭을 하지 않고 쉬고 있다는 뜻이다. 언제 다시 戰爭을 挑發 해올지 모르는 現況이다.

10. 只今도 北쪽의 傀儡集團인 金正恩 徒輩들이 虎視 耽耽 機會 만을 엿보고 있는 實情이다.

11. 그러나 韓美防衛條約 때문에 감이 南侵을 못하고 있는 것이다. 大韓民國을 侵犯한다는 것은 韓國은 勿論 美軍에게도 挑戰하는 것임으로 이때에는 UN軍〈美軍〉이 共同對戰을 하면서 北進하여 自由大韓民國으로 統一시켜줄 것이다.

12. 萬若에 中共軍이 北傀를 支援 參戰하면 UN軍〈美軍〉은 絶好의 機會로 보고 中國까지 攻擊을 하면서 原子彈 投下도 不辭할 것이다. 이것은 6·25 戰爭 當時에 中共軍 參戰에 對應하여 中國에 原子彈를 投下 못했던 限푸리도 된다.

13. 1991年애 大韓民國과 北政權이 UN에 同時에 加入을 하게 되므로 北쪽의 傀儡政府를 認定하지 않을 수가 없게 되었고, 現在의 狀況이다.

14. 그런데 現政權은 安逸하게 金正恩 集團과 交流하면서 무슨 利得을 보려는 것인지 알 수 없다. 左派 徒黨들이 하고 있는 짓이 참 못 마땅할 따름이다.

15. 李承晚 大統領이 締結해놓은 韓美防衛條約이 없었다면 또 南侵했을 것이다.

16. 朴正熙 大統領의 "새마을 運動"으로 經濟가 復興되어 只今 豊饒롭게 아무런 걱정없이 잘살고 있으나 이에 滿足을 하지 마시고 精神을 차리자.

自由民主主義와 經濟安定 發展은 安保가 前提되어야 한다.

17. "새마을運動"과 같이 "새마음 運動"을 展開하여 現在의 腐敗한 言論과 亂舞하는 暴言을 淨化하는 마음을 가지자는 하나의 精神 姿勢인 言行一致 運動이다. 卽 和解의 世上을 이룩하자는 것이다. 할 수 있다.

健全한 나라 세우고, 精神 姿勢 確立

1. 二一象徵幸運 : 二一世紀跳躍
   이 일 상 징 행 운   이 일 세 기 도 약
   21은 幸運 象徵이니. 21世紀에는 새 國家을 建設하도록 하자.

2. 東夷族桓雄族 : 夏華族中華族
   동 이 족 환 웅 족   하 화 족 중 화 족
   東夷族은 桓雄族으로 하고, 夏華族은 中華族으로 하도록 하자.

3. 遠方諸國友邦 : 美英佛獨親交
   원 방 제 국 우 방   미 영 불 독 친 교
   먼 나라는 友誼 가지고, 美 英 佛 獨은 親熟으로 하도록 하자.

4. 近隣諸國警戒 : 日華露蒙注意
   근 린 제 국 경 계   일 화 로 몽 주 의
   이웃 나라는 警戒를 하며, 日 華 露 蒙은 操心을 하도록 하자.

5. 桓雄年號使用 : 西紀年號共用
   환 웅 연 호 사 용   서 기 연 호 공 용
   桓雄 紀元을 使用하면서 西紀 紀元도 倂用을 하도록 하자.

6. 領土萬幾千里 : 民族五億幾千
   영 토 만 기 천 리   민 족 오 억 기 천
   領土는 一萬 幾 千里 民族은 五億 幾 千萬으로 하도록 하자.

이제 새 時代가 열렸으니 우리의 舊 疆土를 恢復하여 健全한 새 나라를 이룩하여서 世界의 列强들과 親交를 하면서 共生하는 姿勢로 앞장서서 先導를 하도록 하자.

光化門 名稱 由來

光化門은 世宗大王께서 書經의 한 句節인 "光被四表 化及萬方"에서 靈感을 얻어서 光化門이라고 이름 지었다고 한다. 卽 光〈빛〉으로 五方 온 누리를 비추어주고,

萬邦에 波及을 하면서 生存 體를 育成 變化를 시킨다는 뜻이라고 한다. 모든 生命體는 빛을 받아서 成長을 하고 있다. 빛의 고마움을 想起합시다.

새 大統領과 政府에 바란다.

1. 正直하고 淸廉潔白하고 良心的인 姿勢로 治國를 하세요.
   模範 遵法者가 되세요. 法은 公正합니다. 最小의 衣食住로 하세요.
2. 統治는 國家와 民族을 爲하여 獻身的으로 奉仕를 하세요.
   權力은 獨占物이 아닙니다. 國家와 民族을 爲하여 獻身하세요.
3. 和合을 爲하여 專門家를 拔擢하여 國政 運營토록 하세요.
   나라 일은 혼자서는 못합니다. 意見收斂과 妥協과 對話로 하세요.
4. 自由 民主主義를 保障하기 爲하여 安保 遵守를 하세요.
   生活安定은 安保가 첫째입니다. 韓美防衛條約과 反共을 하세요.
5. 自由友邦과의 紐帶를 强化고 善隣外交에 同參을 하세요.
   自由經濟 體制의 繁榮입니다. 友邦과의 貿易去來 增進을 하세요.
6. 오른 歷史觀과 人性 敎育으로 國民의 情緒를 涵養하세요.
   國民의 歷史觀과 敎育입니다. 빛나는 歷史와 愛國敎育을 하세요.

國家의 統治와 21世紀의 複雜 多樣한 世界情勢의 運營은 個人 單獨으로는 不可能합니다. 統治는 多樣함으로 統治의 權限을 各 分野의 專門家와 技能者에게 分擔하여 所信껏 相互 協力으로 遂行을 하도록 하여주세요.

李承晚, 朴正熙, 全斗煥 前職 統治者 들의 理念과 金大中, 盧武鉉, 文在

寅 前職 統治者 들의 잘하고 잘못 한 點을 參考하여 주세요.

스웨덴의 "타게 엘란데르" 總理의 治積을 參考하세요. 스웨덴은 北緯圈 國家로서 貧困한 나라였습니다. 1946年부터 "타게 엘란데르" 總理가 23年間 의 長期間을 統治한 結果, 只今은 國民이 所得이 5萬달러로 世界 第一의 福 祉國家가 되었습니다. "데카 엘란데르" 總理의 23年間의 治積의 結果입니다.

"타게 엘란데르" 總理는 "對話와 妥協" "儉素한 삶" "無特權한 삶" "正直 한 삶"으로 平生을 살았다고 합니다. 오로지 나라와 國民을 爲한 一念뿐이 었습니다.

退職한 後에도 令夫人이 다음 政府를 訪問했습니다. 長官이 반기면서 訪 問을 한 事由를 물었습니다. 가지고 간 것은 남아 있던 새 볼펜이 든 주머니 를 건네주면서 이것은 前 政府에서 쓰다가 남은 볼펜임으로 返還을 합니다. 하찮은 것이지만 公有物과 私有物의 所有權의 分別입니다.

近間에 流布되는 脫 靑瓦臺 說은 撤回를 하십시오, 이는 自暴自棄이며 敗北의 前提입니다. 靑瓦臺의 施設物 들을 有用하게 活用하는 方案을 講究 하셔서 보다 合理的으로 運營하세요. 公然히 巨大한 國家 豫算을 浪費하지 마십시오.

靑瓦臺의 位置는 風水地理學的으로 吉地입니다. 日帝時代에 所謂 總督 이 우리나라를 統治하려고 居住를 하던 집입니다. 이를 撤去하고 靑瓦臺를 새로 建築하여 大韓民國 統治者의 本據 基地로 使用하게 한 것입니다.

龍山 地區는 漢江의 개벌이며 日帝時代의 軍事基地로 이 나라를 武斷 抑 壓한 곳이며, 光復 後에는 美軍이 占有하면서 安保의 基地로 삼은 곳입니다.

統治者의 基地가 될 수 있는 곳이 아닙니다.

靑瓦臺의 由來

高麗時代의 首都는 開城이었다. 그런데 首都를 뜻하는 서울 경(京)자가 붙은 곳이 세 군데가 있었는데, 西京으로 平壤, 東京으로 慶州와 南京으로

漢城이 있었다. 이 세 都市를 三京이라고 했으며 임금이 地方을 巡行할 때에 머물던 곳이다.

南京은 三京 中에서 背山臨水 卽 三角山과 漢江을 낀 吉地이다. 西紀 1,068年 高麗 文宗 22年에 이곳에 新 宮殿을 세웠다고 한다. 이곳은 사람들이 많이 살지 않았던 곳이라고 한다. 그러나 이곳은 三角山을 背山으로 漢江을 臨水로 한 明堂으로 보면서 都邑地가 될만한 곳이라고 한 "道詵記"의 옛 冊을 믿었기 때문이다. 高麗 15代 肅宗〈1,095~1,105〉 때에 南京으로 遷都를 하려고 計劃을 세우고, 1,104年에 宮闕을 完成한다. 이곳이 바로 只今의 靑瓦臺 자리이었다. 南京遷都는 計劃대로 이루지 못했지만, 宮闕은 高麗 末까지도 그 자리에 있었다고 한다.

1,392年 李氏 朝鮮王朝가 漢陽〈南京〉을 首都로 삼으며 景福宮을 지었다. 그 後苑格인 靑瓦臺 자리는 宮闕敷地의一部였는데, 이곳에 臣下들이 임금님에게 忠誠을 盟誓하는 "會盟壇"을 만들었다고 한다. 이곳은 神聖한 곳이기 때문에 酒宴 等 遊興을 할 수가 없는 곳이었다.

1,592年 壬辰倭亂으로 景福宮은 모두 불에 타고 靑瓦臺 敷地도 빈터로 放置가 되어 있었다. 그런데 興宣 大院君〈1,865~1,868〉이 景福宮을 重建할 때에 이곳을 昌德宮의 "春塘臺"와 같은 곳으로 삼으려고 했다. 그래서 景武臺라는 이름의 後苑을 造成하게 된 것이다. "景武"의 名稱은 景福宮의 景字와 神武門의 武字를 땄다는 說도 있는데, 그 뜻은 큰 計劃으로 國難을 制壓한다는 뜻이 있다고 한다.

宮闕 뒤쪽의 숨겨진 곳이기는 하지마는 이곳에는 32棟의 建物들이 있었다. 임금의 休息 空間으로써 "五雲閣" 過去 試驗과 軍事 訓練을 치루는 "隆文堂"과 "隆武堂" 豊年을 祈願하며 農事도 지을 수 있는 "經農齋" 等이 있었다고 한다. 科擧 試驗 應試者인 百姓들이 여기에 出入을 할 수 있었다는 것이다.

1,910年 大韓帝國이 日帝에 强制 倂合이 된 後에 總督府는 景福宮의 여러 殿閣 들을 毁損했으며 景武臺 建物들을 撤去를 했다. 그런데 "隆文堂과 隆武堂"만은 龍山으로 옮겨서 日本式 절 建物로 使用을 했는데 光復 後에 圓佛敎가 建物을 引受해서 使用을 하다가 2,007年 全南 靈光으로 옮겼다.

日帝는 비어있는 景武臺 敷地에 朝鮮을 統治하는 最高位 職인 總督이 살기 위한 官邸를 세웠다. 元來 總督의 官邸는 中區 藝場洞에 있는 倭城臺였는데, 1,926年에 景福宮內로 옮겼다가 다시 1,939年 華麗하게 기와로 裝飾한 官邸建物을 景武臺 자리에 新築을 했다.

1,939年부터 1,945年까지 6年 동안은 所謂 "朝鮮의 히틀러"라고 불리던 7代 總督 미나미 지로〈南 次郎〉, 8代 總督 고이소 구니아끼〈小磯 國昭〉, 9代 아베 노부유끼〈阿部 信行〉까지 3名의 總督이 이곳에서 살았다. 中日戰爭과 太平洋戰爭을 거치면서 우리 "民族 抹殺 政策"이 本格化하던 時期였다.

1,945年 光復된 後에는 暫時 美軍政 司令官 "죤 리드 하지"中將이 官邸로 暫時 使用을 했다. 1,948年 8月15日 大韓民國政府가 樹立되면서 初代 李承晩 大統領이 梨花莊에서 總督 官邸였던 이곳으로 옮겼다. 그리고 建物의 이름을 "景武臺"라고 해서 옛 이름을 되살렸다. 建物 1層는 執務室, 2層은 生活空間으로 썼기 때문에 景武臺는 大統領 執務室 兼 官邸가 되었다. 그런데 李承晩 政權이 長期化 되면서 景武臺는 權力 象徵의 이름으로 變했다. 1,960年 4月 19日 李起鵬의 橫暴에 抗拒하는 4·19 義擧가 일어났다. 따라서 義擧를 鎭壓한다 는 過程에서 學生들의 犧牲이 發生했다. 그런데 이 義擧에 대해서 自責을 한다면서 李承晩大統領이 自進하여 下野하시어 하와이로 移住했다. 이어 第2共和國이 들어서면서 否定的인 이미지의 景武臺라는 이름을 바꾸자는 輿論들이 일어났다.

새 이름으로는 靑 기와집이므로 "靑瓦臺"와 朝鮮王朝 開國時의 和寧 臺〈李成桂의 誕生地 永興의 옛 이름〉가 擧論이 되었다. 이에 尹潽善 大統領이 "靑瓦臺"로 골랐다. 이때가 1,960年 12月이다. 1,963年 朴正熙 大統領이 就任한 뒤에 "靑瓦臺"를 "黃瓦臺"로 바꾸자는 意見도 있었다고 한다. 푸른色보다는 노란色이 傳統的으로 尊貴한 色이었다는 것이다. 그러나 朴正熙 大統領은 大統領이 바뀔 때마다 집 이름을 바꾸어야 하겠는가라며 "靑瓦臺"란 이름을 그대로 썼다고 한다.

靑瓦臺는 初代 大統領 李承晩부터 19代 大統領 文在仁까지 12名의 大統

領이 執務를 하며 居住를 했다. 그동안 産業化, 民主化, 情報化 等 數 많은 業績을 이룩한 大韓民國의 近世 歷史의 産室이다. 現在의 靑瓦臺 本館은 盧泰愚 大統領이 1,991年에 新築을 한 것이다. 1·21北傀 奇襲事件도 當하지 않은 天惠의 吉地이다. 尹大統領은 早速히 靑瓦臺로 復歸를 하세요. 萬事가 亨通할 것입니다.

〈現在의 靑瓦臺 本館은 盧泰愚 大統領이 1,991年에 新築〉

〈1,990年 10月에 完工된 大統領 官邸〉

〈1,939年 朝鮮總督 官邸로 지었다는
옛 靑瓦臺 本館 1,993年 撤去〉

靑瓦臺를 다녀온 所感

～～靑瓦臺는 大統領이 國家를 다스리는 곳이다.～～

北嶽山의 南쪽 자락이며 景福宮의 北쪽인 明堂으로 비어있던 넓은 공터이다. 日帝가 强占하면서 所謂 總督 官邸를 지어 우리나라를 統括하던 곳이다. 天佑神助로 光復이 되면서 李承晩 大統領이 居住하면서 景武臺로 呼稱을 하게 되었으며 以後 尹潽善 大統領이 靑瓦臺로 呼稱을 바꾸어 使用하였다.

本然의 名分으로 이 建物을 撤去하고 名實共히 靑 기와지붕으로 只今의 靑瓦臺로 新築한 것이 盧泰愚 大統領이다. 이제 모든 日帝의 殘滓와 臆測은 깨끗이 사라졌다.

統治 領域이라 하여 接近을 못하던 곳인데 이제 一般에게 公開되어 觀覽을 할 수 있게 되었다. 그냥 코스대로 보고 지나는 데도 한 時間 40分이 걸렸다.

나름대로 遜色이 없이 잘 꾸며진 것 같다. 當時 設計者에게 고맙게 생각을 한다. 官邸로 大統領의 私生活 邸宅, 國內外 貴賓에게 우리나라의 傳統 風俗과 樣式을 紹介하고 儀典 行事나 非公式 會議을 할 수 있는 賞春館도 있고, 大統領의 記者會見 및 出入 記者들의 記事 送稿室로 使用되는 空間으로 春秋館도 있고, 外國의 大統領이나 總理 等 國賓으로 訪問 時에 公演과 晩餐 等의 公式 行事 또는 100名 以上의 大規模 會議 等을 進行할 수 있는 迎賓館도 있다.

이와 같이 갖추어 놓은 施設物들을 活用하지 않는다는 것은 言語道斷이다. 敎皇廳이나 宮闕이나 白亞館 等에 比하여 國家 經營의 遜色이 없다고 본다.

國民에게 公開를 하여 共感 協助하게 한 것은 잘한 것으로 본다. 公開는 公休日에만 公開하면 된다. 빨리 靑瓦臺로 復歸하세요. 不幸이 없어질 것입니다. 國家統治의 本據地입니다.

大統領께 建議 事項

1. 人性 教育 施行으로 民族 自矜心을 確立〈教育部, 文化 體育部 所管〉

人間 行實은 教育이 基本입니다. 教育 方法 中에서 第一 重要한 것이, 人性 教育입니다. 이것은 胎教로부터 家庭, 幼稚園, 初, 中, 高 教育입니다.

人性 教育이 人格 形成의 基礎이기 때문입니다.

우리의 悠久한 歷史와 歷史上 偉大 한 人物 들을 浮刻시켜 健全한 精神 姿勢와 自負心을 가지도록 教育을 初等學校 때부터 施行을 해야 합니다.

歷史 人物 評價에 있어서 現實을 把握하는 最 近世의 歷史 人物에 對해서는 事實대로 評價를 하여서 偏見이 없는 바른 觀點의 歷史를 가르쳐야 합니다.

現在 教育은 歷史觀의 不足으로 自負心과 愛國心이 缺如되어 있고 禮儀 凡節이 아주 微弱합니다. 그래서 自由民主主義 國家觀과 올바른 歷史 教育으로 愛國心을 涵養시켜야 합니다. 教育은 平生 事業입니다.

2. 愛國志士 表彰〈文化 體育部 所管〉

近世 歷史〈特히 光復 後에 일어난 事件들〉를 發掘하여 事實대로 評價를 하여 論功行賞을 해주십시오. 當時에 愛國을 하신 義士, 志士 分들에 對해서, 左傾化 人士들의 偏見과 歪曲된 評價로 빛을 보지 못한 事件들이 너무나 많습니다.

3. 山林은 經濟 樹林으로 造成〈農林部 所管〉

治山治水는 國家統治의 基本입니다. 治山은 植木 綠化를 勸奬하여 樹木의 潭水로 洪水 被害를 豫防하고, 空氣를 淨化를 해줍니다. 既往이면 樹木은 經濟樹種으로 造林 育成하여 材木의 活用과 木材 輸入을 抑制하도록 해야 합니다.

4. 河川管理 全面 調査改善〈國土部 所管〉

治山治水는 國家統治의 基本입니다. 河川은 堤防과 댐으로 다스리며 貯藏된 물은 發電과 灌漑用水로 活用하고 河底 浚渫과 堤防을 補强하여 洪水被害를 豫防하고 魚族 養殖을 獎勵하여 食生活에 寄與를 해야 합니다.

5. 바다 養殖과 갯벌 開發 〈海洋部 所管〉

自然的으로 바다에서 棲息하고 있은 有用한 生物體을 人工的으로 養殖을 하여 經濟的 利得을 圖謀케 한다. 또한 갯벌은 保護 維持를 하도록 支援을 하여 所得增大에 寄與를 하도록 한다. 개벌의 研究가 너무 不足합니다.

6. 潮力發電의 研究와 開發 〈科技部 所管〉

自然의 引力으로 發生하는 莫大한 潮力을 利用하여 發電을 하는 方式입니다. 高度의 技術과 莫大한 投資가 所要가 되므로 國家 次元에서 研究 開發하여야 합니다. 自然의 惠澤으로 우리나라 西海岸의 큰 潮力 差가 唯一하오니 이에 研究해야 합니다.

7. 潮水을 利用한 漁獲 方法 〈海洋部 所管〉〈科技部 所管〉

海流의 흐름에 따라 魚類는 移動을 한다. 滿潮時에 移動을 한 魚類를 가두어 잡는 方式은 없을까. 干潮 地域에 울타리 網을 設置하여 滿潮 時에는 網을 걷어 올리고 干潮가 始作하면 網을 내려 갇힌 魚類를 잡는 方式입니다.

8. 太陽光 에너지를 利用하는 發電〈科技部 所管〉

無限의 공짜 太陽光을 利用하여 發電을 하는 것은 꼭 必要합니다. 다만 自然을 毁損하고 太陽 光電池 設置는 費用이 너무 큽니다. 그래서 反對하므로 山의 나무를 베고 太陽 光電池를 設置하면 山林綠化에 違背되고 豪雨 暴雨 時에는 山沙汰의 憂慮가 있습니다.

바다 갯벌에 太陽 光電池의 平面 設置는 갯벌 自然 棲息物의 成長에 被害를 주어 이것들의 養殖이나 所得에 損害를 줍니다. 또한 平面 光電池가 갈매기나 海洋 鳥類들의 分泌物로 汚染이 되는 等으로 電池의 技能이 喪失

되어 큰 損失을 가져옵니다. 그래서 積極的으로 勸奬 할 事項은 못됩니다.

萬若에 干拓地에 光電池를 設置를 한다면 南西 方向으로 角度를 맞추고 養殖이나 自然環境에 被害가 되지 않도록 適當한 間隔으로 設置를 하여야 할 것입니다.

또한 光電池의 設置場所로 適當한 곳으로는 學校 建物 屋上, 多層建物 屋上, 아파트屋上에 立體 設置와 照光 外壁 유리窓 間壁에 附着 設置할 것을 勸奬합니다. 그래서 모든 建築物은 日照量이 豊富한 西南 方向으로 建築할 것을 勸奬합니다.

風力 發電所 建設은 自然毁損이 比較的 적음으로 山이나 바다나 어디에나 바람이 센 곳에는 設置를 할 수 있습니다. 山地인 境遇는 風力 發電裝置는 基礎設備와 進入 道路는 山林毁損을 最小로 합니다.

다만 稼動 騷音 等의 公害가 있다고 하는데 騷音은 發電裝置의 構造改善으로 騷音을 防止할 수 있다고 봅니다. 發電裝置는 바람이 센 海邊이나 高山地가 適地라고 봅니다. 自然毁損도 적고 公害도 적기 때문입니다. 다만 費用이 많이 들겠지만, 아직 草創期이고 繼續研究 發展시켜야 할 事項입니다.

9. 風力發電의 改善과 奬勵〈科技部 所管〉

風力 發電所 建設은 自然毁損이 比較的 적음으로 山이나 바다나 어디에나 바람이 센 곳에는 設置를 할 수 있다. 山地인 境遇는 風力 發電裝置는 基礎設備와 進入 道路는 山林毁損을 最小로 한다. 다만 稼動 騷音 等의 公害가 있다고 하는데 騷音은 發電裝置의 構造 改善으로 騷音을 防止할 수 있다고 본다.

發電裝置는 바람이 센 海邊이나 高山地가 適地라고 본다. 自然毁損도 적고 公害도 적기 때문이다. 다만 費用이 많이 들겠지만, 아직 草創期이고 繼續 研究 發展시켜야 할 事項이다.

10. 組織 改編과 選出方式 改善〈法務部 所管〉

大統領과 行政府總理〈現行 國務總理〉와 司法府院長〈現行 大法院長〉과

立法府 議長〈現行 國會議長〉과 政黨〈立法議員 組織體 = 政黨議員 = 現行 國會議員〉은 國民이 直接 選出합니다.

現 選擧法은 國會議員을 地域代表로 選出을 하다보니 本然의 任務인 國家經營보다는 地域에 더 關心을 가지는 傾向이 있습니다. 國會議員은 國家 經營의 基本 틀을 立法하는 機關員인데도 그렇지가 않고 出身 地域에 더 關心을 기울이고 있습니다.

國會議員은 國家를 爲해서만 일을 할 수 있는 各 分野 別의 技能者로 編成된 政黨을 國民投票로 選出을 합니다. 그래야 맡은 專攻分野에 專念을 가지고 國事를 遂行 할 수가 있습니다. 地域代表가 아니고 政黨代表로 國政에 參與를 하는 것입니다.

政黨은 國會議員 數에 맞게 技能 別로 專攻者를 選定하여 序列을 매겨 選擧에 臨하면 됩니다. 그러면 有權者는 專攻者 編成을 檢討하여 政黨을 投票합니다. 政黨의 得票數 比率로 議員數를 分配하면 됩니다.

그리고 缺員이 發生하면 選擧하지 말고 次 順位者로 承繼를 하게 합니다. 國會議員의 數는 機能別의 3倍數 程度로 하면 좋겠고, 國會議員의 技能 輔佐官은 必要없고 行政秘書만 두면 됩니다. 國家財政의 節約도 됩니다. 選定된 國會議員은 地緣, 血緣, 學緣 等에 拘碍됨이 없이 오로지 自己의 專攻에 맞는 分野에서 國事에만 專念을 하면 됩니다. 그리고 各 政黨은 相互牽制를 하면서 國事만을 論議해야 할 受任者로서 是是非非를 가리면 됩니다.

11. 選擧 制度의 改善

自由民主主義의 基本權인 國民 自由選擧인데 選擇 方法과 計票 等 不正行爲로 神聖한 選擇 結果를 흐리며 社會問題를 일으키고 있습니다. 이를 源泉的으로 防止하는 方法으로 30kg 以上 무게로 作動하는 발판 表示 스위치를 달고 通過만으로 選擇이 되는 方式을 硏究했으니 이를 採擇하여 주시면 됩니다.

不淨을 할 수가 없습니다. 取扱이 簡便하고 經濟的입니다. 投票方式은 投票管理所에서 住民登錄證을 對照하여 本人 名義에 署名을 하고 投票所에

들어가서 設置되어있는 立候補者 名義의 通路를 通過를 하면 되는 것입니다. 通過만으로 自動的으로 한 票가 加算이 됩니다. 이렇게 하면 投票用紙가 必要가 없습니다. 投票用紙가 없으니 開票할 것도 없고 따라서 開票不淨도 있을 수가 없습니다.

地方自治團體의 選擧도 이와 같은 方式으로 하며, 地方自治에만 專念하면 됩니다. 人口 單位의 地域 別 選擧制度가 없어졌으니, 行政單位 地方自治로 그 地域의 特性에 맞도록 地域 發展에 專念 主力하도록 합니다.

12. 公職者의 淸廉潔白한 風土造成 〈總務處 所管〉

淸廉潔白은 公務員의 信條입니다. 사람이 살아가는데 基本條件이 衣食住의 解決입니다.

이것이 解決이 안되면 淸廉潔白할 수가 없습니다. 國家公務員〈國家의 祿을 받고 있는 大統領부터 末端의 給使까지〉으로 採用이 되면, 自力으로 衣食住의 解決이 안 되고 있는 者는 國家에서 職責에 相應하는 金額을 貸付하여 집 等 與件을 마련하게 하고,

俸給에서 月賦로 償還을 하여 衣食住를 解決하게 하므로 다른 생각을 하지 않고 淸廉潔白한 姿勢로 오직 國家를 爲하여 맡은바 職務를 熱心이 遂行할 수 있게 합니다.

高等學校까지의 子女 學資金의 負擔이 생겼을 때는 合理的인 方法으로 政府에서 도와주어야 합니다. 그리고 退職 後의 生活安定을 가지도록 公務員年金制度에 加入시켜야 합니다. 在職 中에 萬의 하나라도 職權을 濫用을 하여 公務員의 品位에 損傷을 주는 行爲를 했을 境遇에는 殘餘 貸與金의 沒收와 罷免을 할 수 있습니다.

13. 女系 族譜 承繼를 現實 制度化하자 〈總務處 所管〉

現在는 慣行上 族譜에는 男子로 承繼를 하게 되어 있습니다. 아들이 없으면 養子를 하게 됩니다. 四寸이나 六寸의 男子 兒로 承繼하고 있습니다. 直接데려다 同居도 하지만 族譜上으로만 하는 境遇도 많습니다. 慣行에 얽매

이어 所謂 兩班의 體統을 세운다는 것입니다.

現實的으로 檢討를 해보면 不合理한 點이 한두 가지 아닙니다. 父母 子息 間도 아닌데 情도 없이 같이 사는 것도 그렇습니다. 그래서 데릴사위로 같이 살면서 外孫子로 태어난 아들로 承繼를 하자는 것입니다. 즉 "外孫子承繼法"을 制度化하자는 것입니다. 비록 外孫子이지만 血統 上으로는 50%입니다. 直系 親孫과 같습니다.

14. 바른 소리글자〈**인뷰문마**〉採擇〈文化 體育部 所管〉

現行 한글은 世宗大王께서 創製하신 訓民正音인데 이를 縮小하여 한글로 改名을 하여 現在 使用하고 있습니다. 그런데 不備하여 우리말의 表記와 外國語 소리의 表記가 不可能하여 새롭게 創案을 한 글자입니다. 이를 **인뷰문마**(인류문자)라고 改名을 하였습니다. 檢討하시어 採擇하여 주시고, 全 世界 人類가 같이 使用할 수 있도록 UN에 建議하여 주십시오.

15. 曜日 制度 變更에 따른 달력〈文化 體育部 所管〉

只今 全 世界가 共通으로 使用을 하고 있는 七曜日 方式 달력은 不便한 點이 많아서 이를 가장 合理的으로 改善을 하여 六曜日 方式으로 創案을 했습니다. 이를 檢討하여 合理的이라고 認定하시면 UN에 建議하여 採擇을 하도록 先導하여 주십시오. 이 六曜日 方式은 가장 合理的으로 構成이 되어 있으며 年間 달력은 1枚로 되어 있어서 簡便할 뿐만 아니라 月間의 曜日과 日字의 曜日도 같으므로 記憶하기가 쉽습니다. UN에 建議하여 주십시오.

16. 人口 增强 方策〈總務處 所管〉

自然의 攝理는 無始無終입니다. 天符經에서도 言及한 바와 같이 "運二三四"입니다. 子女는 四名 以上을 낳아야 繁盛한다는 뜻입니다. 三子女 出産은 現狀 維持 받게 안됩니다. 自然의 動植物도 마찬가지입니다. 요즈음 生産 可能 壯年 男女가 獨身 生活하는 것은 어떠한 方法으로라고 統制를 하고, 結婚을 勸獎하여서 多子女 出産을 督勵하여야 합니다.

17. 土耕 栽培와 水耕 栽培

1) 우리나라는 溫帶地方으로 사람 살기가 가장 適合한 風土입니다. 그 中에서도 自然 風土가 最適地로 生成 植物이 優秀합니다. 우리는 田畓에서 모든 作物을 栽培하고 있습니다. 作物을 잘 育成하기 爲해서 除草도 해주고 거름도 주며 가뭄에는 물도 줍니다. 모든 植物은 흙中의 水分을 吸水하고 있으며 비가 와서 含水한 물을 供給하는 것입니다. 그래서 비가 오기를 기다리는 것입니다. 植物 成長의 必須條件이 물입니다.

2) 水槽를 만들어 水槽에서 植物을 栽培하니 물줄 必要가 없고 다만 거름만 줍니다. 밭에서 栽培하는 것보다 더 잘 자랍니다. 除草하는 품도 안 들고 일손이 簡單합니다.

다만 施設의 初期 投資費用이 큰 것이 負擔이 됩니다. 그러나 2, 3毛作을 할 수 있으니 經濟的 收益性이 대단히 좋습니다. 勸奬할 事業입니다. 2, 3倍의 土地가 생긴 것과 같은 效果입니다. 積極 奬勵할 事項입니다.

18. 國 漢字 混用 制度化〈國 漢字를 混用해야 하는 理由〉

漢字가 어려운 것은 事實입니다. 그래서 한글 專用 時代를 부르짖었고, 文盲退治의 名分 아래 及其也 한글 專用이 法制化되었습니다. 배우기나 記錄하기는 쉽습니다. 그런데 한글만으로 적어놓은 글은 읽어도 얼른 무슨 뜻이지 理解가 잘되지 않는 境遇가 있습니다. 더욱이 띄어 쓰지 않으면 더욱 그렇습니다. 왜 그럴까? 그것은 우리말은 70% 以上이 漢字 用語이기 때문입니다. 漢字는 뜻글자로 이를 音과 聲으로 區別을 하여 表記를 하는데 한글은 소리 나는 대로 적어놓으니 理解가 잘 안 됩니다. 그래서 몇 番이고 反復을 해서 읽어야만 겨우 解得이 됩니다.

漢字 用語는 同音 同聲이 많지만 뜻이 다 다릅니다. 그러면 한글 專用을 廢止할 것인가, 아니면 漢字 用語를 없앨 것인가. 어느 것도 不可能하고 해서도 안 됩니다. 이의 解決方法은 없을까요? 國 漢字를 混用하는 方法뿐입니다. 우리 桓民族은 怜悧하여서 모든 소리와 記錄을 할 수가 있는 文字를 가지고 있는 民族입니다. 이제 未練없이 國 漢字의 混用으로 文化暢達을 이

룩하여서 노벨文學賞도 타도록 해야 합니다. 한글과 漢字 用語를 檢討를 해 보십시요.

例로서 사람의 죽음을 表現 表記하는 用語를 調査해 보았습니다.

한글 表現 表記는 "죽다, 숨졌다. 숨을 거두었다, 삶을 마감했다. 돌아 가셨다" 等이 있습니다. 그리고 漢字 表現 表記는 "死亡〈죽었다.〉, 逝去〈죽음의 높임말〉, 他界〈貴人의 죽음〉, 別世〈世上을 떠나심〉, 殞命〈목숨을 거두심〉" 等이 있습니다. 한글 表記는 意思疏通은 되지만 文學的인 品位가 적다. 漢字 用語는 어려우나 品位가 있으며 文學的인 領域이 넓습니다.

19. 새 마음 運動 展開

"새마을運動"의 成功으로 經濟 先進國이 되었습니다. 이제부터는 "새 마음 運動"을 일으켜 精神 醇化로 先進和合의 平和 世上을 이루도록 해야 합니다. 憎惡가 없는 平等한 世上에서 相互 協力하면서 安樂하게 잘살자는 것입니다.

國 漢字를 混用해야 하는 理由〈建議事項〉

漢字가 어려운 것은 事實이다. 그래서 한글 專用 時代를 부르짖었고, 文盲退治의 名分아래 及其也 한글 專用이 法制化가 되면서 배우기나 記錄하기가 쉬워졌다.

그런데 한글로만 적어놓은 글은 읽어도 얼른 무슨 뜻인지 理解가 잘되지 않는 境遇가 있다. 特히 띄어 쓰지 않으면 더욱 그렇다. 왜 그럴까. 우리말은 70% 以上이 漢字 用語이기 때문이다. 漢字는 뜻글자로 文字만 보아도 그 뜻을 알 수가 있다. 音과 聲으로 區別이 되며 理解가 된다. 그런데 한글은 소리 나는 대로 적어 놓으니 理解가 잘 안된다. 그래서 몇 番 反復해서 文章을 읽어야 겨우 解得이 된다.

漢字 用語는 同音 同聲이 많지만, 뜻이 다르다,

그러면 한글 專用을 廢止할 것인가, 아니면 漢字 用語를 없앨 것인가. 어느 것도 不可能하고 해서도 안 된다. 이의 解決方法은 없을까. 바로 國 漢字를 混用하는 方法뿐이다 우리 民族은 怜悧하여서 모든 소리와 記錄을 할 수 있는 民族이다.

　이제 未練없이 國 漢字의 混用으로 文化을 暢達하여 노벨 文學賞도 받아 봅시다. 한글과 漢字 用語를 檢討해 봅니다. 例로서 사람의 죽음을 表現 表記하는 用語를 調査해 보았다.

　한글의 表現과 表記는 "죽다, 숨졌다. 숨을 거두었다, 삶을 마감했다. 돌아가셨다" 等이 있다. 그리고 漢字의 表現과 表記는 "死亡〈죽었다.〉, 逝去〈죽음의 높임말〉, 他界〈貴人의 죽음〉, 別世〈世上을 떠나심〉, 殞命〈목숨을 거두심〉" 等이 있다. 國 漢字의 混用을 하면 見, 讀, 容易, 理解, 迅速, 文章作成 品位維持 等이 있다.

漢字 呼稱 檢討

　人間이 소리와 말을 하면서 이들을 記錄하기 爲해서는 文字가 必要했을 것이다.

　文字의 創始가 6,000年 前 頃으로 보는데 甲骨文字, 그림 文字. 象形文字 等 그 時代의 反映한 文字라고 볼 수가 있다. 이와 같이 多樣한 文字가 發展을 하면서 表意文字로 變遷한것이 아니겠는가.

　文明이 發達하면서 뜻을 象徵하는 表意文字로 發展하였을 것이다. 이 表意文字의 呼稱이 왜 "漢字"로 이름이 지어졌는지 그 根據가 不明確하다. 그래서 所謂 말을 하는 "漢字"의 呼稱을 檢討해보자.

　우리나라 近世의 最高 語文學者인 陳泰夏 博士께서 漢字의 呼稱을 "東方文字"와 "古 韓契(고 한글)"〈한글과 發 音聲이 같음으로 古字를 붙인 것이다.〉을 提示했다. 이에 對하여 語文學의 碩學인 南廣祐 先生과 碩學인 金膺顯 先生은 同調를 하시었고, 또한 哲學博士인 姜相源 先生은 漢字는 "東夷

文字"라고 提示를 하고 있다. 또한 表意文字는 桓雄 時代에 創製가 되었으니 "桓字(한자)"로 呼稱을 하자는 提議도 있고, "韓字"로 하자는 意見도 있다.

所謂 "漢字"라고 呼稱을 해야 할 妥當性을 찾을 수가 없다. 關心이 있는 學者들이 論議하여 妥當한 呼稱을 選擇하여 決定을 했으면 좋겠다.

表意 文字와 表 音聲 文字를 混用하자

漢字〈桓字〉를 使用하는 나라들은 表意文字〈漢字〉와 表 音聲 文字를 混用하여 모든 소리〈音聲〉를 記錄하여 漢字 文化圈 나라 間이라도 意思疏通을 하여 봅시다.

1. 日本의 境遇

1860年代 西洋에서 돌아온 留學生들이 漢字 廢止論을 처음으로 提起하였다고 한다. 西洋은 漢字를 使用하지 않는데도 文明이 發達하고 있었기 때문이다.

그런데 明治維新을 하기 爲하여 西洋의 開化 文明을 받아들이려고 하니 必要한 無限의 用語는 漢字가 아니고서는 解決을 할 수가 없었기 때문에 漢字 廢止論이 失敗하였다고 한다. 그런데도 世界 第2次 大戰이 끝나자 敗戰의 原因이 漢字 使用 때문이라고 둘러씌워 漸次 常用 漢字를 2,000餘 字를 通用하도록 하였는데, 이로 因하여 國民의 語學 實力이 顯著하게 低下하고 있을 뿐 아니라 特히 文學的인 面에 支障을 招來하게 되어 할 수 없이 1968年에 常用 漢字를 2,000字만의 使用 制限을 解除함으로 百 餘年만에 日本에서는 漢字 廢止論이 자취를 감추게 되었다고 한다. 그러므로 漢字와 가나 文字를 混用하고 있는데 表 音聲이 不足하니 **인뷰문아**를 採擇할 것을 勸告한다.

2. 中國의 境遇

1898年에 漢字 廢止論이 擡頭되어 世界 言語인 Esperanto語를 國語로

하자는 主張과 더불어 略字論, Roma字論 等 亂脈相을 持續하고 있었으나 全部 失敗하였고, 1954年에 略字化를 推進하였으나 漢字의 略字化는 亡國보다 더한 것이라고 頑強(완강)한 反對에 부디 치고 또 中國 固有文化를 毁滅(훼멸)하고 國家 命脈을 危殆롭게 하는 것이라고 立法委員들의 反對로 半世紀만에 漢字 迫害의 終熄을 告하지 않으면 안 되게 되었다고 한다. 그러나 中國의 人民共和國은 只今 簡體字를 만들어서 使用하고 있으나 아직까지도 定着을 제대로 못하고 있는 實情으로 알고 있다.

萬若에 漢字가 自己나라의 글자라면 그렇게 蔑視하면서 半體字나 簡體字를 만들고 있을 리가 萬無하지 않는가? 支那 民族이 數 千年 동안을 使用해 온 漢字를 廢止할 程度라면 얼마나 問題가 深刻하다는 것을 알 수가 있다. 같은 漢字를 使用하고 있는 한 나라 안에서 地域마다 읽는 方法이 다르다 보니 같은 中國人들 끼리도 通譯이 必要하게 되었고 또한 發音 聲 記號도 必要하게 되었다. 表意文字인 漢字를 읽는 데 뜻이 없는 소리로만 읽는 것이다.

卽 表音聲 文字式이다. 그래서 自尊心을 버리시고 正 漢字와 **인뷰문�**를 採擇하여 混用하면 쉽게 解決이 될 것으로 본다. 如何튼 現實的으로 보면 漢字를 한때 排斥을 했던 日本이나 中國은 表意文字인 漢字의 優秀性을 再 認識 하고 正字로 쓰기를 獎勵하고 있는 것은 現時代의 趨勢이다.

3. 우리나라의 境遇

桓雄 天帝 時代부터 文字가 있었다. 表意文字라고 할 수 있는 桓字가 創製된 時期를 6,000年 前後로 볼 수 있다. 年代가 記錄된 것은 3世 檀君때에 乙普勒에 命하여 加臨土 文 38字를 創製한 B.C 2,181年이다.

漢字를 約 3,880餘年 使用하면서 加臨土 文38字를 創製하였으나 實用하지 않았고, 吏讀 文字도 創製가 되었으나 實用化를 하지 못했으며 A.D 1,446年에 世宗大王께서 訓民正音을 創製하시었다. 訓民正音을 創製한지 560餘年만에 "바른 소리글자"〈正 音聲文字〉를 創案했다. 그동안에 漢字 廢止論, 實用漢字 1,800字로 制限하는 等의 紅疫을 치르고 있었다.

6,000年동안의 文字의 變遷이다. 人類가 몇 萬年 前에 誕生하면서 소리

를 하였을 것이고 말을 하다 보니 記錄의 必要性을 느끼게 되면서 글자를 만들게 되었을 것이다. 그동안 많은 迂餘曲折을 겪은 結果 只今에서야 語文學者들이 國 漢字의 混用을 主張하고 있으며 21世紀의 現實에 와서 妥當 한 主張이라고 본다.

4. 漢字使用 文化圈

漢字를 使用하고 있는 文化圈에서는 表意文字와 表音聲文字를 같이 混用하여 使用하게 되면 語文學的인 모든 問題가 解決이 될 것이며, 國家 間의 意思疏通도 圓滑하게 될 것이다. 即 表意文字인 漢字와 表 音聲 文字인 **인뷰문자**를 混用하면 順하게 풀릴 것이다. 積極的으로 勸奬한다.

人間의 道理

사람이 森羅萬象 衆의 靈長이라고 하니 그 處世는 果然 어떻게 하여야 할까? 다음 事項을 履行하자.

1. 天地之間 森羅 萬象을 統括하고
2. 人間最貴 靈長 品位를 維持하고
3. 體統確立 姿勢 權威을 基盤하고
4. 勤勞誠實 模範 行實을 實踐하고
5. 勉學知識 德望 賢哲을 兼備하고
6. 受財傳授 必然 任務를 遂行하고

사람이 산다는 것은 숨 쉬고 물 마시고 飮食을 먹으면
죽지를 않고 산다. 이것은 짐승들과도 같다. 그렇다면
靈長으로서 다른 點이 무엇인가. 사람은 倫理 道德을
가지고 있다는 것이 다르다. 이것을 履行함으로써
人間의 體面이 維持가 되는 것이다.

國家 機構 改編〈案〉

只今의 統治體制를 보면 大統領 秘書室이 肥大하여 마치 이 나라의 統治 形態가 二重으로 屋上屋의 느낌이 간다. 그래서 世界 趨勢를 參考하면서 무엇인가 合理的이고 現實에 맞는 統治制度가 없을까 해서 構想하여 본 것이 一府 三院 統治 組織 體制의 構想이다.

1. 大統領 府 : 最高 統治 機關으로써 大統領은 國家를 代表하는 最高 權威者다.

　　1) 秘書 室 : 秘書官은 小數 人員으로 大統領 補佐 任務에만 忠實하면 된다.

　　2) 監査 室 : 監査 機能으로 國政을 監視한다.

　　　　檢察 技官을 두어 遵法과 違法을 監視토록 한다.

　　　　헬리콥터를 配置하여 隨時로 全國을 巡廻하면서 國政을 巡視 視察하면서 所感을 該當 部署에 指示하여 反映토록 한다.

　　3) 警護 室 : 警護 任務는 最高 統治者를 警護하는 程度의 禮遇로 縮小한다.

　　　　空然한 權威와 橫暴를 排除한다.

　　4) 住 邸宅 : 靑瓦臺 內의 邸宅에서 負擔없이 自由롭게 安樂한 家庭生活을 할 수가 있다. 開放된 雰圍氣로 市民들과 同調를 하면서 아무런 負擔이 없이 살면은 얼마나 좋은가.

2. 立法 院 : 國法을 立案 制定하는 機關이다.〈只今의 國會 機能〉

3. 司法 院 : 制定된 國法을 守護하는 機關이다.〈只今의 大法院 機能〉

4. 行政 院 : 國家經營 行政을 遂行하는 機關이다.〈只今의 國務總理 機能〉

따라서 只今의 法務部와 그리고 監査院 等은 廢止를 考慮할 만하다.

國事 擔當者의 選出 制度 改善 〈案〉

國家를 經營할 擔當者들의 選出은 國民이 直接 選出한다.
1. 國　家를 代表하는 大統領님은 國民投票로 選出한다.
2. 立法院를 代表하는 立法院長은 國民投票로 選出한다.
3. 司法院을 代表하는 司法院長은 國民投票로 選出한다.
4. 行政院를 代表하는 行政院長는 國民投票로 選出한다.
5. 立法院을 構成하는 登錄政黨은 國民投票로 選出한다.
6. 政黨員을 構成하는 立法後補는 專技能者로 選出한다.

　立法 技能을 가진 登錄 政黨임으로 黨員의 構成을 現行의 地域區나 人口 比率로 하지 않고 各 分野 別 專門家와 有能한 技能者를 選定하여 黨員으로 組織한다. 그 당원의 구성을 평가하여 국민투표로 선택한다.
　그러므로 立法 議員으로서, 現行 國會議員의 地域 選出 方式과 다르게 政黨 投票로 選出이 되었으므로 地緣, 學緣, 血緣 과는 아무런 影響과 負擔 이 없이 公正하고 떳떳하게 所信대로 오직 國事에만 專念을 할 수가 있다. 政黨의 議員 數는 得票 比率로 議員 數를 分配하여 構成하면 된다.

　立法 議員은 政黨投票 選擧制度로 改善을 함으로써 不正選擧를 源泉的 으로 防止를 하는 主權國民이 選出하는 方式이다. 이것이 바로 國民投票의 主權 行使이다.
- 이것이 地域區 人口比가 아니고 專門家와 技能者로 構成이 된 政黨을 選出을 한다.
- 政黨 議員은 兼職을 할 수가 없으며 兼職을 할 때는 議員職을 喪失을 한다.
- 議員이 缺員이 생기면은 再 選擧를 하지를 않고 次 順位者를 繼承을 한다.

公正 選擧 方法 〈案〉

選擧 때마다. 不正選擧로 論難이 많다. 이를 源泉的으로 封鎖를 하는 方法이 없을까. 그래서 이를 制度的으로 公正選擧 方法을 構想하여 본 것이다.

1) 選擧者名簿에 自筆로 署名을 한다.〈選擧 資格者 임을 確認하는 것이다〉
2) 選擧場은 帳幕으로 볼 수 없게 한다.〈監視者 없는 秘密 保障인 것이다〉
3) 選擧場所에 設置通路을 通過한다.〈立候補者 名義路를 通過하는 것이다.〉
4) 通路에는 點燈 스위치를 設置한다.〈通過할 때 點燈되며 計票가 된다.〉
5) 選擧用으로 別途器具가 없게 한다.〈計票가 없으니 不淨함이 없게 된다.〉
6) 選擧 監視 要員이 必要 없게 한다.〈選擧行爲를 監視할게 없게 된다.〉

〈投票者의 무게〉

通路에 設置 한 스위치는 30Kg 무게 이상으로 作動을 하는 무게 스위치임으로 故意로 쉽게 操作을 할 수 없으며 不正行爲를 할 수가 없다. 이 무게 스위치는 簡單한 構造로서 保管하여 繼續 使用할 수 있다. 從事 人力과 裝備 設置 豫算도 節減이 된다. 모두 다 같이 檢討 評價를 하여서 選擧方式을 改善할 것을 要望한다.

立法委員 構成 選出과 選擧 方法

法은 公正하여야 합니다.
法은 合理的이어야 합니다.
法은 正當하여야 합니다.
나라를 다스리는 憲法을 制定하는 立法委員〈現行 國會議員〉은 專門家와 系統別 技能者로 選定되어야 합니다. 立法 政黨은 專門家와 技能者를 嚴選하여 構成을 하여야 하며, 立法 政黨은 國民投票로 選出을 하여 立法 委員

會를 構成하여야 합니다.

　現行은 立法委員인 國會議員을 地域 別, 人口 比率로 選出하고 보니 國家를 爲 한 立法委員이 아니고 地域 代表로서 地域에만 關心을 集中하고 있습니다. 또 人口 比率로 選出을 하고 보니 假令 80歲 壽命으로 볼 때 25%에 該當하는 20歲 未滿의 아직 事理 判斷이 不足한 選擧人이 包含되는 矛盾이 있습니다.

　이같이 不合理한 方法을 除去하고 事理 判斷力이 定立된 專門家와 技能者로 構成을 하자는 것입니다. 政黨 選出로 立法委員이 되었으므로 血緣, 學緣, 地域 緣 等에 拘碍를 받지 않고 自己 專門 性대로 맡은바 立法 任務를 所信대로 誠實이 立法을 할 수가 있습니다.

　選擧 方法은 投票用紙가 없이 選出場所 內에 設置 된 立候補者 또는 政黨의 名義 通路에 있는 무게 스위치〈사람 무게로 作動하는 表示 스위치〉를 밟고 通過하면 選出이 되는 方法입니다. 아주 簡便하고 便利한 選出 方式입니다.

　무게 스위치에서 自動으로 計票가 됨으로써 投票用紙가 없어졌으니 自然이 不淨 計票가 사라질 수밖에 없습니다. 이렇게 되면 選擧 設備는 簡便해지고 管理 人力의 費用이 節減됨으로 一擧 三得입니다.

　人間은 怜悧하여 法을 逆 利用하여 私利私慾을 取하려는 버릇이 있습니다. 이를 制止하는 源泉的인 方法이 法으로 하는 것이 아니라, 實物 構造物 方式으로 하는 것입니다. 이의 實例가 壓力 무게 스위치 選擧 方式입니다.

淸廉潔白을 定義해 본다.

公職者의 淸廉潔白한 風土造成

　自古로 淸廉潔白은 선비의 信條요 品位의 象徵이다. 그래서 아무리 어려워도 忍耐로서 自己의 能力껏 사는 것을 信條로 삼았다. 그럼에도 不拘하고 俗人들은 分數에 맞는 慾心으로 充足하지 않고, 주어진 權限으로 詐欺를 치면서 致富를 하고 權力을 濫用하여 君臨하며 行勢를 하고 있다.

清廉潔白은 公務員의 信條다. 國家公務員〈國家의 祿을 받고 있는 大統領부터 末端의 給使까지〉은 國家와 國民을 爲하여 맡겨진 職務를 私心없이 公正하게 國事를 處理하며 奉仕를 하는 組織體의 職員이다.

公務員도 人間임으로 慾心이 있다. 그러므로 이를 自制하며 清廉潔白한 姿勢로 職務遂行을 할 수 있도록 다음의 與件을 制度的〈法的〉으로 마련해 주어야 한다.

1. 住宅이 있어야 한다.
2. 衣食을 充足하여야 한다.
3. 國家를 爲하여 奉仕를 한다.
4. 職務에는 率先垂範을 해야 한다.
5. 모든 일은 責任을 지는 姿勢로 한다.
6. 年金 加入으로 退職後 生計를 保障한다.

公務員으로 採用된 者가 自力으로 衣食住의 解決이 안 되고 있는 者에 對해서는 國家에서 집 마련을 爲한 資金을 職責에 相應하는 程度로 貸付를 하여주고 俸給에서 月賦로 償還하여 安定된 衣食住의 生活을 解決해 줌으로써 다른 생각을 하지 않고 清廉 潔白한 姿勢로 오직 國家를 爲하여 맡은 바 職務를 熱心이 遂行을 하게 한다.

高等學校까지 子女들의 學資金의 負擔이 생겼을 때는 合理的인 方法으로 政府에서 特惠를 주어 報償토록 하고, 반듯이 年金에 加入하여 退職 後에도 安定된 生活을 하도록 하여야 한다.

在職 中에 萬의 하나라도 職權을 濫用하여 公務員의 品位에 損傷을 주는 行爲를 했을 境遇는 가차 없이 殘餘 貸與金의 沒收와 罷免을 할 수가 있다. 國家의 惠澤으로 公職에 奉仕한 것에 대하여 感謝를 하여야 한다.

公務員의 職務遂行과 權限

公務員은 國家의 祿을 받으면서 賦與된 職務를 遂行하는 職責이다.
職務遂行은 大小를 莫論하고 誠實하게 完遂를 하는 것이 義務이다.
勤勉 誠實하게 最善을 다 해 努力하고 率先垂範 奉仕할 課題이다.

    1. 清廉潔白의 精神으로 國事를 專念한다.
    2. 賦課職務의 權限으로 發展을 構想한다.
    3. 奉仕姿勢의 能力으로 職務를 遂行한다.
    4. 率先垂範의 模範으로 先導을 推進한다.
    5. 經濟基盤의 構築으로 國家를 富强한다.
    6. 獻身姿勢의 心身으로 任務를 完遂한다.

大統領에게 期待하는 것은

    1. 僞善이 아닌 公正統治
    2. 人治가 아닌 依法行政
    3. 分列이 아닌 國民和合
    4. 無理가 아닌 常識行實
    5. 强壓이 아닌 率先垂範
    6. 無責任 아닌 正當合理

最高의 權座에 오른 第一人者로서 더 바랄 것이 무엇입니까.
한 번 맡았으니 私利 私慾을 버리고 오직 國家 至上 民族 至上으로 멋지게 奉仕하면서 融合과 包容으로 平等 協力을 하면서 平和로운 世上을 멋지게 이룩하고 싶지 않습니까.
죽을 때 가지고 가는 것도 아닌데 왜 慾心을 부립니까.

모두같이 諸 各其의 技能을 發揮를 하여 統治를 하여서 後世代가 稱誦을 할 政治를 한번 하여 보시지요.

우리의 悠久한 歷史

1. 桓因時代에는 悠久한 歷史 紅山文化圈 形成 :
   桓因天帝께서 開國하여 이룩해놓은 疆域이 悠久한 歷史의 紅山 文化圈이다.

2. 桓雄時代에는 炎帝 蚩尤帝 黃帝가 分割 統治 :
   神農子孫과 蚩尤子孫과 軒轅子孫이 三 分割을 하여 中原을 統治를 하였다.

3. 檀君時代에는 辰弁馬가 黃海를 內海로 建國 :
   檀君人帝께서 弁辰馬韓으로 三分割를 하여 黃海를 內海로 하여 統治하였다.
   辰韓이 上國으로 弁韓과 馬韓를 隷下國으로 黃海를 內海로 한 큰 나라였다.

4. 新, 高, 百 時代로 各各 承繼하여 三國始作 :
   新羅와 高句麗와 百濟가 各各 承繼를 하여 三國鼎立 時代가 始作이 되었다.

5. 渤, 麗, 朝 時代로 賣國讓與로 植民地 受侮 :
   渤海 高麗 李朝時代로 이어진 後에 日本에 賣國 讓與로 植民地가 되었다.

6. 21世紀 되면서 바른 歷史觀으로 나라 建設 :
   轉換 時期를 맞았으니 精神 차려서 올바른 歷史觀으로 새 나라를 建設한다.

우리의 歷史는 참으로 燦爛했었다. 그런데도 弱小國이 되었다. 이제 새 時代가 되었으니 悠久한 歷史를 되새기면서 再起하여 새 나라 建設로 報答을 하자.

歷史와 時代의 偉人

우리의 悠久한 歷史를 工夫를 하면서 어느 分이 偉大하신 分인 가를 더듬어 보았다.

1. 桓因帝 時代 3,300年 期間에는 黃色桓雄族으로 開國하여 紅山文化圈 形成
2. 桓雄帝 時代 1,565年 期間에는 神農子孫과 蚩尤子孫과 黃帝子孫들이 統治
3. 檀君帝 時代 2,096年 期間에는 三韓體制로 黃海를 內海로 하는 大國 造成
4. 世宗大王은 訓民正音 創製하여 表音文字의 合理的인 基本 바탕을 構築했다.
5. 李舜臣 提督은 壬辰倭亂때에 勇猛한 將帥로서 私慾없이 오직 獻身 救國했다.
6. 李承晚 大統領은 自由民主主義 國家建設과 韓美防衛條約締結 國基保衛했다.
7. 朴正熙 大統領은 새마을精神으로 民生苦를 解決하고 經濟發展 基礎構築했다.

우리 後孫들은 先賢들의 高貴한 精神을 이어받아 一致團結을 하여 失地를 恢復하고 永遠無窮한 繁榮을 爲하여 國土는 一萬 幾千里 人口는 五億 幾千萬名의 새 나라를 建設하여 弘益人間 理化世界 하는 悠久한 나라를 세워야 하지 않겠는가? 이제 때가 되었으니 協力과 包容團結하여 무엇인가 보람이 되는 일을 成就하여야 하지 않겠는가?

自由民主主義는 繁盛하고, 共産主義는 衰退하는 實證

1. 自由主義 : 自己 意志대로 主張하는 正義〈他意에 干涉없는 行實로 하자는 뜻〉
2. 民主主義 : 國民 要求대로 引導하는 正義〈民意에 反對없는 決定을 하자는 뜻〉
3. 平等主義 : 無差 無級으로 公平하는 正義〈當然에 該當事는 公平을 하자는 뜻〉
4. 共産主義 : 共同 生産함을 主導하는 正義〈모두가 同等하게 生産을 하자는 뜻〉
5. 共消主義 : 共同 消費함을 主導하는 正義〈너내가 均等하게 分配를 하자는 뜻〉
6. 社會主義 : 生産 手段制를 共有하는 正義〈다같이 協同하게 일들을 하자는 뜻〉

　共産主義가 共消主義나 社會主義로 變遷 發展을 志向하면서 보다 더 合理的인 것으로 생각을 하였고, 事實 힘과 努力으로 共同 生産을 하였으니 公平하게 分配 配給을 하여야 하는데도 公平하게 하지를 않았고 共同으로 努力을 하지도 않은 幹部들에게 有利하게 作用을 하니 自然的으로 反撥이 生起면서 共同으로 消費를 하자는 共消主義 雰圍氣로 變하면서 生産力이 低調하게 되니 自然이 共産主義는 衰退를 하면서 時代思潮에 따라서 100年도 채우지 못하고 사라지기 始作했다.
　事實 共同生産이나 共同消費는 怜悧한 人間에게는 맞지가 않는 方法인 것이다. 反面에 남에게 被害를 주지 않는 自由와 民意에 따르는 平等 自由 民主主義의 社會 에 서는 自己 能力대로 勤勉 誠實하게 努力을 하면서 經濟

發展에 寄與를 하므로 繼續 繁盛을 하고 發展을 하고 있는 것이 現實的으로 立證되고 있다.

~~ 共産主義가 衰退하는 實證 ~~

1) 1989年 11月 : 獨逸의 베를린 障壁은 崩壞가 되었고
2) 1990年 10月 : 東獨逸과 西獨逸의 統一 成功 되었고
3) 1991年 12月 : 蘇聯은 聯邦制의 崩壞로 解體 되었고
4) 1992年　　 : 러시아는 自由經濟로 進行될 것이다.
5) 　　? 　　 : 中共의 體制變化는 언제나 될 것인가.
6) 　　　　 : 自然의 攝理는 事必歸正으로 될 것이다.

우리의 言語가 곧 우리의 運命이다.

高級文化는 小數者에게만 理解가 된다고 "고수 펭 글러"는 말을 했다. 그런데 그 小數者는 몇몇 天才 者를 말하는 것이 아니다. 누구나 努力을 하면 文化의 受惠者가 될 수 있다. 그 첫 번째의 手段이 言語인 데 우리는 讀書를 通하여 言語를 習得하게 된다.

"T.S. 에리엣"의 말처럼 "作家나 詩人의 義務는 讀者가 아니라, 言語 그 自體에 優先을 한다." 우리는 한글이 優秀하다고 여기지만 한글은 果然 무슨 소리나 表記을 할 수 있느냐 하는 것과는 全혀 다른 問題이다.

프랑스의 散文은 "몽테뉴"의 에세이에 依해서 水準에 到達을 했고, 英國의 韻文은 "섹스피어"의 勞苦에 힘입어 最高의 言語로 거듭났다. 明晳한 言語가 明晳한 思考를 可能하게 하고 纖細한 言語가 纖細한 感性을 可能하게 한다. 우리의 言語가 곧 우리의 運命이다.

-에필로그 中에서. 2021.02.16. 火. 朝鮮日報 A-35 面.-

그러면 **인뮤문따**는 世界의 어느 文字보다 言語의 表現을 거의 다 記錄을 할 수가 있다. 그러므로 文學的으로나 語韻學的으로나 音聲學的으로나 字型學的으로나 結合學的으로나 英語 等을 누르고 世界 最高 言語로 浮刻이 될 수밖에 없다고 본다.

言語가 人生살이의 運命이라면 이 運命을 圓滿하게 開拓을 해나가려면 가장 쉬운 **인뮤문따**를 共用하는 것이 最善의 方策으로 본다.

바른 소리글자

〈正 音聲文字〉

1. 基本 十五 文字
2. 音帶 加劃 文字
3. 音聲 結合 文字
4. 音帶 聲帶 文字
5. 立體 音節 文字
6. 呼稱 人類 文字

人間는 입으로 소리를 하고 말을 하고 또 記錄을 한다. 그런데 똑같은 입으로 하는데 말이 제 各其 다르다. 그래서 記錄하는 文字도 달랐던 것으로 본다.

그러나 只今은 21世紀로 全世界가 流通하며 共生하는 世上이 되었다. 그런데 意思疏通이 제대로 안 되고 있다. 말은 다르고 記錄을 하여서 意思를 疏通하는 記錄文字도 다르기 때문이다. 그러면 只今 할 수가 있는 것은 記錄을 하는 文字의 統一 뿐이다. 그래서 文字를 새로 만든 것이 **인뮤문따**이다. 그러면 **인뮤문따**를 世界共用 文字로 하여 世界人類가 意思疏通을 할 수 있게 하는 것이 最善의 方策이다.

三을 嗜好하는 民族

三은 天符經에서는 모두를 包容하는 뜻을 가지고 있다. 複數 體制를 말하고 있다.

如何間 우리 用語에는 三이 들어가는 單語가 많다. 그래서 적어 보았다.

1.天地人(·ー丨) 2.圓方角(○ □ △) 3.黃赤靑 4.三層石塔 5.三座 石物 6.三足容器 7.三角 形 8.三 枝 槍 9.三角 尺 10.三次 元 11.三七 制 12.三 陳設 13.三角 法 14.三 角點 15.三 等分 16.三 綱倫 17.三 傑出 18.三 原 色 19.三冠王 20.三年喪 21.三 大洋 22.三 德目 23.三 分割 24.三輪車 25.三昧境 26.三拍子 27.三拜禮 28.三白 草 29.三伏 中 30.三言 詩 31.三 人稱 32.三足烏 33.三重 唱 34.三獻 官 35.三和 音 36.三絃 琴 37.三絃 六 角 38.三魂 七魄 39.三 寒 四溫 40.三一 天下 41.三益主義 42.三十六計 43.三審制度 44. 三世因果 45.三司五官 46.三分 五 裂 47.三無五多 48.三 文文士 49.三府要人 50.三頭 六臂 51.三公 六卿 52.三段 戰法 53.三段 論法 54.三面 訴訟 55.三面 記事 56.四面契約 57.三昧道場 58.三代追尊 59.三大開闢 60.三年 不喪 61.三權分立 62. 三國 協商 63.三國時代 64.三 民主義 65.三顧 草廬 66.三角測量 67.三角貿易 68.三角級數 69.三角關係 70.三尺 童子

顔面의 六 機能 役割

1. 보는 것 : 見識〈目 : 物件識別〉

   보이면서 알게 되고 배우면서 選別 取得 한다.

2. 듣는 것 : 聽得〈耳 : 音聲聽取〉

   들으므로 感知하여 理解로서 判斷 處理 한다.

3. 숨 쉬는 것 : 呼吸〈鼻 : 生命維持〉

숨을 쉬고 살았으며 냄새로서 食物 識別 한다.

4. 씹는 것 : 咬食〈齒 : 紛碎食物〉

　　飮食物을 씹으므로 胃腸에서 消化 作用 한다.

5. 맛보는 것 : 感味〈舌 : 感知味覺〉

　　飮食物을 맛보면서 먹었으니 取食 感謝 한다.

6. 예쁜 입술 : 口脣〈脣 : 美貌奇妙〉

　　입술의 調和는 너무 예뻐 人間만이 所有 한다.

　動物들이 享有를 하는 要件이지만 特別히 人間에게는 特惠를 주시어서 靈長으로의 權威를 가지게 해주었다.

人體의 六 形態

1. 頭腦 : 知能과 構想 記憶維持 構想樹立
2. 體軀 : 五臟과 六腑 臟器保護 技能活性
3. 婉手 : 妙技와 遂行 物件操作 事物整理
4. 肢足 : 支持와 行步 行步活動 健康維持
5. 生殖 : 陰陽과 調和 繁殖義務 永遠不滅
6. 後尾 : 痕迹만 存在 後方活用 事項不要

　動物은 手腕의 機能이 不足하여 꼬리가 手腕의 補助役割을 하고 있다. 造物主가 動物들의 不足한 機能을 補完하여 준 것이 아니겠는가!. 造物主가 人間만이 頭腦 活用과 手腕의 操作을 할 수 있도록 技能을 賦與하여 준 것에 對해서도 感謝를 해야 한다. 그래서 人間이 萬物의 靈長이 된 것이다.

손의 六 技能

1. 接觸 感覺 : 만져보며 分別 感知한다.
2. 必品 取得 : 必要 物品 取捨 選擇한다.
3. 機具 作動 : 機械 器具 直接 操作한다.
4. 用品 製造 : 必要 生活 用品 製作한다.
5. 筆書 圖畵 : 글씨 쓰고 그림 彩畵한다.
6. 手話 遂行 : 手指로서 意思 對話한다.

사람의 손은 다른 動物의 손이 못 하는 많은 才幹을 부린다. 人間이 萬物의 靈長이 된 要件 中의 하나이다.

사람의 六 體形

1. 벌려 있는 두 어깨 : 健壯한 體軀
   사나이의 偉容 堂堂하게 떡 벌어진 몸맵시 模襲은 참다운 男丈夫이다.
   男子에게 주어진 造物主의 包容의 膳物이다.
2. 둥글넓적 엉덩이 : 美麗한 曲線
   계집은 둥글게 생긴 엉덩이의 아름다운 曲線美를 가진 女丈婦이다.
   女子만이 가지는 自然 攝理의 美貌 姿態이다.
3. 널찍하게 버러진 : 包容의 能力
   든든하고 듬직한 擧動으로 멋지게 包容力을 가지게 하는 形態이다.
   美貌의 女人을 감싸 안을 사나이 어깨이다.
4. 豊滿하게 펼쳐진 : 受容의 形態
   듬직하고 便安하게 受用을 할 수 있는 安定이 되어있는 姿態이다.
5. 몽실몽실 젖가슴 : 豊滿한 乳房
   어쩌면 둥글고 아름답게 생겨서 그렇게 마음을 끌게 하는 魅力.

아기 養育 爲해 女性이 가지는 專有物이다.

6. 갓 태어난 어린이 : 無限의 幸福

世上을 모르는 天眞爛漫한 姿態의 模襲은 幸福한 人間의 模襲이다.

언제나 그렇게 귀여운 우리 아들과 딸이다.

世上 꽃 中에서 아기의 웃음의 꽃송이는 萬花를 凌駕한다.

아기들의 방끗방끗 웃는 形容은 참으로 아름다운 自然의 容華이다.

아름답게 피어있는 自然 꽃과 比較해 보시라.

動物들은 6形態를 다 가지고 있다. 그런데 人間 外 動物들도 저의들 나름대로의 方法으로 즐기고 있다. 그런데 次元이 다르다. 人間이 하는 行實은 보기가 좋다. 같은 行爲라도 知能的으로 하는 行實은 一般 動物들은 따르지를 못한다. 그래서 人間이 萬物의 靈長인 것이다.

健康 維持를 爲하여 六 項目 活用

健康을 維持하기 爲해서는 身體의 六 部位를 잘 活用을 해야 한다.

1. 頭腦 活用 : 構想研究 自然工夫 雜念無爲
   두뇌 활용   구상연구 자연공부 잡념무위
   萬物의 靈長인 人間은 頭腦를 暫時도 쉬지
   말고 무엇인가 構想과 研究하며 大自然을
   배워야 하고 쓸데없는 雜念을 갖지 마라.

2. 口腔 活用 : 牙齒紛碎 唾液混合 消化補助
   구강 활용   아치분쇄 타액혼합 소화보조
   입안의 어금니는 食物을 잘게 씹으며 혀와
   같이 침을 버무려 胃腸으로 보내 消化를
   도와야 하므로 될수록 많이 씹어야 한다.

3. 手腕 活用 : 各種器具 操作行爲 能率向上
   수완 활용   각종기구 조작행위 능율향상
   긴팔로 周邊의 必要로 하는 物件을 손으로
   가져와서 利用을 하며 무엇이나 操作을 하

고 必要한 器具를 만들어서 使用을 한다.

4. 足肢 活用 : 自己任務 率先遂行 健康維持
   다리는 體軀를 支撑하면서 健全한 무릎으
   로 발과 더불어 安全케 步行를 하면서 健
   康을 維持하는 것이 最善의 方策인 것이다.

5. 食物 活用 : 多種穀物 數種菜蔬 各種果實
   穀物 海物 肉物 魚物은 가리지 말고 골루
   먹고 菜蔬類 海草類 果實類도 고루 攝取
   하여 均衡이 잡힌 榮養 管理를 해야 한다.

6. 水分 活用 : 大量取水 適當飲酒 過飲自制
   水分은 많이 마실수록 좋고 따라서 鹽分을
   攝取하여서 新陳代謝를 원만하게 疏通하고
   飲酒는 自己 體質에 맞게 適當量을 마신다.

過食과 過飲 等 모든 것은 過하면 탈이 난다. 適當하고 分數에 맞도록
行實을 하면서 不可避한 境遇에는 事情을 이야기하여서 諒解를 求하면서
좋은 雰圍氣를 維持하는 것이 道理라고 본다.

六 大陸 六 大洋과 六輪 旗

~~六 大陸 六 大洋~~

1. 亞洲大陸 2. 歐洲大陸 3. 阿洲大陸 4. 北美大陸 5. 南美大陸 6. 濠洲大陸

1. 北太平洋 2. 南太平洋 3. 北大西洋 4. 南大西洋 5. 印度大洋 6. 北極大洋

~~六 輪 旗~~

現在의 올림픽 五輪旗는 오대주를 代表하는 五輪 色旗로 되어있는데 이
를 六 大陸 六 大洋을 代表하는 六輪旗로 하자. 六輪 色은 黃·赤·靑·橙·綠·紫

이다.

  1. 黃色 輪=亞洲大陸 2. 赤色 輪=歐洲大陸 3. 靑色 輪=濠洲大陸

  4. 橙色 輪=北美大陸 5. 綠色 輪=南美大陸 6. 紫色 輪=阿洲大陸

色相은 基本 三原色은 黃·赤·靑이고, 基本 三混色은 橙〈黃+赤〉·綠〈黃+靑〉·紫〈赤+靑〉이다. 阿洲大陸 人種을 黑色人種이라기 보다는 事實은 紫色人種이다.

~~六 輪 旗의 色相~~

黃 赤 靑

橙 綠 紫

올림픽 競技는 全 人類가 參加하는 和合의 行事임으로, 흰色을 包含한 여섯 色깔을 包含하면 어떤 例外도 없이 모든 國家의 國旗를 複製해낼 수가 있다고 생각을하고 構想을 하였다고 한다. 當初부터 大陸 別 特性을 나타내기 爲해서가 아니라, 모든 올림픽 參加 나라의 國家 색깔을 만들어내는 바탕 色으로 여섯 가지를 골랐다는 것이다. 흰色은 흰 바탕旗 임으로 不可하며 六色 中의 靑色을 選擇해야 한다.

栽培하고 싶은 草木植物 各 六 種類

  1. 代表 樹 : 소나무, 대나무, 전나무, 銀杏나무, 杉나무, 뽕나무

  2. 觀賞 樹 : 회양木, 사철나무, 朱木, 자귀나무, 木蓮, 구상나무

  3. 觀賞 花 : 蘭 草, 百 合, 원추리, 君子蘭. 아마릴리스, 水 蓮

  4. 花木 樹 : 無窮花, 牧丹花, 佛頭花, 진달래꽃, 벚꽃, 배롱꽃

  5. 果實 樹 : 대추나무, 밤나무, 감나무, 사과나무, 배나무, 복사나무

  6. 野生 草 : 씀바귀, 달래, 부추, 더덕, 도라지, 잔대

栽培와 管理가 쉽고, 採取하는 方法이 簡單하고, 保管과 貯藏이 簡便하

다. 이 植物 들은 人體 成長의 必需品이며 榮養 攝取에 도움을 주는 食物들이다.

마늘, 고추, 무, 배추, 生薑, 고구마, 양파, 당근, 부추, 달래 等은 現在 우리 食生活의 必需品으로서 企業으로 栽培를 하고 있으므로 取得이 容易하다.

人體의 生命 維持를 爲한 六 機構 中 코의 役割

耳·目·口·鼻·大便 孔과 小便 孔은 生命을 維持하는 役割을 하는 六 機構이다. 이中 五 機構는 그 機能을 쉬거나 닫을 수가 있어도 코〈鼻〉의 機能은 暫時도 쉬지 않는다. 쉴 수가 없다. 意識不明이 되거나 잠을 잘 때도 코의 役割은 쉬지를 않는다. 숨이 멈추면 죽기 때문이다. 그래서 코의 構造는 變形도 안 되고 뚜껑도 없다.

이와 같이 코가 숨을 쉬는 役割이 重且大함으로 코의 內部에 異常이 生起면 입이 代身하여 숨을 쉬어 주는 것이다. 또한 코만이 냄새를 맡는다. 냄새를 맡아서 食生活의 補助機關으로 먹거리를 識別 選擇을 해준다. 動物들은 嗅覺이 發達해서 生命 維持 手段으로 活用하고 있다. 그래서 코에는 뚜껑이 없다. 코에 感謝를 한다.

目 耳 鼻 口 舌 齒 六 機能

1. 二 個 目 : 兩眼으로 多 見物 하여라. : 見取物件 識別로 判斷을 한다.
2. 二 個 耳 : 兩耳로서 多 聽音 하여라. : 聽取소리 對話로 分別을 한다.
3. 一 個 鼻 : 二孔으로 多 息臭 하여라. : 숨을쉬며 냄새로 滿喫을 한다.
4. 一 個 口 : 單口이니 小 言辭 하여라. : 말은적게 하면서 謙讓을 한다.
5. 一 個 舌 : 單舌이나 味 感覺 하여라. : 飮食物을 섞어서 味覺을 한다.
6. 八 牙 齒 : 八齒牙로 多 咬碎 하여라. : 어금니로 씹어서 分碎을 한다.

人間을 萬物의 靈長이 되도록 造物主께서 創造를 하여주신 것에 對해서 眞心으로 感謝를 드린다. 動物들은 大概 六 機能을 가지고 있다. 이 六 機能이 人間이 가진 技藝는 다른 動物이 따라올 수 없는 役割을 한다. 그러니 靈長이 될 수밖에 없는 것이다. 이 技藝는 두뇌가 창안하고 손이 기능자이다. 삼라만상의 영장의 品位를 지키자.

顔面 六 形態 任務

1. 頭髮은 頭蓋를 保護하는 任務 : 맨위에 位置하여 直光 防牌을 한다.
2. 兩目은 物品을 分別하는 任務 : 上側에 位置하여 見物 識別을 한다.
3. 兩耳는 音聲을 聽取하는 任務 : 左右에 位置하여 소리 取得을 한다.
4. 單鼻는 呼吸을 作用하는 任務 : 中央에 位置하여 空氣 吸入을 한다.
5. 單口는 飮食을 攝取하는 任務 : 下側에 位置하여 水穀 飮食을 한다.
6. 鬚髯은 權威를 表象하는 任務 : 下部에 位置하여 權威 誇示를 한다.

왜 女子는 鬚髯이 없을까? 絕對 必需品은 아니지만!
動物들 中에서 얼굴 形態가 세로 橢圓形으로 六 機能이 均衡 잡히게 配列이 된 것은 사람의 顔面이다. 이 美貌는 어느 動物보다도 아름다울 뿐만 아니라 靈長으로서 權威의 標本입니다. 六 機能이 均衡이 잡히게 排列하여 이루어진 세로 橢圓形 얼굴은 참 美貌의 標本이다.

口 六 役割

1. 取食을 한다. : 飮料 食物을 攝取한다.
2. 碎食을 한다. : 取得 食物을 粉碎한다.
3. 味覺을 한다. : 飮食의 맛을 感知한다.

4. 混合을 한다. : 唾液 飮食을 混成한다.

5. 呼吸을 한다. : 鼻役 機能을 補助한다.

6. 語言을 한다. : 말로 意識을 疏通한다.

萬若에 먹는 입과 소리를 내는 입이 따로 있다면 어떨까?

顔面의 各 機能의 配列이 合理的일까? 그런데 입은 하나로 取食과 言語를 驅使하며 合理的인 役割을 하고 있다. 게다가 呼吸도 補助하고 있다. 取飮 食物의 消化도 도와주고 있다. 참으로 造物主는 偉大하시다. 이에 對해서도 感歎을 하고 있다.

六 本 攝理

1. 天符經 : 六 本經

天符經은 81字로 된 數字 經典이다. 中心에 位置한 六으로 經典의 攝理이다.

2. 太陽光 : 六 照射

太陽光 照射는 六 方向이다. 모든 빛의 反射하는 方向으로 自然의 攝理이다.

3. 白雪象 : 六 方形

눈은 自然 物體이다. 왜 六 形狀일까? 이는 完璧한 形像으로 自然의 攝理이다.

4. 蜂巢型 : 六 角形

벌은 昆蟲이다. 벌집은 왜 六 角形일까 無缺 合理形으로 自然의 攝理이다.

5. 方向性 : 六 方位

東 西 南 北 四方에다 上下의 二方을 合하면 六 方向으로 自然의 攝理이다.

6. 自然象 : 六 形象

生物의 六恩慧는 生 氣 水 光 風 土로 生存을 維持함으로 哲理의 攝理이다.

以上과 같이 檢討 分析을 하고 보니 모든 自然 形象의 與件이 여섯 가지로 完成이 이루어지고 있음을 알게 되었다. 그래서 모든 것은 六 으로 定立

을하고 六 段階로 完成시키는 것이 理致에 맞으며 妥當하다고 본다. 이것이
六 眞理의 合理性인 것이다.

人間 六行

1. 自然攝理 六 恩惠
自然의 恩惠는 生〈誕生〉氣〈酸素〉水·光·風·土〈食物〉로 生命 六 恩惠
이다.
2. 人間守則 六 常道
人間의 道理는 仁義 禮智 信樂이다. 五行에 樂을 追加하여 六 常道이다.
3. 人生道理 六 倫理
人間의 倫理는 現 五倫 倫理에 師弟 有敎를 追加를 해서 六 倫理이다.
4. 顔面形像 六 形態
人間의 얼굴은 이마 눈썹 耳 目 口 鼻로서 顔面의 構成은 六 形態이다.
5. 萬物靈長 六 機能
人間의 機能은 腦 手 **捥** 足 脚 排泄孔을 가진 萬物靈長의 六 機能이다.
6. 言語驅使 六 音聲
音帶와 聲帶의 發 音聲이 結合을 하여 音節 發 音聲하는 六 發帶이다.

世上 理致의 形成이 다섯 가지로만 이루어지는 것은 不完全하다. 그래서
여섯 가지로 完成이 되어야 만 安定을 維持하게 된다는 것을 알게 되었다.

儀禮服 六 服飾

1. 無制服 : 一般人들이 마음대로 選擇을 해서 着用하는 服飾
2. 禮式服 : 婚禮時나 葬禮時나 特別儀式에서 着用하는 服飾

3. 制度服 : 法官이나 公務員이나 宗敎界에서 着用하는 服飾
4. 職業服 : 軍人이나 警察官이나 各 團體에서 着用하는 服飾
5. 學生服 : 初等, 中等, 高等學校 制服으로서 着用하는 服飾
6. 運動服 : 運動選手나 應援에 參加 團體에서 着用하는 服飾

衣服은 自然環境 속에서 身體를 保護하기 위하여 着用을 하는 것이다.
그 方法은 多樣하다. 그리고 衣服의 着用에 따라서 그 身分과 品位를 區別하고 確認하게 된다. 그래서 그 身分에 맞는 服裝을 着用을 하게 되는 것이다. 衣服은 端正하게 着用을 하시라, 品位 維持의 條件이다.

사람이 着用하는 衣服 六品과 補助品

1. 平常衣 : 저고리, 바지, 치마, 洋服 上衣 下衣, 조끼, 두루마기, 外套
2. 內服衣 : 上 內衣, 下 內衣, 속바지, 속치마, 팬티, 就寢衣, 파자마
3. 外裝衣 : 男子 두루마기, 女子 두루마기, 男子 外套, 女子 外套, 넥타이
4. 補助品 : 綿 목도리, 毛織 목도리, 여우 목도리, 스카프, 革帶, 허리띠
5. 手足品 : 버선, 洋말, 가죽 掌匣, 털 掌匣, 綿 掌匣, 運動 掌匣, 감발
6. 頭巾品 : 갓, 中折帽, 遮陽모, 團體帽, 남바위, 벙거지, 빵帽, 헬멧

頭部 着用 儀裝 六品

人間만이 머리에 帽子를 쓴다. 保護도 되지만 身分과 品位를 區別 維持하는 一種의 制度이기도 한다.

1. 갓網巾 : 말총으로 짜서 만들어진 것으로 어른이 되면 쓰는 頭巾類
2. 頭　巾 : 헝겊 等으로 만들어 머리 保護를 爲해서 着用하는 巾類
3. 帽　子 : 中折帽, 遮陽帽, 運動帽, 登山帽, 學生帽, 團體帽 制帽類

4. 남바위 : 추위를 막으려고 主로 겨울철에 쓰는 防寒 用具

5. 儒　巾 : 學者나 工夫하는 儒生이 品位維持로 쓰는 頭巾

6. 삿　갓 : 햇볕이나 눈과 비를 避하려고 머리에 쓰는 用具

신발 種類 六品

발을 保護하는 着用具이다. 사람은 어떤 곳이든 간다. 그 가는 곳에서 適應하며 최소의 不便으로나마 다니기 위하여 발에 신는 裝備이다.

1. 짚　신 : 볏짚으로 발에 맞게 삼아서 신고 걷는데 신는 物件

2. 미투리 : 大麻 等으로 발에 맞게 삼아서 신고 걷는데 신는 物件

3. 皮革靴 : 가죽으로 발에 맞게 만들어 신고 걷는데 신는 物件

4. 運動靴 : 여러 가지 運動하는 데 適合하고 便利하게 신는 物件

5. 登山靴 : 山을 오르고 내릴 때에 安全하고 便安하게 신는 物件

6. 特殊靴 : 어떤 行動을 할 때에 通合하고 便利하게 신는 物件

只今은 技術과 裝備가 發達을 하여서 멋진 신으로 供給을 하고 있다.

樂園境은 어떠한 곳인가?

1. 森羅萬象으로 自然의 惠澤을 받으며 사는 곳

2. 靈長人間으로 權威의 品位를 보이며 사는 곳

3. 模範行動으로 姿勢의 道理를 이루며 사는 곳

4. 世上事調和로 標本의 信條를 삼으며 사는 곳

5. 生命體愛好로 衡平의 維持를 갖추며 사는 곳

6. 大自然攝理로 融和의 調和를 꾸미며 사는 곳

樂園境은 바로 이러한 곳이다. 自然의 攝理에 順應하면서 사는 곳으로 人生의 素朴한 터전이다. 優雅하고 華麗한 곳이 絕對로 아니다.

自肅을 하면서 素朴하게 살아가는 곳이다.

奉仕하고 베풀면 幸福이 깃드는 포근한 곳입니다.

五行을 六象 行으로

現行의 五行은 金 木 水 火 土이다. 六象은 生 氣 水 光 風 土로 하였다.

五行은 相生 相剋이 理致에 맞지 않는다. 더욱이 이름 돌림자 次例로 쓰고 있는 것도 妥當性이 不合理하다. 그래서 自然 攝理에 따른 生成 攝理의 實象으로 誕生, 空氣, 水分, 光熱, 風流, 土壤인 "生, 氣, 水, 光, 風, 土" 六의 象行으로 하였다. 바로 現實的으로 맞는 六何原則의 合理性이다.

그 時代의 五行이 現實的으로 不合理 한 것이 立證이 된 것이다. 그래서 現實에 맞는 六象 行으로 바꾸지 않을 수가 없게 된 것이다. 果然 理致에 맞는지!

六의 合理性을 整理해 본다

最小의 忍耐는 1 2 3 4 5 6秒, 一分은 60秒, 1時間은 60分, 1日은 4·6 24時間 1年은 6x60=360에 +6을 하여 366日이다. 모두가 6으로 完成하고 있다.

모든 要件들은 6으로 完成을 이루고 있다. 6의 眞價를 다시 한번 評價를 해 보았다.

우리나라 基本 飮食床

〈六 種類 飯饌으로 차린 飮食 床〉

　季節에 따라서 여섯 가지의 飯饌으로 차린 飮食床으로서, 여섯 個의 접시에 담아서 中央의 접시를 둘러싸고 둥글게 配列를 한 基本 飮食床의 차림이다.

1. 六種類의 飯饌을 담은 접시는 둥글게 配列을 하는 것이다.
　〈中央의 七번 접시 配列은 構造 完成의 形態이다.〉
2. 中央의 접시에는 마늘 고추 양파 된장을 담게 하는 것이다.
　〈疫病 豫防 食品인 마늘 고추 양파 된장은 必須다.〉
3. 嗜好 料理는 먹을 만큼 몇 가지만을 注文을 하는 것이다.
　〈飮食의 차림表에서 먹고 싶은 것을 注文을 한다.〉
4. 飮食은 맛있게 알뜰히 먹고 마시며 남김 없게 하는 것이다.
　〈飮食은 버릴 것이 없도록 깨끗하게 먹어야 한다.〉
5. 飮料水는 各自의 嗜好에 맞는 것으로 選擇을 하는 것이다.
　〈飮料水는 自己 嗜好대로 選擇하여 마시게 한다.〉
6. 飮食은 生命 維持의 必須 食品임을 認識하게 하는 것이다.
　〈飮食物은 숨을 쉬는 것과 같은 貴重한 食物이다.〉

　飮食床 차림은 多樣하고 地域마다 特性이 있어 자랑하며 뽐낸다. 數十가지의 飯饌으로 調味도 多樣하게 입맛을 돋운다. 그러니 맛있어 다 먹고 싶으나 배가 불러서 더 먹지를 못하고 남긴다. 많은 飮食과 食品이 아까워서 남긴 것은 保管하여 再 活用을 하면 좋겠는데 버리는 것이다. 이를 規制하기 위하여 基本 飮食床 차림을 構想하게 되었다.

　基本 飮食床 차림에서 別途로 다른 種類의 飯饌을 追加로 要求를 하면은 값을 追加로 받도록 하는 것이다. 남기지 않는 食生活을 習慣化합시다.

⟨여섯 가지 基本 飯饌⟩

⟨基本 飯饌에 別途 注文 追加 料理⟩

6가지 飯饌이 基本이다. 中央은 미늘과 양파

이 飮食 차림 食單은 永登浦區 堂山洞에 있는 홍이 食堂의 方式이다.

⟨堤鳳 處士의 밥床 차림⟩

6가지 以下가 基本이다. 여기에 마늘과 양파와 된장 고추장과 長壽막걸리는 必須로 따른다. 차려준 飯饌으로 口味를 돋운다. 小食과 한잔 술로 充足을 한다. 나의 衣食住 以上 無. 健康 以上 無.

一·三·五·六·七·九를 좋아하는 우리 民族

우리 民族은 自古以來로 數ㅅ字는 一·三·五·七·九 奇數를 좋아했다. 왜 그런지 모르겠다. 그리고 中華民族은 偶數인 二·四·八·十을 좋아한다. 그런데 六이 빠져있다.

이것도 왜 그런지 모르겠다. 只今 數人字의 選好 度를 따지자는 것은 아니다. 旣往에 數人字 嗜好의 選擇을 한다고 하면 現實的이고 合理的으로 檢討해 볼 必要가 있다. 제가 敢히 構想을 해 보았다.

天符經에 依하면 一은 오직 하나일 뿐이고, 三은 모든 것을 包容하는 數人字이고, 五는 東西南北과 中央의 全 方位를 指稱하며, 六은 完成의 뜻이며, 七은 幸運을 象徵하며, 九는 모든 것이 가득 찼다는 뜻의 數이다. 그래서 六이 完城의 뜻으로 天符經의 中心이 되어 있다.

또한 停止 物體의 安定 支持는 三鼎이 마땅하고, 움직이는 物體의 安定 支持는 六 支持가 妥當하다. 이 두 가지를 包容 한 것이 九이다. 只今에 와서 살펴보면 三으로 된 用語가 第一 많으며 自然의 攝理가 모두가 六으로 이루어 졌으며 九로 이루어지면 모두를 滿足하게 된다. 그러니 一·三·五·六·七·九를 崇尙하지 않을 수가 없다.

天符經은 基本 數人字 열자를 包含하여 이루어졌다. 只今의 時代는 奇數만의 時代가 아니다. 奇 數는 獨立性은 있으나 相對가 없다. 그러나 모든 것은 相對와 더불어 이루어지고 있다. 隅 數의 合理性을 研究하여 보자.

男女 生殖器 技能과 義務

1. 어린 男子 : 자지라고 하며 덥혀 있다. 고추 자랑
2. 어린 女子 : 보지라고 하며 닫혀 있다. 숨김 자랑
3. 어른 男子 : 좆이라고 하며 까져 있다. 射精 技能
4. 어른 女子 : 씹이라고 하며 열려 있다. 受胎 技能
5. 成年 男女 : 交接하고 授精 受卵 한다. 繁殖 義務
6. 男女 夫婦 : 結合하고 任務 遂行한다. 自然 義務

只今 通俗的으로 좆과 씹이 들어 가는 말을 慾으로 하고 있다. 이것은 잘못된 思考이니 是正하여야 한다. 그러면 反對로 그의 機能과 行爲를 제대

로 못 한다는 말은 慾이 되는 것이다. 다시 말하면 "씹 못할 놈"과 "좆도 못할 년"은 慾이 된다. 自然 攝理의 技能을 제대로 發揮를 못하니까. 不具者이다.

自然 攝理 繁殖 現象

1. 人間類 : 머슴은 壯大하며 健全하고, 계집은 誘惑하면서 結合을 誘惑한다.

2. 動物類 : 수놈은 威嚴하며 美貌하고, 암놈은 受容하면서 結合을 誘惑한다.

3. 飛鳥類 : 수놈은 華奢하며 美麗하고, 암놈은 愛嬌하면서 結合을 誘惑한다.

4. 植物類 : 꽃들은 美貌하며 華麗하고, 암술은 單一하면서 結合을 誘惑한다.

5. 昆蟲類 : 수놈은 怜悧하며 健全하고, 암놈은 和合하면서 結合을 誘惑한다.

6. 魚貝類 : 수놈은 授精하며 保護하고, 암놈은 産卵하면서 結合을 誘惑한다.

自然의 攝理는 永續 不滅하도록 陰陽을 점지하였고, 生理的으로 結合하여 繁殖을 하도록 한 것은 참으로 神奇하다. 自然의 攝理에 順從을 하고 拒逆하지 말라.

21數가 어째서 幸運인가

1. 갓 낳은 애기는 21日〈三七日〉이 되어야 生面을 한다.
2. 産母는 21日〈三七日〉 調理를 하여야 몸 回復을 한다.
3. 人間으로 태어나서 21歲에서 成人되는 儀式을 한다.
4. 檀君神話 곰이 21日 修鍊해야 사람으로 變身을 한다.
5. 닭이 알을 21日을 품어야 만 병아리로 孵化를 한다.
6. **인뷰문**か 制定은 21世紀 創製 文字로 公布를 한다.
7. 桓雄族은 21世紀에 새 나라를 建設하면 跳躍을 한다.
8. 六 曜法으로 改創은 21世紀에 公布를 建議를 한다.
9. "새 마음 運動"展開는 21世紀에 처음 始作을 한다.
10. 한글 博物館 內에 堤鳳 코너의 設置를 希望을 한다.

이제 幸運의 時代를 맞이하였으니 모든 것이 成就가 될 수가 있도록 모두가 다 같이 積極的으로 協力을 하여 보자.

現實을 直視하자

1. 昨日는 過去이다. : 어제는 再現할 수 없으니 後悔를 하지 말라.
2. 今日은 現在이다. : 오늘은 遂行할 수 있으니 精誠을 躊躇 말라.
3. 來日은 未來이다. : 期待는 感知할 수 없으니 未練을 갖지 말라.
4. 去事는 經驗이다. : 來事는 參考 많이 있으니 奉仕를 盡力하라.
5. 將來는 未知이다. : 未來는 行事 많이 있으니 全力을 投球하라.
6. 現實은 擧事이다. : 現實은 可能 많이 있으니 率先을 示範하라.

우리 民族은 대단히 怜悧합니다. 모든 일에 可能性을 가지고 있다.
이 時代에 주어진 使命을 完遂하도록 率先垂範으로 앞장서 引導하자.

慾 望

森羅萬象의 生物體는 慾望이 없으면 發展을 못한다. 이 中에서 萬物의 靈長이라는 人間이 가장 發展을 했다. 이것은 私利私慾을 爲한 것이나 公益을 爲한 것이냐 한다면 不可避한 理致이다.

우리는 現 時代에 살면서 先賢들의 많은 經典을 배웠다. 그런데 그 經典은 그 時代의 思想과 哲學이다. 果然 現 時代에도 符合하느냐 하는 것은 硏究해야 할 課題이다.

그러면 어떻게 하라는 것인가? 只今은 21世紀이다. 科學 文明이 高度로 發展하여 哲學과 道義的으로도 勘當하기가 어렵게 되었다. 그러면 어떻게 해야 할까?

모든 것은 形而下學的이고, 科學的으로 六何原則에 맞아야 하고 合理的으로 이루어져야 한다고 본다. 말을 하자면 私利私慾을 떠나서 오직 公益만을 爲하고, 人類를 爲하여 모든 것을 貢獻 勞力하라는 것이다. 얼마나 멋이 있는가?

慾望에 져서 사는 것이 恥事 한 人生살이 인지는 몰라도 이제 人生의 終末을 바라다보는 人生이 되면서 가지고 갈 것이 없으니 모든 野望은 거두어 整理를 하면서 合理的이든 非合理的이든 살아오면서 體驗한 過去을 事實 그대로 記錄 整理하여 後世에게 傳達을 하여 그들의 삶음에 參考가 되도록 하는 것이다.

거울 앞에서 反省

거울에 비친 自身을 보면서 眞心으로 생각을 해보라!
   1. 나의 誕生 父母의 惠澤이 맞습니까?
   2. 平生 한일 부끄럼 없다고 보십니까?
   3. 보람되게 處世를 했다고 느낍니까?
   4. 한일들이 家訓에 따라서 했습니까?

5. 過去事의 評價를 얼마나 했습니까?
6. 餘生 爲해 어떠한 構想을 했습니까?

그냥 自身을 評價하기는 어렵다. 거울에 비친 얼굴을 보면서 反省을 해본다. 感懷의 느낌이 떠오를 것이다.

거울에 비친 얼굴을 보면서 分析해 보았다

1. 얼굴 模樣 : 耳目口鼻가 均衡이 잡히게 配列된 標準形인가?
2. 이마 模樣 : 둥근데 머리털이 아래쪽으로 나온 特異形인가?
3. 눈의 模樣 : 크다. 작다. 가늘다. 쌍꺼풀들 中 標準形인가?
4. 귀의 模樣 : 둥글다. 크다. 작다. 귓밥 模樣 中 標準形인가?
5. 코의 模樣 : 들창이다. 납작하다. 높다 얕다 中 標準形인가?
6. 입의 模樣 : 크다. 적다. 입술이 두껍다 얇다 中 標準形인가?

나의 얼굴은 1, 3, 4, 5, 6 項은 一般的인 普通形이다. 그런데 2項만이 좀 特異한 模樣의 이마이다. 좀 別 다른 용모이다. 그런데 어떤 스님이 나의 觀相을 보시더니 貴公子라고 한다. 왜! 그랬을까?

貴公子

어떤 스님이 나를 보고 觀相이 貴公子라고 한다. 왜 내가 貴公子일까 생각을 해보게 되었다. 辭典에 貴公子란 貴한 집안에서 태어난 男子란 뜻이라고 한다.
한번 적어볼까 한다. 맞을는지?
1. 시골 山골 富者집에서 44歲 아버지와 45歲 어머니의 막내아들로 태어났으니

貴公子인 것 같다.

2. 月謝金만 내는 小學校를 마치고 中, 高, 大學을 모두 國費로서 工夫를 했으니 貴公子인 것 같다.

3. 技術援助로 海外 留學 2回와 技術者로 車輛導入 次 數回海外出張을 했으니 貴公子인 것 같다.

4. 오직 國家至上 民族至上의 信念으로 鐵道車輛 國産化을 實現完遂를 했으니 貴公子인 것 같다.

5. 退職當時 巨額의 一時金 受領을 안하고 年金加入으로 幸福하게 살고 있으니 貴公子인 것 같다.

6. 合理的인 硏究로 人類文字와 六曜曆를 創案했고 새로운 構想을 하고 있으니 貴公子인 것 같다.

自畵自讚도 分數가 있지 제 멋대로 적어놓고 貴公子라고 하니 참으로 웃긴다.

그러나 지금까지는 健康 한 狀態로 周圍와 同調하고 參與를 하면서 어울리고 있으니 남부러움이 없다. 繼續 勞力을 하며 貴公子의 品位를 지키겠습니다.

萬物의 靈長인 人間이라면

萬物之衆의 靈長다운 行實를 하여
多事多難의 克服으로 成就를 하자
生存義務의 誠實로서 勤勉을 하여
人間權威의 體統으로 治世을 하자
言行一致의 從時俗을 實踐을 하여
人間靈長의 尊嚴性을 立證을 하자

人間이 森羅萬象 中에서 最高의 靈長임을 立證을 하려면 적어도 以上의 六項目의 人間다운 行實을 하여야 한다고 봅니다. 참으로 힘이 들고 대단히 어렵지요. 그렇지만 人間은 靈長이므로 할 수가 있습니다.

六 惠澤

現實을 살고 있는 많은 恩惠 中에서 選擇을 한 여섯 가지이다.

      1. 父母님에게 태어났다는 惠澤

      2. 自然 攝理에서 살고 있다는 惠澤

      3. 親舊와 만나서 같이 즐기는 惠澤

      4. 職務遂行으로 年金 受領의 惠澤

      5. 經濟發展으로 豊饒 生活의 惠澤

      6. 醫療發達으로 健康 維持의 惠澤

이 恩惠에 感謝하려고 오래 살고 싶은데 慾心이겠지요.

그렇다면 보람이 될 일들을 構想하여 傳授를 하세요.

人生 살이 歷程 記錄을 整理해놓으라는 것이지요. 오래 살다 보니 많은 惠澤을 받았으니 이제부터는 무엇인가를 授惠를 해야 하지를 않겠습니까. 가진 것은 아낌이 없이 後世에 傳授 布施하는 것입니다.

報國 任務

人間은 萬物의 靈長이라고 한다. 自然의 攝理로 이 世上에 태어났다.

六 恩惠를 받고 태어났으니 이의 恩惠에 報答을 하기 爲하여 어떠한 어려운 일이라도 極力 努力을 하여서 成就를 하고 報答를 하고 가는 것이 人間의 道理가 아니겠는가?. 오늘의 大韓民國의 基盤을 닦아 놓으신 分들이 계시다.

      1. 雩南 李承晩은 民國建設로 報國

萬難克服 不屈의 精神으로 萬年大計 自由民主主義國家를 建設했다.

2. 中樹 朴正熙는 貧困退治로 報國

새마을運動의 잘살아보세 精神으로 漢江奇蹟 經濟基盤을 構築했다.

3. 湖巖 李秉喆은 企業創始로 報國

男兒로 誕生하여 意志와 勤勉 誠實로서 自立 精神實踐를 確立했다.

4. 我山 鄭周永은 勤勉誠實로 報國

배운 것은 적으나 굳센 意志와 勤勉努力으로 可能性 爲해 獻身했다.

5. 無號 李建熙는 文化財保存 報國

儉素한 生活 하면서 蓄積財力으로 文化財蒐集 保存 爲해 貢獻했다.

6. 堤鳳 金世煥은 創案文字로 報國

바른 소리글자인 **인뮤문아** 를 創案해서 나라와 人類 爲해 寄與했다.

이름의 돌림字의 構想

現行 돌림字의 形式을 보면 金 木 水 火 土 五行 法이 있고, 甲 乙 丙 丁 戊 己 庚 辛 任 癸 六甲 中의 天干 法이 있고, 子 丑 寅 卯 辰 巳 午 未 申 酉 戌 亥 六甲 中의 地支 法이 있다. 그리고 一 二 三 四 五 六 七 八 九 十 數字 方式이 있다. 이들 方式의 妥當性을 가릴 必要는 없다. 다만 合理性을 檢討를 해보자는 것이다.

이 글자들은 呼稱하는 順序대로 生成을 定한 것이다. 數字 方式이 가장 合理的인 것 같다. 무엇보다 天符經의 〇 始 無始와 〇 終 無終에 該當하기 때문이다. 모든 氏族들은 始作도 모르지마는 永遠하게 끝이 없이 이어질 것이다.

그런데 數字를 돌림 字로 採擇을 한다면 한 가지 修正을 해야 할 것이 있다. 只今은 一부터 十으로 되어있는 것을 〇 (**양**)부터 九로 하여야 한다. 卽 基本數字 "〇 一 二 三 四 五 六 七 八 九"로 하여 數 概念의 原則에 順應해야 한다.

現在 數人字 돌림자는 安東 權氏에서 使用하고 있다.

次第에 바른 소리글자의 基本父音 ㅇㅇㄱㄴㄷㄴㅂㅿㅁ와 基本母聲ㅏㅓㅗ
ㅜㅡㅣ 文字 順序를 돌림자로 推薦하고 싶다. '앙'字 永, 泳, 詠, 等이 있다.

方 向 性

方向性을 强調하는 것은 우리 桓雄 民族의 祖上崇拜의 哲學이 담겨져 있
기 때문이다.

桓雄 族이 繁盛한 中心地가 아사달〈首都-哈爾濱〉이다. 그래서 檀君 聖
帝께서 摩尼山에 弘益人間 理化世界 思想의 根本인 天地人 三才 中의 圓과
方을 模型으로 한 祭壇으로서 塹城壇을 築造하시고 그 위에서 角에 該當하
는 人間이 北方에 位置하는 首都였던 아사달 方向으로 祭祀를 올렸던 것이
다. 이것은 桓雄 族이라면 우리의 모든 祖上님이 계시던 본거지인 首都 아
사달을 推仰하는 方向으로 하고 있음을 깨달아야 한다. 勿論 象徵이다.

왜 方向性에 對해서 關心을 가지게 되었는가 하면 우리나라 風習은 北方
을 重視하는 데, 艮方을 유달리 擧論을 하고 있다. 이 疑問이 中國을 旅行하
면서 舜帝의 像이 艮方을 向하고 있음을 確認했다. 이 方向이 아사달인 哈
爾濱 方向이었다. 그래서 아사달인 哈爾濱을 尊重하는 民族은 桓雄 子孫임
을 確認하게 되었다.

> 塹城壇의 向方은 北方이고요.
> 舜帝塑像 向方은 艮方이고요.
> 伊勢神宮 向方은 乾方이고요.
> 위三項의 向方은 哈爾濱이요.
> 桓雄天皇 根據는 哈爾濱이요.
> 桓雄子孫 뿌리는 하나이지요.
> 韓中日蒙 뿌리는 하나이지요.
> 黃色民族 뿌리는 하나이지요.

나의 所願과 즐거움

1. 平生의 즐거움은 바른 소리글자 公認 採擇하는 것.
2. 最大의 즐거움은 人類文字를 UN에서 採擇하는 것.
3. 最大의 즐거움은 六曜 달력을 UN에서 採擇하는 것.
4. 새 마음 運動에 同參하여서 모두 和合 發展하는 것.
5. 親知, 親舊들과 舍廊房에 만나 어울려 對話하는 것.
7. 누구에게나 食事와 藥酒待接을 하면서 奉仕하는 것.
8. 所有하는 모든 知識을 傳授 布施로서 報答하는 것.
9. 무릎이 健全하여 步行하는 것이 最大 幸福하는 것.
10. 只今도 타이프 치면서 생각대로 쓰며 즐겨하는 것.

한 平生을 살다 보니 해 놓은 짓들이 있는데 이것들이 認定을 받을 때 보람을 느끼는 것이 즐거움이고, 認定을 받는 것이 所願이다.

왜 꽃이 피어야 하나

1. 모든 植物 들은꽃이 핀다. : 모든 植物은 繁殖 爲해서 꽃이 핀다.
2. 華麗하고 아름답고 곱다. : 花粉 授受의 誘引 爲해서 곱게 핀다.
3. 蜂蝶誘導 相互授受 한다. : 벌과 나비가 接合 하면서 授受 한다.
4. 種子確保 繁殖義務 遂行. : 씨를 안아서 낳아 繁殖의 義務 한다.
5. 自然攝理 生成無終 順從. : 自然 攝理는 無始 無終의 理致 이다.
6. 花中之花 幼兒笑顔 最高. : 花中 갓난이 웃는 模襲의 笑顔 이다.

하물며 人生의 꽃은 어떤 것인가. 男女 夫婦의 사랑이다. 사랑이란 무엇인가?

꽃이 피는 理致와 마찬가지로써, 이것이 永久不滅生存 攝理의 理致이다.

老來(노래에 지켜야 할 守則(수칙)

健康 維持가 必須 條件
건강 유지 필수 조건

1. 擧動은 急其緩 하면서 便安 하게 擧動을 합시다.
   거동 급기완 편안 거동
2. 行步는 自己 步幅으로 計算 하며 步行을 합시다.
   행보 자기 보폭 계산 보행
3. 食物은 많이 씹으면서 唾液 섞어 取食을 합시다.
   식물 타액 취식
4. 自己의 일은 남에게는 依支 않고 自行을 합시다.
   자기 의지 자행
5. 健康은 나의 所有이니 自信 갖고 遂行을 합시다.
   건강 소유 자신 수행
6. 人間은 無比 怜悧하니 寶攬 되게 處身을 합시다.
   인간 무비 영리 보람 처신

人間으로서의 奉仕와 任務
인간 봉사 임무

1. 感謝하라 : 남은 人生 殘存力으로 報答하며 삽시다.
   감사 인생 잔존력 보답
2. 同參하라 : 모든일에, 肯定的으로 協助하며 삽시다.
   동참 긍정적 협조
3. 勞力하라 : 남을 爲해 能動的으로 奉仕하며 삽시다.
   노력 위 능동적 봉사
3. 協力하라 : 힘있을때 自己力으로 充足하며 삽시다.
   협력 자기력 충족
4. 肯定하라 : 아직 健全 自身感으로 協助하며 삽시다.
   긍정 건전 자신감 협조
5. 覺醒하라 : 知覺能力 遂行함으로 滿足하며 삽시다.
   각성 지각능력 수행 만족
6. 布施하라 : 삶의 惠澤 所有品으로 贈與하며 삽시다.
   포시 혜택 소유품 증여

耳 目 口 鼻의 役割
이 목 구 비 역할

1. 많이 들어라 : 많이듣고 取捨選擇하여 正道을 지키자.
   취 사 선 택 정도
2. 많이 보아라 : 많이보고 知識取得하여 道理을 지키자.
   지식취득 도리
3. 적게 말하라 : 말이적고 人格維持하여 品位를 지키자.
   인격유지 품위
4. 잘게 씹어라 : 침과 버무려 消化 돕는 役割을 지키자
   소화 역할

5. 숨을 쉬어라 : 뚜껑이 없는 技能 으로 生命을 지키자.
　　　　　　　　　　 기 능　　　　 생 명
6. 냄새 맡으라 : 分別을 하는 適應 으로 活用을 지키자.
　　　　　　　 분 별　　　　 적 응　　　 활 용

音과 聲의 調和가 人類文字

1. 基本父音은 口內의 六音帶를 通해 九基本音字를 만든다.
2. 基本母聲은 聲帶와 口內 五變位해 六基本聲字를 만든다.
3. 實用父音은 基本字를 多劃加劃 해 父音實用字를 만든다.
4. 實用母聲은 基本字를 相互合成 해 母聲實用字를 만든다.
5. 音聲合字는 父母字를 立體結合 해 合音聲節字를 만든다.
6. 意思疏通은 言語字를 創案生成 해 基本要素字를 만든다.
소리인 音聲으로 文字를 만들어 活用을 하는 것은 人間뿐이다.
構想한 글자를 筆記하거나 타이핑하여 記錄하여 發展하고 있다.
萬物의 靈長으로서 萬象을 支配하는 資格이 充分하다고 본다.

五行이 不合理한데 六行을 못 만드는 事由

現在의 五行은 金, 水, 木, 火, 土이다. 이 五行의 相生은 金生水, 水生木. 木生火. 火生土. 土生金 이라고 하고, 相剋은 金剋木, 木剋土. 土剋水, 水剋火. 火剋金이다.

이것이 自然의 理致에 맞는가? 모두가 不合理하다. 大自然의 生成은 金, 木, 水, 火, 土가 아닌 森羅萬象의 攝理이다.

그래서 21世紀의 科學 文明時代에 符合한 合理的인 條件이 아니므로 廢止되어야하고 돌림자 適用에도 不合理함으로 使用을 해서는 아니 된다고 본다. 그런데 循環 相生 相剋의 理致에 맞는 六行의 定立을 할 수가 없다.

二十八 宿(수) 별자리를 三十六 宿(수) 별자리로 變更

大自然의 森羅萬象의 完成은 六으로 完成이 이루어짐은 天符經 完成의 뜻이다. 二十八 宿에 太陽, 地球, 月, 水星, 金星, 火星, 木星, 土星의 八 星을 追加하여 三十六 宿로 하였다. 只今까지는 나의 守護星으로 二十八宿를 暗誦하고 있었는데 三十六 宿로 바꾸었다.

三十六 宿 呼稱

角亢氐房心尾
각 항 저 방 심 미

箕斗牛女虛危
기 두 우 여 허 위

室壁奎婁胃昴
실 벽 규 루 위 묘

畢觜參井鬼柳
필 자 삼 정 귀 유

星張翼軫太地
성 장 익 진 태 지

月水金火木土
월 수 김 화 목 토

사이 시옷〈ㅅ〉을 活用하자

現在 소리 나는 대로 記錄을 못하는 경우가 많다.

例를 들면 "한자=한자"로 써놓고 소리는 "한짜"라고 한다.

이것을 合理化하자는 것이다. 소리가 나는 대로 적어야 하지 않겠는가. 소리가 나는 대로 적으려면 사이 "ㅅ"이 들어가야 한다. 卽 漢字는 "數ㅅ字"의 用語가 아닌 한글 用語의 境遇에도 많다.

예를 들면 "갑시다."로 써놓고 소리는 "갑 씨다.=갑ㅅ시다."로 한다. 이것을 現實的으로 合理化를 하자는 것이다.

文字=文ㅅ字, 數字=數ㅅ字, 뒤간〈廁間〉=뒤ㅅ간, 앞집〈前家〉 앞ㅅ집 등 대단히 많다.

人間으로서 보람된 일을 하자

人間이 萬物의 靈長이라고 한다. 體面을 維持하면서 仁義 禮智 信樂의 六 德目으로 이 世上을 威嚴로서 調和를 이루면서 百姓들이 서로 平安하고 幸福하게 살 수 있도록 하는 것이 사람으로서 마땅히 하여야 할 道理라고 보는 것이다.

    1. 自然의 攝理로 人間으로 誕生을 하면서
    2. 自然의 恩惠로 健全하게 成長을 하면서
    3. 勉學과 誠實로 知識工夫 取得을 하면서
    4. 勤勉과 勞務로 財力많이 蓄積을 하면서
    5. 取得된 所有로 布施로서 相助를 하면서
    6. 人間된 道理로 權威姿勢 守護를 하면서

사람으로서 이 世上을 사는 동안에 무엇인가 남의 龜鑑 되는 보람된 일을 傳授하고 가야 하지 않겠는가. 비록 하찮은 것 일지라도 어느 個人의 經驗 記錄이지만 價値가 있다.

自然의 惠澤으로 平和의 터전을 이룩하자

人間이 사는 世上은 아무리 混亂하여도 希望이 있다. 한 平生을 自由롭고 平和롭게 살라면 가장 重要한 것이 大自然을 保護하는 것이다. 그리고 무엇인가 任務를 完遂하기 爲하여 勉學하고 勤勉 努力으로 奉仕를 하는 姿勢로 誠實이 살아야 한다.

    1. 生物은 生命維持를 爲해 努力를 하고 있다.
    2. 空氣는 生體成長을 爲해 存在를 하고 있다.
    3. 水分은 新陳代謝를 爲해 流通을 하고 있다.

4. 光線은 成長育成을 爲해 照射를 하고 있다.
5. 바람은 萬象結合을 爲해 融和를 하고 있다.
6. 土壤은 食物育成을 爲해 沃肥를 하고 있다.

生 氣 水 光 風 土는 樂園境을 이루기 爲해서 結合 融合을 하고 있다. 自然의 惠澤을 感謝하게 收斂하여 우리가 사는 平和의 터전인 樂園境을 만드는 것이다.

樂園境 森羅萬象이 自然 攝理로 生成하는 곳이니 私利私慾으로 毁損하지 맙시다.

사람의 道理

사람이 森羅萬象 衆의 靈長이라고 하니 그 處世는 果然 어떻게 하여야 할까? 다음 事項을 履行하자.

1. 天地之間 森羅 萬象을 統括하고
2. 人間最貴 靈長 品位를 維持하고
3. 體統確立 姿勢 權威을 基盤하고
4. 勤勞誠實 模範 行實을 實踐하고
5. 勉學知識 德望 賢哲를 兼備하고
6. 受財傳授 必然 任務를 遂行하고

사람이 산다는 것은 숨 쉬고 물 마시고 飮食을 먹으면 죽지를 않고 산다. 이것은 짐승들과도 같다. 그렇다면 靈長으로서 다른 點이 무엇인가. 사람은 倫理 道德을 가지고 있다는 것이 다르다. 이것을 履行함으로써 人間의 體面이 維持가 되는 것이다.

사람으로 태어나서 할 일

人間이 地球上에 生存을 하는 森羅萬象衆에서 最貴하다고 하니, 最善을 다하여 보람된 일을 하여서 報答을 해야 하지 않겠는가?

    1. 受胎機能의 義務로 子女生産을 하여야 하겠고요.
    2. 壯年機能의 힘으로 國家保衛를 하여야 하겠고요.
    3. 感謝報答의 代價로 義務履行를 하여야 하겠고요.
    4. 模範人間의 姿勢로 權威維持를 하여야 하겠고요.
    5. 勤勉硏學의 行事로 勞力奉仕를 하여야 하겠고요.
    6. 成就知識의 所有로 傳授布施를 하여야 하겠고요.

사람만이 할 수가 있는 일이다. 사람으로서 반드시 하여야 할 일이다. 좀 힘이 들고 어렵지만 반드시 하여야 한다.

適齡 未婚者의 統制 方法

다음과 같은 項目과 人倫行爲를 제대로 지키지 않는 者에게는 어떠한 制裁 方法을 써서라도 不利益을 주어야 한다. 制裁 方法을 例示해보면 稅金의 重課稅 와 社會進出의 不利益을 주는 것 等이다.

1. 自然 攝理의 生理
   男女의 結婚成娶는 不變의 義務인데, 未婚하면 人類繁榮 不可
2. 人口 增加의 責任
   子女의 出産行爲는 人口의 增加인데, 獨身이면 子女生産 不能
3. 父母 奉養의 義務
   父母의 期待하심은 子女의 成娶인데, 이것이 안 되면은 不孝
4. 家庭 生活의 和樂
   家庭의 人生行樂은 和睦이 第一인데, 形成할 수 없게 되니 不和

5. 社會 共同의 協助

　個人의 獨善享樂은 非協助 生活인데, 하여서는 아니 되는 不當

6. 國家 貢獻의 精神

　나라의 棟梁材됨은 國家의 寄與인데, 奉仕없는 補助 能力 不足

人間의 行實과 實踐

人間이 地球에 生存하는 森羅萬象 中에서 最貴한 權威者라고 합니다.
그래서 權者로서 實踐을 허여야 하는 行動을 크게 두 가지로 나누어
보았다. 하나는 權威者답게 보람이 되는 行實를 하는 것이고 다른 하나
는 權威의 濫用으로 잘못된 짓 들을 하는 行爲들 입니다.

*보람된 行實

　　1. 權威者로서 體統維持을 하는 處世
　　2. 勉學을하여 知識取得을 하는 勤勉
　　3. 모든行實은 正直生活을 하는 標本
　　4. 事案擧事는 率先垂範을 하는 模範
　　5. 難定에 獻身奉仕를 하는 姿勢
　　6. 財物知識을 모두布施를 하는 態度
이것이 權者들이 할 수 있는 보람된 行實입니다.

*잘못된 行爲

　　1. 大自然을 無慈悲로 毀損하는 行爲
　　2. 動物類 無慈悲로 殺生하는 行爲
　　3. 樹木類을 無慈悲로 伐하는 行爲
　　4. 草植物을 無慈悲로 除草하는 行爲
　　5. 魚貝類를 無慈悲로 捕獲하는 行爲

6. 私利益을 無慈悲로 慾求하는 行爲

이것이 權者들이 저지르는 잘못된 行爲입니다.

生命體의 生存 攝理는 不滅이다.

天符經은 人類 基本 經典이다. 여기에서〇 始無始,〇 終無終, 運二三四는 不滅의 敎訓이다. 그러면 人類가 不滅하고 永遠히 持續을 하려면 다음의 理致를 履行해야 한다. 運二三四의 四는 四名 以上의 子女를 出産하라는 것이다. 三名까지는 永續하기가 대단이 어렵다. 不滅의 條件이 四 名 以上의 出産이다. 그래서 어떻게 하면 될까 하여 于先 稅金으로 統制를 하는 方法을 硏究해 보았다.

~ 四名 出産이 基準 ~

四名 出産 0/4 基稅

五名 出産 1/4 減稅

六名 出産 2/4 減稅

七名 出産 3/4 減稅

八名 出産 4/4 無稅

三名 出産 1/4 增稅

二名 出産 2/4 增稅

一名 出産 3/4 增稅

0 名 出産 4/4 倍稅

以上은 自然의 攝理에 따른 天符經의 理致에 順應을 한 것이다. 그렇지 않으면 人類는 滅亡을 하니까. 自然의 生體界도 같다. 數많은 經典들이 있다.

人類의 繁榮을 調和시킬 말씀은 많지가 않다. 이것이 바로 81字로 되어 있는 天符經이다. 다 같이 硏究를 하여보자.

○ ·一·三·六·九 組織 制度 構想

1. ○大統領 : 비어있는 마음으로 하나〈一〉의 國家를 代表한다.〈○ =빈
   앙數ㅅ字〉

2. 三　部院 : 立法 院 司法 院 行政 院 〈法을 制定하는 任務, 法을 守護
   하는 任務, 依法行政하는 任務의 三權이 分立하여 國家를
   經營하는 制度〉

3. 六　秘書 : 大統領 輔佐官 〈6名의 秘書 官이 大統領을 輔弼한다.〉

4. 九　部署 : 司法 院은 九分類 組織 〈9個의 部署로 編成하여 法律을 守
   護한다〉

5. 一二部處 : 一二 行政統治 單位部處 〈12部와 處에서 나라를 다스린다.〉

6. 一五常任委 : 一五個分科 常任委員會 〈專門機能別 分科委에서 合理的으
   로 立法을 하고 國事를 是是非非 牽制하는 役割을 한다.〉

7. 一八 ○立法議員 : 〈六十餘個의 專門機能으로 分類했을 때 三倍數 人
   員 180人程度.〉

數ㅅ字로 定義하는 것은 數가 基本이기 때문이다. ○은 數ㅅ字의 첫 번
째 글字로서 비어 있는 數ㅅ字이다. 三은 모든 것을 代表하는 機能을 가지
고 있고, 六은 完成의 條件을 가지고 있으며, 九는 꽉 찬 充滿의 數ㅅ字이
다. 天符經의 基本 數ㅅ字의 뜻에 따른 것이다. 한번 構想해 본 것뿐이다.

大統領 候補者의 公約

1. 過去는 反省하여 取捨選擇하고 選擧制度 改善을 하겠다.
2. 金錢撒布, 地域, 氏族, 學緣 等의 因緣善心을 排除 하겠다.
3. 安保守護와 自由 民主主義 經濟發展을 承繼 維持 하겠다.
4. 自然 環境 特性에 맞게 開發을 積極的으로 支援 하겠다.
5. 專門 技能者를 登用 責任을 지고 能力 發揮하게 하겠다.

6. 一片 丹心 國家와 民族을 爲하여 私心없이 獻身 하겠다.

國家의 一人者로 選擇이 된다면 私利 私慾을 갖지 않고 오로지 國家 至上 民族 至上으로 和合을 하는 政治를 베풀어 보겠다.

大統領에게 期待 하는 것은

1. 僞善이 아닌 公正統治
2. 人治가 아닌 依法行政
3. 分列이 아닌 國民和合
4. 無理가 아닌 常識行實
5. 强壓이 아닌 率先垂範
6. 無責任 아닌 正當合理

最高의 權座에 오른 第一人者로서 더 바랄 것이 무엇입니까. 한 번 맡았으니 私利 私慾을 버리고 오직 國家至上 民族至上으로 멋지게 奉仕하면서 融合과 包容으로 和平 協力을 하면서 幸福하게 사는 世上을 멋지게 이루어 보고 싶으시지 않으십니까. 죽을 때 가지고 갈 것도 아닌데 慾心을 부릴 必要가 없습니다. 모두 諸各其의 技能을 發揮를 하여 統治를 하여서 後世代들이 稱誦을 할 政治를 한 번 하여 보시지요..

鐵道 車輛 構造의 寄與 條件

1. 流線型 車로 風力을 減少하고 速度向上 美麗形狀에 寄與
2. 牽引動力 集中인 機關車로 檢查修繕 簡便과 取扱에 寄與
3. 輕量化로 動力費 節減하고 自動信號運轉으로 安全에 寄與

4. 카본 集電板으로 潤滑性 向上과 電車線 磨耗減少에 寄與

5. 車體는 懸垂 構造로 曲線通過 容易하여 速度向上에 寄與

6. 軸當 荷重 輕量製作으로 가장 經濟的인 製造生産에 寄與

鐵道車輛의 模樣이 많이 變化했다. 200餘年 동안에 變遷한 結果이다. 技術은 繼續 發展을 하며 變化하고 있다. 배워서 익혔으며 는 새로운 意見을 創出하여 改善을 하여야 한다.

先進國의 車輛 技術을 習得하여 改善 製作하며 現在 最高水準의 車輛을 만들게 되었다. 그러나 繼續하여 硏究를 하며 뒤지지 않도록 勞力을 하면서 先導 維持를 하여야 한다.

生體의 技能 完遂 六 段階

1. 生體는 飮食을 攝取해서 生技能 保存을 維持한다.

2. 取飮과 食物을 腸器에서 榮養素 生産을 擔當한다.

3. 飮水는 循環을 任務로서 遂行해 健康을 活性한다.

4. 胃腸은 脾液을 받으면서 消化해 生命을 保障한다.

5. 食物의 液化을 大腸에서 分配해 榮養을 補充한다.

6. 不用된 便類를 排泄해서 生體의 活動을 助力한다.

7. 人體는 營養을 攝取해서 健全한 行實을 遂行한다.

人間으로서 自然의 攝理로 받은 生命의 惠澤을 圓滿하게 이루어지게 할 수 있도록 最善의 勞力을 이루어야 한다.

奇數를 嗜好하는 現實, 奇數·偶數 中 어느 것을 좋아할 것인가

우리 民族은 自古以來로 數人字는 一·三·五·七·九 奇數를 좋아했다. 왜 그런지 모르겠다. 그리고 中華民族은 二·四·八·十을 좋아한다. 그런데 偶數인 六이 빠져있다. 이것도 왜 그런지 모르겠다.

只今 數人字의 嗜好를 따지자는 것은 아니다. 우리가 數人字의 嗜好를 選擇한다고 본다면 現實的이고 合理的으로 檢討를 해볼 必要가 있다. 제가 敢이 構想을 해 보았다. 天符經에 依하면

三은 모든 것을 包容하는 數人字이고, 六은 完成의 뜻이 있으며, 九는 모든 것이 가득히 찼다는 뜻이다. 그래서 數人字는 三·六·九 가 中心이 되어야 한다고 본 것 같다. 또한 停止 物體의 安定은 三鼎이 第一이고 動搖하는 物體의 安定은 六 支持가 좋고 移動하는 物體는 四輪이 適合하다.

只今 살펴보면 三으로 된 用語가 第一 많으며 自然의 攝理는 모두가 六으로 이루어져 있으며 九로 이루어지면 모두 滿足을 한다. 그래서 三·六·九를 崇尙하게 된 것 같다.

그러다 보니 奇數와 偶數의 概念을 생각해 보게 되었다. 奇數는 하나로서 獨自的으로 支配와 總括을 하는 獨善的인 性格이 있고, 偶數는 相合하여 和合을 이루는 것으로 獨自的으로는 이룰 수가 없어서 서로 協助하여 融合을 하는 性格이 있다.

그리고 보니 偶數가 合理的으로 實用性이 있다고 볼 수가 있다.

左·右·上·下 概念을 現實化하자

1. 左側右側 通行 : 사람은 左側通行을 車右通行, 現在는 人車가 모두 右側通行
2. 左側右側 體制 : 한글은 左에서 右로 文字書體, 漢文은 上에서 下로 文字書體

3. 上下構造 文體 : 한글은 左에서 右로 文字結合, 漢文은 上에서 下로
   文字結合

4. 左右文章 作成 : 한글은 左에서 右로 文章作成, 漢文은 上에서 下로
   文章作成

5. 立體結合 文字 : 한글은 左右上下로 結合文字, 漢文은 上에서 下로 文
   字配列

6. 左側體制 復元 : 左用은 우리民族의 慣行이며, 左側은 悠久한 우리 傳
   統思想이었는데,

二次大戰 終戰 後에 左翼 左派가 共産 思想으로 流行하면서 左의 傳統
思想이 威脅을 받게 되면서 漸次 拒否 感이 일어났다. 左翼 左派 共産黨을
憎惡할 理由가 없다. 左翼 左派 와 共産黨이 亡한 것이 現實的으로 證明이
되었다.

左右上下는 概念일 뿐이다. 우리의 傳統과 合理性에 適合하면 된다. 빨
갱이란 말과 赤化統一 用語에 질렸다. 赤色이 共産黨을 象徵하였기 때문이
었다. 赤色은 三原色의 하나일 뿐이다. 忌避를 하거나 憎惡를 할 理由가 全
혀 없다. 우리의 傳統 禮法에 祭祀를 지낼 때에는 拱手로 절을 한다. 拱手란
오른손 위에 왼손을 얹어 절을 하는 方式이다.

우리의 自然 風俗을 그대로 지키면서 自由로운 思考로 現實을 살아가면
될 뿐이다. 우리의 思考를 바로 잡아 傳統을 지켜야 한다.

只今의 사람과 車輛이 다같이 右側通行을 하는 것은 安全性이 없으며 不
安하다. 從前과 같이 사람은 左側通行 車輛은 右側通行으로 할 것을 是正
建議한다.

大韓民國 60年史 6人物

1. 李承晩 : 大韓民國建國, 自由民主主義, 防衛條約締結, 國家定立構築.
2. 朴正熙 : 새 마을 運動, 漢江奇蹟形成, 經濟基盤完成, 反共體制構築.

3. 李秉喆：電子産業創業, 家電製品開發, 建築技術發展, 模範企業構築.
4. 鄭周永：自動車國産化, 造船産業完成, 建設産業先頭, 可能意志構築.
5. 具仁會：中小企業標本, 家電用品生産, 率先垂範遂行, 電子産業構築.
6. 朴泰俊：浦項製鐵創立, 製鐵産業遂行, 韓日友好完成, 産業基礎構築.

不滅의 偉人

美國의 워싱턴 大統領　　1732~1799

美國의 링컨 大統領　　　1809~1865

日本의 明治天皇　　　　1852~1912

中國의 孫文　　　　　　1866~1925

蘇聯의 레닌　　　　　　1870~1924

韓國의 李承晩 大統領　　1875~1965

獨逸의 아데나워 大統領　1876~1967

佛國의 드골 大統領　　　1890~1970

中國의 鄧小平　　　　　1904~1997

韓國의 朴正熙 大統領　　1917~1979

朴槿惠 前大統領께

大統領께서는 不義에 屈하지 않으시고 긴 苦痛을 忍耐하신 女丈夫입니다. 大統領의 一片丹心 國家와 民族을 爲하여 精進하신 業績은 온 國民이 다 잘 알고 있습니다. 모든 것은 事必歸正입니다.

이제 自由의 몸이 되신 것을 慶賀들이오니 便安이 쉬십시오.

本人은 忠淸北道 堤川市에서 1930年에 태어났습니다. 오로지 朴正熙 大統領의 "새마을運動"을 積極的으로 贊同을 參與하면서 公務員으로 任務 遂行의 기틀로 삼아 鐵道 先進化를 이룩하였고, 停年退職 後에는 우리나라의 上古 歷史를 確認히기 爲하여 故土인 中原별판을 30餘 回 踏査하여 確認하였으며 訓民正音을 補完하여 "바른 소리글자"를 創案해서 册으로 發刊하였습니다.

現在 우리 國民은 李承晚 大統領의 韓美防衛條約 締結과 朴正熙 大統領이 構築해 놓으신 經濟 基盤의 德澤으로 幸福한 삶을 누리고 있습니다.

그런대 왜 不安합니까. 左派 從北 追從者들의 政治 行悖 때문입니다.

絕對로 必要하여 大統領께 付託의 建議를 적어 봅니다.

過去의 不忠했던 徒輩들은 大膽하고 너그러운 心情으로 容恕를 하여주시고 只今의 從北 左派 政權을 剔抉하고 自由民主主義 反共 體制의 和白의 나라를 志向하는 世代를 大義로 包容하시어 온 國民이 大同團結할 수 있도록 積極 支援을 하여 주십시오. 이 길 만이 必勝의 偉大한 底力이 되겠습니다.

追伸 : "그리움은 아무에게나 생기지 않습니다." 册을 사서 읽고 감히 이 글을 쓰게 되었습니다.

2022年 1月 21日

野人 金 世煥 올림

에너지=Energy

에너지=Energy를 確保하자

Energy는 元氣, 精力, 熱, 電氣 等으로 表記되고 있는데, 여기서 言及을 하고자 하는 것은 生物體 成長에 寄與하는 條件으로서, 特히 人間生活에 絶對로 必須的인 것이 Energy이기 때문이다.

只今 人間生活에 있어서 絶對로 必須的인 Energy가 電氣이다. 電氣 Energy를 取得하는 方法도 現在 여러 가지가 있다. 그러면 電氣 Energy를 얻기 爲한 方法을 現實的으로 본다면 化石原料를 利用한 發電施設이 있다. 이 發電 方法은 많은 公害를 誘發하고 있어서 이 問題를 解決하기 爲하여 總力을 기울이고 있다. 말하자면 公害가 없는 電氣 Energy를 取得하는 方法이다. 그래서 化石原料를 利用하는 發電施設을 없애기 爲하여 여러 가지로 代替 方法을 研究 開發을 하고 있다.

無償인 自然 Energy를 利用한 太陽 光電池 發電, 風力 發電方式 等을 施行하여 電力을 取得하다 보니, 豫期하지 않은 公害의 誘發과 大容量의 發電이 不可能한 어려움의 限界에 부딪히고 말았다. 그러면 어떻게 해여야 할까? 現實的 公害가 없는 原子力 發電方式을 推進하는 方法밖에는 없다고 본다.

原子力 發電所를 새로 建設을 하여야 하겠지만 于先 現在 中斷되고 있는 第3 第4의 原子力 發電施設을 推進하면 된다. 現在 原子力 發電 技術은 우리나라가 尖端에 있다. 다음 政府에서는 꼭 施行을 하여주시기를 建議한다. 따라서 美麗한 自然의 山林을 保護하고, 바다 갯벌의 開發로 收入 增大에 寄與를 하게 될 것이다.

一回 用品

1. 종이 製品과 플라스틱 製品〈使用하기 모두 便利하다.〉
2. 消費와 節約〈消費는 生産을 促進, 節約은 生産을 鈍化.〉
3. 生産發展과 進化〈生産은 産業하고 增進, 發展은 促進.〉
4. 쓰레기와 清掃〈不用品이 많으니 廢品의 整理가 必須.〉
5. 雇用과 勞動者〈버리며 는 生産하기 爲한 일자리 發生.〉
6. 어느 方法이 合理的〈어떠한 方法이 좋은지 取捨 選擇〉

再活用이 不便하다고 버리거나 燒却하기 보다는 再活用을 勸獎한다. 再活用品은 衛生管理를 잘하고 保管하여 使用을 합시다.

數ㅅ字의 本能과 概念

數ㅅ字 經典인 天符經의 精神에 立脚하여 풀이를 한 것이다.
基本 數ㅅ字는 ○·一·二·三·四·五·六·七·八·九의 열ㅅ字이다.
基本 數ㅅ字가 가지고 있는 奧妙 한 攝理의 機能을 解說하여 보겠다.
○은 아무것도 없는 빈 無 機能입니다.
一 은 하나로서 支配를 하는 하나 機能입니다.
二 는 相對가 있어 結合을 해야 하는 둘 機能입니다.
三 은 나와 너 外의 모든 것을 包容하는 셋 機能입니다.
四 는 東 西 南 北과 上 下 左 右의 方位인 넷 機能입니다.
五 는 中心에서 四 方位의 均衡 잡는 役割을 하는 다섯 機能입니다.
六 은 모든 것을 合理的으로 理致에 맞도록 完成을 하는 여섯 機能입니다.
七 은 모든 構造物의 形成하는 形態가 完璧하게 되도록 하는 일곱 機能입니다.
八 은 四方 四位의 八方 位置 모두의 衡平을 잡아 安定을 維持하는 여덟

機能입니다.

九 는 더 以上 受容할 수 없이 가득 찬 狀態로서 모든 걸 滿足하였다는 아홉 機能입니다.

五六七八九十 文字로 構成한 六節誦

* 北漢山城과
　仁壽三角山이
　서울을 품어 안고
　漢江水가 감싸면서
　背山 臨水 터를 이루니
　便安한 世上 살게 되었다.
* 肥沃한 땅에
　栽培한 食物을
　結實收穫하여서
　배부르게 먹게되니
　이것이 바로 幸福이며
　誠實勤勉한 보람입니다.
* 二十一世紀
　豊饒로운 世上
　더욱 부지런하게
　率先하여 勞力하고
　垂範으로 先導를 하면
　모두가 뒤를 따를 것이다.
* 말과 文字를
　같이 使用하면
　意思 疏通하기가

아주 쉬워질 것이고

國 漢文을 混用하면은

世界人類 意思疏通된다.

　* 새마음運動

　展開를하여서

　全人類서로間에

　意思를 相通하면서

　隔意없이 대화를 하니

　참으로 便利하게 되었다.

　* 새運動展開

　새마을 새마음

　같이展開 하면서

　協助를하여 이루면

　안될 일들이 있겠는가.

　할수있다 하면 된다이다.

38線이 생긴 歷史

－ 조 화유 －

새 歷史 教科書에 꼭 넣어야 할 多數 國民이 모르는 歷史的 事實이다.

　美國이 1945年度에 38線을 그은 것은 우리에게는 幸運이었다. 2次 世界大戰 後 美軍이 占領한 西部 獨逸과 日本은 美國式 民主主義와 市場經濟를 探擇하여 오늘날 經濟大國이 되었고, 亦是 美軍이 占領한 南韓은 오늘날 世界 12位 經濟强國이 되었다.

　그러나 蘇聯 軍이 占領을 한 東유럽 國家들은 蘇聯의 衛星國으로 轉落했다가 1980年 蘇聯의 解體와 더불어 간신이 自由를 되찾았으며, 亦是 蘇聯

軍이 占領을 했던 北韓은 아직도 共産獨裁에 執着을 하는 體制로 獨善의 金氏 世襲 政權에 依해서 地球上에서 가장 가난하고 自由가 없는 나라가 되어 있지가 않는가.

38線으로 分割 形成된 過程을 제대로 알고 있는 사람들은 많지 않은 것 같다. 金鍾必 氏도 잘 모르고 있었던 것을 보면 알 수가 있다. 事實은 나도 잘 모르고 있었다. 10餘年 前 美國의 러스크 國務長官과 투르만 大統領의 回顧錄을 읽어 보고서야 비로소 알게 되었다.

이렇게 重要한 歷史的인 事實을 잘 모르는 사람들은 美國 때문에 韓半島가 38線을 境界로 分斷이 되었으며 이 때문에 韓國戰爭의 悲劇이 發生하였으며, 그래서 지금까지도 우리 民族이 統一이 되지 못하고 있다. 그러므로 우리 民族의 "不幸의 씨앗"이라고 主張하면서 純眞한 學生들에게 反美感情을 불어 넣고 있다. 다시 整理를 해보면, 지난 70餘年 동안에 美國은 우리를 크게 세 番을 도와주었다.

첫 번째는 1945年에 日本의 帝國主義를 무너트리고 우리 民族을 日帝 35年間 支配에서 解放을 시켜주었고,

두 번째는 38線 以南에서나마 自由民主主義의 大韓民國을 수립하여 誕生시켜주었고,

세 번째는 金日成이 일으킨 6·25南侵 때에 卽刻으로 軍隊를 보내와서 赤化野慾을 分碎하여 준 것이다.

이와 같은 重要한 歷史的인 事實을 이번에 새로 만드는 韓國 歷史 敎科書에는 반듯이 넣어야.한다. 몇 年 前에 實施한 調査에서 陸士 生徒의 34%가 美國을 主敵으로 생각하고 있다는 報道를 보고 나는 크게 놀랐다.

이른바 左便向의 敎科書가 解放以後의 歷史를 제대로 가르치지 않고 있었다는 것을 알게 된 것이다.

이 番에 中 高校의 韓國 歷史 敎科書를 새로 執筆하실 때에는 반드시 올바른 歷史觀으로 이글을 넣도록 付託을 한다.

大韓民國과 北韓의 國富와 身體의 比較

2020년 基準 　　　　　 － 朝鮮日報 －

李承晩 朴正熙 全斗煥 大統領이 세우고 發展시켜서 大韓民國은 只今 世界 10位圈의 强國 富民으로 자랑스러운 나라로 우뚝 서 있다. 北韓은 어떠한가?

內　容	大韓 民國	北　韓
國內 總 生産	1,837兆원 世界10位	31兆원 韓國의 59分의 1
1人當 國民所得	3만2千$〈3,762萬원〉세계29位	1千2百$〈138萬원〉韓國의27분의 1
貿易額〈輸出入額〉	1조457億$〈世界7位〉	32億$ 한국의 323分의 1
身長〈成人 平均〉	173.5cm〈男〉, 161.1cm〈女〉	165.6cm〈男〉, 164.9cm〈女〉
入隊基準 키	160cm 50kg	142cm 40kg
인터넷 利用率	91.5%	0.08%
電氣 利用 人口	100%	49.35
發電量	5,522億Kwh	239kwh 韓國의 23分의 1
自動車 登錄 數	2,437萬대	26萬대
期待壽命	80.5歲〈男〉, 86.5歲〈女〉	69歲〈男〉, 73.6歲〈女〉
人口	5,183萬名	2,536萬名

國民 여러분, 자랑스러운 自由 大韓民國을 從北 左派 勢力의 거짓 煽動에 또 속아 永永 共産國家로 墜落시켜야 하겠는가?

現實을 바로 보자

只今은 어떤 世上인가. 我執을 버려라. 참으로 멋있는 世上이다. 그래 네 뜻대로 表現을 하라. 그래요 그러면 안 되지 무엇이든 사람답게 處世를 해야지 어떻게요.

森羅萬象의 理致에 맞추어서 사는 것처럼 말 입니다. 네 그런데요 어렵

2장 和風의 探求 生活 149

습니까. 쉽습니까. 따질 것 없어요. 해보면은 다 아는 것인데 人生살이를 어렵게 생각을 하지를 마세요. 自然의 順理에 따르면 쉽습니다.

都大體 人間이란 무엇인가

1. 人間은 自然의 攝理대로 태어난 生體임을 알아야 한다.
2. 人間은 쉼쉬고 食飮으로 生命을 維持함을 알아야 한다.
3. 人間은 所有한 才能으로 勤勉하게 勉學을 하여야 한다.
4. 人間은 萬物中 靈長으로 努力과 多奉仕를 하여야 한다.
5. 人間은 恩惠와 德澤으로 살아감에 感謝를 하여야 한다.
6. 人間은 生活을 健康으로 管理하며 生存을 하여야 한다.

태어났음은 自然의 攝理로 보더라도 平生을 幸福하게 살기를 爲하여 自然의 惠澤으로 건강하게 살았다면은 應當 이에 對한 報答을 하여야 할 것이다. 이것이 萬物의 靈長의 道理가 아니겠는가.

우리의 悠久한 歷史

1. 桓因時代에 悠久한 歷史의 紅山 文化圈 形成 :
   桓因天帝께서 開國하여 이룩해놓은 疆域이 悠久한 歷史의 紅山 文化圈이다.
2. 桓雄時代에는 炎帝 蚩尤帝 黃帝 分割의 統治 :
   桓雄時代에는 神農炎帝와 桓雄蚩尤帝와 軒轅黃帝가 三 分割하여 統治하였다.
3. 檀君時代에는 辰弁馬 韓이 黃海 內海로 大國 :
   檀君時代는 辰韓이 弁韓과 馬韓를 隷下國으로 黃海를 內海로 한 큰

나라다.

4. 高 新 百時代에는 檀君承繼로 三國統治 始作 :

高句麗, 新羅, 百濟가 承繼하여 나라를 建設하여 三國時代가 始作이
되었다.

5. 渤 麗 李朝時代 後에 賣國讓與로 植民地 受侮 :

渤海 高麗 李朝時代로 이어진 後에, 日本에 賣國 讓與로 植民地가 되
었다.

6. 20世紀 되면서 올바른 歷史 觀으로 나라 建設 :

轉換 時期를 맞았으니 精神차려서 우리의 悠久한 歷史를 發掘 整理를
하자.

이제 때가 되었으니 올바르게 歷史를 배우고 가르쳐서 새 나라를 建設을
하자.

UNESCO란

United National Educational Scientific and Cultural Organi-
zation=유네스코 유네스코는 "국제연합 교육 과학문화 기구"(國際聯合 敎
育 科學文化 機構)이다.

第2次 世界大戰이 끝나고, 44個國 代表가 英國의 런던에 모여 "UNESCO
憲章"을 採擇했고 1946年에 美國 英國 프랑스 等 20個 國이 準備하여 發足을
했다. 憲章에 따르면 UNESCO의 目的은 敎育·科學·文化 分野의 全世界的
인 協力으로 世界의 平和와 安保에 寄與하는 것으로 되어 있다. 따라서 文盲
退治나 環境問題 研究뿐만 아니라 人類의 普遍的인 價値를 지닌 遺物 遺蹟
을 世界 遺産으로 指定해 人類의 共同 財産으로 保存하자는 것이다.

UNESCO의 共同 로고는 그리스 아테네의 파르테논 神殿과 닮은 模樣이
다. 그래서인지 많은 사람이 UNESCO의 世界遺産 第1號가 파르테논 神殿
이라고 알고 있다. 하지만 事實 最初로 登載된 世界遺産은 파르테논 神殿이

아니다. 이것은 한곳이 아닌 12곳이다. 에콰도르의 갈라파고스 諸島, 美國의 엘로 스톤 國立 公園, 폴란드의 비엘리치카의 소금 鑛山 等이 1978年에 처음으로 指定이 되었다.

파르테논 神殿이 있는 古代 그리스의 都市 國家 아테네의 아크로폴리스는 1987年에 世界遺産으로 指定이 되었다. 따라서 파르테논 神殿이 單一하게 登載가 된 것이 아니다. 아크로폴리스는 아테네의 中心地에 있는 언덕이다. 神殿·劇場 等 古代 그리스의 文化·藝術과 建築技術을 엿볼 수 있는 建物들이다.

이 中에서 가장 象徵的인 建物이 파르테논 神殿이다. 아테네의 守護神이자 戰爭의 神인 '아테나'를 모시는 곳이다. 紀元前의 5世紀 무렵 페르시아와의 戰爭에서 勝利한 後 全盛期를 이끌었던 政治家 페리클레스의 指導 아래 세워진 것이다.

巨大한 白色 大理石 기둥으로 둘러싸인 파르테논 神殿은 節製로 構成된 均衡美로 有名하다. 아마두마타 음보우 前 UNESCO 事務總長은 UNESCO 로고의 모티브가 된 파르테논 神殿에 對해 이렇게 言及을 했다. "파르테논 神殿은 우리 機構의 主要 任務 中 하나인 均衡과 和合을 追求하는 훌륭한 象徵이다"

파르테논 神殿은 첫 번째의 世界 遺産은 아니지만, UNESCO가 追求하는 價値를 가장 잘 代表하는 文化財인 것이다. UNESCO는 戰爭이나 自然災害, 無 分別 한 觀光이나 産業化로 破壞가 될 危險에 處한 世界遺産을 따로 "危險遺産"으로 指定해 特別 管理를 한다. 이들 中에서 가장 有名한 遺蹟地가 캄보디아의 앙코르와트이다.

우리나라에는 고인돌이 있다. 巨石文化의 代表的인 고인돌은 全世界에 6萬 基가 퍼져있는 것으로 推定이 되고 있는데, 그 中의 折半 以上이 韓半島에 分布가 되어 있다고 한다. 巨石文化는 巨大한 돌로 構造物을 만들어 崇拜를 하거나 무덤으로 利用하는 文化이다. 왜 이렇게 韓半島에만 고인돌이 많이 남아 있는지는 正確하게는 알 수가 없다.

우리나라에 있는 고인돌은 4萬 餘基이다. 主로 靑銅器時代인 紀元前

1000年부터 紀元前 1世紀 사이에 만들어진 것이다. 特히 고인돌이 集中的으로 많이 分布가 되어 있는 高敞·和順·江華의 遺蹟들은 2000年 世界文化 遺産으로 登載가 되어 있다. 史蹟 第137號인 江華의 支石墓는 높이가 6.5m로 우리나라에서 가장 큰 고인돌이다.

올림픽 競技=Olympic games

올림픽競技가 始作 한지는 100年이 안 되는 거 같은데, 西歐에서 始作이 됨으로써 名稱을 Olympic games으로 지은 것 같다.

이를 처음으로 漢字로 呼稱한 것은 日本의 요미우리〈讀賣〉新聞社의 '가와모도 노부마사'〈川本 信正〉記者이다.

Olympics 語彙에 맞추어서, 象徵인 五輪(ゴリン=고린)으로 使用한 것이 1936年 7月 25日이며 以後부터 日常用語로 定着이 되었다.

五輪書의 五輪은 佛敎에서 森羅萬物을 構成하는 要素로 여겨지는 "땅, 물, 불〈光〉, 바람〈風〉, 하늘〈天〉"을 意味한다. 또한 쿠베르탱이 世界 人類의 和合을 象徵하기 爲해 考案 한 다섯 個의 Ring〈輪〉에 東洋의 宗敎的인 뉘앙스가 加味된 셈이니 더욱 意味가 深長하다.

近代 올림픽精神은 sportsmanship을 通한 健全한 競爭과 人類의 和合을 追求한다. 國家와 人種 間의 葛藤을 克服한다는 스포츠 祭典으로 構想된 올림픽 精神인 것이다.

偉大하였던 祖國을 守護합시다

우리 民族은 黃色 人族의 傳統을 이어받은 桓雄族이다. 中央 亞細亞에서 大國을 建設하여 悠久한 歷史로서 統治를 하였든 偉大한 나라였다. 只今은 비록 三千里 半島 國家를 維持하고 있다.

只今 우리나라는 地政學的으로 海洋 勢力과 大陸 勢力이 澎湃하면서 對峙을 하고 있는 雰圍氣 속에서 自存을 하면서 살고 있다. 우리의 先祖들은 環境에 適應하며 周邊國에 屈하지를 않고, 피와 땀과 눈물로 危機를 克服하면서 더 좋은 國家를 만들어서 우리에게 물려 주셨다.

우리 祖國 大韓民國은 驚異로운 나라이다. 第2次 世界大戰 以後 獨立한 數많은 國家들 가운데에서 唯一하게 政治의 民主化와 經濟發展으로 先進化를 이루어 놓은 國家이며, 도움을 받던 나라에서 도움을 주는 나라가 되었다.

2020年을 基準으로 海外 援助에 22億 5千萬 달러를 支援하고 있다. 우리나라는 國民所得이 3萬 5千 달러로 2021年 基準으로 世界에서 9位로서 世界의 輸出 市場에서 Made in Korea 製品의 占有率이 上位圈에 屬하며, 이 物品들은 2019年을 基準으로 69個나 되는데, 이는 世界 11位이다.

우리나라는 1950年 6月 25日 南侵 戰爭으로 3年 동안에 全 國土가 廢墟化가 되었다. 아무것도 남아 있지 않았으나 10餘 年 동안에 새마을 運動을 하면서 1964年에 輸出 1億 달러를 達成하였으면서 2021年에는 輸出의 規模가 6,445億 달러로 57年만에 無慮 6,440倍 以上의 伸長을 가져왔다.

西歐의 文化를 輸入하여 消費를 하던 우리나라가 이제는 世界를 先導하는 文化 强國으로, k-POP, K-드라마는 世界人들이 가장 사랑을 하는 文化가 되었다. 우리 젊은이들의 創意性과 進就性은 世界舞臺에서 韓流를 流行시키고 있다. 文盲率은 거의 제로이며 敎育 水準은 世界 最上 國家이다. 또한 國民의 知能指數가 世界最高의 나라가 우리 大韓民國이다.

이처럼 자랑스러운 國民들이 살고 있는 大韓民國이 只今 遭遇하고 있는 危重한 現實은 外部의 勢力에 依한 것이 아니라 絕對로 容納할 수 없는 反民主的이고 反民族的인 共産主義의 理念과 그 妄想을 이루려는 者들의 온갖 거짓과 속임수와 蠻行인데, 或是 나 國民들께서 이것을 容認하고 있을까 하는 두려움을 가지게 된다. 人類의 歷史가 證言을 하는 바로는 共産主義가 얼마나 邪惡한 思想이며 共産主義가 만들어 내놓은 結果는 人類 歷史上에서 가장 끔찍한 悲劇이었다는 事實이다.

1848年에 共産黨의 宣言이 있기 前인 1846年에 西歐의 宗敎界에서는 이

미 無神論的 共産主義는 "人間에게서 自由를 剝脫하고 人間의 高貴한 人格 一切의 尊嚴性을 强奪하면서 人間 個人의 權利 따위는 認定을 하지 아니하면서 人間 社會의 骨髓까지 浸透하여 破滅만을 가져오는 致命的인 傳染病"이라고 正義를 하면서 嚴肅한 斷罪를 公布한 바 있다.

共産主義를 信奉하고 實行하고 있는 國家에서는 例外 없이 無慈悲한 殺戮이 벌어지고 있다. 가장 먼저 教會와 寺刹들을 破壞하였고 宗職者와 信者들을 殺害했다. 1997年에 佛蘭西에서 發刊된 "共産主義 흑서"에 依하면 共産主義者들에게 殺害된 이들이 全世界에서 1億 名이 넘는다고 밝혔다. 蘇聯에서는 最小 2,000萬 名에서 7,000萬名이 殺害되었으며 中共에서는 6,500萬 名, 東歐와 라틴아메리카와 우리나라는 6·25南侵 戰爭 以後 現在까지의 犧牲된 者는 700萬名에서 1,000萬名에 이른다는 分析이다.

人類 歷史 以來로 어떠한 制度나 思想이 이처럼 容恕를 받을 수 없는 惡行을 저지른 일이 있는가? 共産主義는 人間의 肉體를 破壞하는 것만이 아니다. 靈魂과 精神까지도 抹殺하는 惡魔의 勢力이다. 共産主義에 依한 殺人은 그들의 權力 維持를 爲한 手段이었다.

自然의 攝理로 보면 生命은 하나 뿐으로서 天下에서 第一 貴하다고 하였는데도 저들은 人間의 生命을 어찌하여 이토록 하찮게 여기는가? 저들의 人性 思想을 하나의 物質 程度로 取扱을 하고 있으며 人間의 참된 生命인 靈魂을 認定하지 않고 있다. 事實이 같은 두려운 現實임에도 不拘하고 "무슨 철이 지난 思想의 論爭이냐?"는 말로 共産主義者들의 逃避 處로 삼고 있는 가림의 帳幕이다.

저들은 過去 反 獨裁 鬪爭의 戰士로 僞裝을 하고 民主化의 功勞者로 자랑을 하며 國家로부터 極盡한 待接을 받고 있다. 이처럼 아직도 우리나라에는 共産主義의 命令이 살아 있다. 隱密하고도 高度로 進化를 하면서 活動을 하고 있으며 그 威力은 우리 社會에서 아직 그 位置가 完固하다.

우리나라의 共産主義者들은 金日成의 主體思想, 金日成의 邪教를 信奉하는 者들을 主思派라고 한다. 이들은 現在 靑瓦臺를 비롯하여, 行政府, 司法府, 國會, 言論界, 學界, 地方自治團體, 地域學校, 勞動團體, 市民社會團

體 等 나라 全般에 걸쳐 廣範圍하게 布陣하면서 合法的으로 權力을 掌握하였다고 手段과 方法을 가리지 않고 獨走를 하면서 우리의 大韓民國을 亡치고 있는 現實이다.

이제 우리 祖國 大韓民國을 사랑하시는 모든 分들은 우리나라를 救濟하기 爲해서 깨우침에 앞장을 서셔야 한다. 이번 3月 9日 大統領選擧가 너무나 重要하다. 우리 祖國 大韓民國의 自由民主主義가 保障이 되도록 國民의 人權과 自由 그리고 우리의 가장 所重한 生命을 지켜주는 不淨이 없고 公正과 公平한 世上이 이루어지는 나라가 되어야 하겠다.

이렇게 되기 爲해서는 共産主義者나 이의 追從者, 主思派는 勿論이고 從北者는 絶對로 大統領으로 뽑아서는 안 된다. 그러므로 大統領은 反共 主義者로서 正直하고 自由民主主義 守護 者로서 韓美防衛條約을 遵守하여 國家安保를 保障하겠다는 愛國者를 選擇하여야 한다.

우리의 生命과 自由를 絶對로 守護하기 爲하여, 祖國 大韓民國의 未來를 爲하여 國家를 사랑하시는 善良한 國民들께서는 團合을 하여야 한다. 그러면 國家가 바로잡히게 되는 것이다.

〈朝鮮日報 2022年 3月1日 A-28面 (社)韓國敎會 言論會의 資料를 要約하고 補完整理 한 것이다.〉

外國과의 關係 定立

1. 對日關係 : 1) 親日 2) 剋日 3) 知日
   같은 系列 血族으로서 親睦을 圖謀하며 國民性을 理解하면서 結果的으로 日本을 알아서 이기는 矜持를 가져라.
2. 對美關係 : 1) 親美 2) 學美 3) 協美
   美國은 合衆國이다. 歷史가 짧고 祖國의 槪念이 없는 나라이다.
   그러나 只今 世界를 先導하는 位置의 나라다. 星條旗 아래 團合하고 遵法精神으로 統治를 하고 있음을 배워야 한다. 그러므로 美國과는

積極 協助하며 安保를 保障해야 한다.

3. 對中關係 : 1) 親中 2) 牽中 3) 警中

같은 黃色 民族이며 우리와 같은 祖上을 가졌지마는 中原벌판에 大國을 建設하고 小數 多民族을 거느리면서 强한 勢力으로 君臨 하여 왔다. 그래서 이를 牽制 警戒하며 衡平을 堅持하여야 한다.

4. 先國關係 : 1) 親交 2) 友好 3) 和合

所謂 先進 文化로 發展하고 있는 國家들 과는 好意的으로 友好를 增進하며 相扶相助로 和合 協力하면서 和合을 維持하여야 한다.

5. 後國關係 : 1) 親近 2) 教導 3) 率先

未 低開發國들 과는 可及的 親近하게 友好로서 教導를 하면서 好意를 베풀면서 앞장을 서서 率先垂範하는 姿勢로 奉仕布施를 하여야 한다.

6. 外交關係 : 1) 親善 2) 協助 3) 共生

이것이 人類가 共存하기 爲하여 相互間에 平等하고 同格으로 相扶相助하면서 世上을 營爲하는 最善의 方策이라고 본다.

우리는 桓雄族

桓雄族 用語를 우리 民族을 呼稱하는 用語로 하자. 只今까지 우리는 우리 民族을 呼稱하는 用語는 훈(Hun)族, 東夷族, 朝鮮族, 韓族 等 여러가지를 使用해왔다.

只今의 時點에서 어떤 呼稱이 가장 適合 한 가를 檢討를 해보자. 우리의 上古 歷史를 살펴보니 桓雄族으로 呼稱하는 것이 第一 適合하다고 본다.

왜 桓因 桓雄 檀君의 子孫이 틀림이 없다. 桓雄 子孫이니 "桓雄族"으로 하자. 中華族이 卑下 呼稱한 東夷族〈東方 오랑캐〉, 어떤 地域的인 呼稱이나, 어떤 時代的인 것을 代表하는 例로서 朝鮮族 等으로 呼稱을 하는 것은 合理的이 아니다.

桓雄族은 黃色 民族의 傳統的인 種族이다. 現在 亞細亞 地域에서 살고

있는 黃色 民族은 全部 桓雄 子孫이다. 이 中에서 우리 系列이 가장 純種인 桓雄族이다.

鎖國 史觀의 30年 後가 두렵다

- 김 태익 論說委員-

半世紀도 前에 英國 總理를 지낸 처칠의 寫眞을 서울 光化門거리에서 만나게 될 줄은 몰랐다. 왼손에 실크 헤드를 들고 다리를 꼬고 앉은 채 굵은 시가를 물고 있는 익숙한 模襲이다. 옆에는 病色이 짙은 美國 大統領 루스벨트가 지친 듯이 앉아있다. 월드 피스 自由聯合이 光復 70周年을 맞아 열고 있는 寫眞展에서이다.

그러고 보니 이달 들어 카이로 會談 · 얄타 會談 · 포츠담 宣言 같은 歷史的 事件 이름을 여기서 많이 接했다. 카이로宣言은 强大國들이 韓國의 獨立을 約束한 것이고, 얄타 會談은 解放된 韓國에 對한 信託統治의 論議였고, 포츠담 宣言은 蘇聯의 對日戰爭 參戰과 韓半島에 對한 美 · 蘇가 分割占領을 決定한 것이라고 볼 수 있다.

意味도 잘 모르고 외쳤다가 잊고 살던 事件들을 다시 불러낸 것은 亦是 光復 70周年이다. 2次 世界大戰의 終戰을 앞두고 韓國의 運命을 料理한 드라마의 主人公은 처칠과, 루스벨트와 스탈린과 蔣介石이었다. 이들은 나라와 都市를 옮겨 다니면서 日本과 獨逸의 敗亡에 따른 戰利品을 챙기느라고 珠板 알을 퉁기고 神經戰을 벌렸다. 이런 戰勝國들 首腦들의 模襲에도, 앞날을 모른체 남의 나라 땅을 轉傳하던 우리 臨時政府 要人들의 模襲이 떠오른다.

太極旗 물결과 愛國歌의 열창 속에 光復 70周年 祝祭는 끝났다. 이해를 보내면서우리가 해야 할 일이 있다면 우리에겐 感激 그 자체였던 光復이 얼마나 列强의 理解가 重疊된 世界史的 事件이었는지 깨닫는 일이다. 그래야 70年 前 光復이 只今의 國際力學關係속 大韓民國에 주는 敎訓을 읽어낼 수

가 있다.

淸나라의 干涉을 받다가 日帝의 植民地로 떨어지고 解放과 分斷, 南 北韓 別로 政府가 樹立되고 6·25戰爭을 겪기까지 韓國의 그 現代史는 어느 하나도 世界史의 흐름, 特히 國際의 勢力 版圖의 變化에 對한 理解 없이는 說明을 할 수가 없다.

그럼에도 外勢에의 抵抗과 主體的 對應만을 强調하면서 外國의 介入이 없었으면 우리도 잘 살 수 있었다는 "內在的 發展論"을 떠받들면서 나라 밖의 歷史에 눈을 감았던 것이 그간 韓國史 硏究와 歷史敎育의 現實이었다.

우리가 아베 談話의 文句에 觸角을 곤두세우던 이달 初 日本 文部省은 高等學校에서 日本史와 世界史를 合해서 "歷史總合"이라는 必須科目을 새로 만들겠다는 敎育 課程改編案을 내놓았다. 近 現代 日本史와 世界史를 하나로 가르쳐야만 "只今 進行되고 있는 歷史"를 理解 할 수 있는 힘을 기르고, 글로벌 時代의 變化에 對應을 할 수 있다는 것이다.

그런데 우리나라 敎育部는 지난 5月 高校 韓國史 敎科書에서 世界史 關聯部分을 大幅 줄이겠다는 歷史 敎育過程의 改正案을 내놓았다. 이에 따라 "開港期 西歐列强의 接近과 朝鮮의 對應" "日帝侵略과 關聯된 國際情勢의 變動과 東亞細亞의 變化" "解放期 建國勢力과 國際社會의 움직임" 等 旣存 敎育課程에 具色으로 남아 있던 世界史 關聯 項目마저 敎科書에서 사라지게 될 運命이다. 이러한 內容을 빼고서 韓國 近 現代史를 쓸 수 있는지 疑問이다.

現在 日本歷史 敎科書는 政權의 過去事를 美化하는데 韓國 敎科書는 左派 史觀에 依한 大韓民國 歷史를 깎아내리려는 데에 問題가 있다. 아이들에게 世界를 向한 差를 어떻게 열어줄 것이냐 하는 것은 이와는 또 다른 次元의 重大 問題다. 두 나라 世界史 敎育의 差異가 光復 100年이 되는 30年 後에 어떤 結果를 몰고 올 건지 두렵다.

朝鮮 民族 帝王에게 告합니다

紀元前 7,197年 天帝이신 안파견 天皇께서 桓因 朝鮮을 開國하여 紀元前 3,897年까지 朝鮮 民族에게 和睦과 秩序와 農耕을 가르치시고 統治하셨으며, 이어 거발한太皇께서 紀元前 3,896年 지위리 天皇으로부터 禪讓을 받으시고 桓雄朝鮮을 開國하여 2,334년 까지 朝鮮民族에게 團合과 農耕을 가르치고 統治를 하셨습니다.

紀元前 2,333年 王儉 皇帝께서 거불단 皇帝로부터 禪讓을 받으시고 檀君 朝鮮을 開國하여 紀元前 108年까지 朝鮮 民族에게 農耕과 産業을 가르치고 統治를 하셨으며, 그 神位 들을 모시고 7분의 天皇과 65분의 皇帝에 이르렀습니다. 檀君朝鮮이 建國되었습니다. 檀君朝鮮은 辰韓, 弁韓, 馬韓으로 分割하여 黃 海를 內海로 大國을 이루었습니다. 이를 承繼하여 紀元前 107年 後 遼東과 滿洲와 韓半島에 朝鮮 民族이 建國한 夫餘, 高句麗, 百濟, 新羅, 伽倻, 高麗 및 近世 朝鮮으로 이어졌으나 1910年 8月 29日 大韓帝國 皇室이 日本帝國 皇室에 合併이 되었고 이어 1919年 大韓民國 臨時政府가 樹立되었으며 日本이 1945年 敗亡한 뒤 1948年 韓半島에는 南韓과 北韓이 따로 建國을 하게 되었습니다.

大韓帝國 皇室이 日本皇室에 合併된지 105年 日本이 敗亡한지 70年이 되는 해에 古朝鮮 皇室의(財) 古朝鮮 皇朝 廟祠 財團이 처음으로 祭祀를 올립니다. 앞으로 每月 祭祀를 擧行하겠사오니, 539분의 天皇과 皇帝와 大王들께서는 南北統一이 早速히 成就되도록 굽어살피시고 智慧를 주시옵기를 엎드려 告하는 바입니다.

桓紀 9,212年 8月 29日 (財) 古朝鮮 皇朝 廟祠 財團

도쿠가와 이에야스(德川家康)의 遺訓

에도막부〈江戸幕府=謙蒼幕部〉를 創始한 "도쿠가와 이에야스"는 忍耐의 化神으로 有名한 人物이다. 끈질기게 버티면서 때를 기다리는 그의 性品은 "새가 울지 않으면 울 때까지 기다린다."는 比喩로 表現이 되곤 했다. "도쿠가와 이에야스"가 執權에 成功하는 길은 決코 順坦하지가 않았다.

幼年期에는 이마 가와〈今川〉家門의 人質로서 눈칫밥을 먹어야 했고, 成長하여서는 오다 노부 낭아〈織田信長〉, 도요토미 히데요시〈豊臣 秀吉〉와 같은 當代의 權力者에게 牽制를 받으면서 숨을 죽이고 조용히 살아야만 했다.

여러番의 죽을 고비와 妻子息들이 權力鬪爭에 犧牲이 되는 逆境을 겪으면서도 덴가 히도〈天下 人〉의 자리에 오른 "도쿠가와 이에야스"는 莫強한 쇼군 職〈將軍 職〉에서 물러나면서 다음과 같은 德談을 남겼다.

* 人生은 무거운 짐을 지고 먼 길을 떠나는 것과 같으니 서두르지를 말라.
* 世上일은 뜻대로 되지 않으니 흔히 있는 일을 받아들이면 마음 便安하다.
* 空然한 慾心이 생길 때에는 어려웠을 때를 떠올려 보아라.
* 忍耐하는 것이 마음을 便安하게 하고, 無事를 얻는 길이다.
* 興奮 憤怒함은 自身에게 無益하고, 害로운 敵이 될 뿐이다.
* 이기는 것만이 上策이 아니니, 저주는 것도 體驗을 하라.
* 自身을 언제나 反省하면서, 他人을 責望하지를 말아야 한다.
* 모자라는 것이 넘쳐서 흐르며 는 보다 마음이 便安해진다.

이 "도쿠가와 이에야스"의 遺訓은 指導者가 되려고 하는 者에게는 꼭 지켜야 할 德目이고, 마음을 다스리는 修身의 戒律로서 只今도 널리 傳播가 되고 있다.

日本의 明治維新과 主役

- 신상목 -

日本國은 우리나라에서 渡去하여〈民族移動의 順理〉建設된 나라로 모든 制度는 우리 것에 따랐다. 明治維新 以前까지만 하여도 거의가 우리의 制度와 같았다.

例를 들면 日本國의 "敎育 勅語"는 退溪의 思想이다. 그런데 明治時代에 이르러 1877年에 東京이 日本의 首都가 되면서 많은 變化가 일어났다. 그 中의 하나가 "東京 數學會社"의 創立이다.

훗날 日本의 數學과 物理學會의 母體가 되면서 西歐文明을 이루는 基礎가 된다. 이에 參與한 學者들 中에 "간다 고히라(神田孝平-1830~1898)"라는 初代 學會長이 있다. 西歐文明의 啓蒙思想家로서 日本의 近代化을 이룩한 人物이다.

그가 1861年에 著述한 册으로는 "農商 辯"에는 "自由貿易 論", "比較優位 論" 等이 있으며, 西歐의 經濟學 觀點에서 보면 通商 開放과 農業 中心에서 脫皮하고 商工業과 貿易 振興으로 日本의 經濟 體質을 改善했다.

1867年에 執筆한 "經濟小學"은 明治維新으로 日本 近代化의 里程標라고 볼 수 있다. 英國의 經濟 思想家인 "윌리엄 엘리스"가 著述한 "Outlines of Social Economy"를 飜譯한 册으로 西歐의 經濟 理論이 日本에 처음 紹介로 評價된다. Economy를 經濟로 飜譯을 한 것이 始初이다. 日本이 "經世觀念"에서 비춰서 "經濟 時代"로 進入한 물고를 튼 것은 神田 氏의 功勞이다.

時代의 變化 期에는 變化의 內容과 方向을 읽어내는 知識階層의 指南役割이 國家發展의 必須的이다. 우리는 只今이 變換 時期에 맞추어서 韓國社會를 업그레이드할 수 있는 集團的 知性의 힘이 우리 知識人들에게 있기를 期待를 해본다.

偶 數 合成 用語

우리가 日常的으로 使用하는 用語를 살펴보았다. 奇 數로 된 用語는 많지 않았으며 稀少하고 大部分이 偶 數로 되어 있는 合成 用語가 많았다.

1) 兩相合 用語：陰陽, 乾坤, 天地, 日月, 上下, 左右, 前後, 高低, 大小, 晝夜,
   明暗, 男女, 老少, 生死, 表裏, 動靜, 文武, 靈肉, 魂魄, 理氣,
   善惡, 長短, 昇降, 遠近, 取捨, 乾濕, 美醜, 醜態, 薦擧, 華麗.
2) 四結合 用語：東西南北, 上下左右, 遠近不問, 取捨選擇, 不問可知, 老少同樂
   男女同等, 生死不問, 春夏秋冬, 日月星辰, 陰陽結合, 山川草木
   冠婚喪祭, 左衝右突, 風水地理, 陰陽天地, 生成死滅, 文武百官
   前後遠近, 美麗辭句, 生死不問, 朋友有信, 結草報恩, 群雄割據

우리 用語는 多樣하고 많아서 모두 列擧를 할 수가 없어 日常用語만을 추려 보았다.

虛無한 人間의 一生

1. 地球生存의 萬物中 人間됨이 最貴하여
2. 倫理道德과 品位를 維持하며 살으라면
3. 經驗識見을 蓄積해 獻身하는 精誠으로
4. 勤勉誠實로 일하고 模範되게 生活하며
5. 謙虛信條의 態度와 奉仕하는 姿勢로서
6. 所有財物과 知識을 베풀면서 살아보자

人生은 一場春夢이라는 짧은 期間이랍니다. 그러니 무슨 일을 하여야 할까요?

1) 地球上 森羅萬象 中에서, 사람이 가장 高貴함을 自負를 해야 합니다.

2) 그러므로 品位를 지키며, 義理와 平凡한 心地로 營爲을 해야 합니다.

3) 무엇보다 勤勉하고 誠實하게 일하고, 模範 儉素 生活을 해야 합니다.

4) 謙遜 姿勢로 信念을 가지고, 무엇이나 奉仕하는 處世를 해야 합니다.

5) 平生에 배운 知識과 經驗은 記錄하여, 後世에게 傳授를 해야 합니다.

6) 平生동안 所有하고, 取得한 모든 財産은 社會에 布施를 해야 합니다.

海底 터널 雜想

〈朝鮮日報 2021.02.03.(水)萬物相 參照〉

世界의 海底 터널

1. 世界에서 가장 긴 海底 터널은 英-佛 間의 도바 海峽에 있는 總 50.45Km 中 海底는 38Km가 1994年에 完工이 됐다. 時速300Km로 런던-파리 間을 2時間 程度로 走破한다.

2. 日本國의 本州-北海道 間의 海底 터널은 53.8km 中 海底는 23.3Km 이다.

3. 亞細亞-歐羅巴 間 이스탄불의 보스포루스 海底터널은 3.3Km인데 2016年 SK 建設이 完工했다.

4. 中國-臺灣海峽 135Km 間의 海底 터널은 中共이 構想 中

5. 유럽의 스페인-아프리카의 모로코海峽 間 40Km의 海底 터널 構想 中

6. 美國-러시아 間 베링海峽 96Km 間의 海底 터널의 論議는 世界의 關 心事

7. 全南 海南-濟州島 海峽 101Km 間의 海底 터널 構想 中

8. 韓-日 間의 對馬島 經由한 海峽區 間 230Km의 海底 터널 構想 中

9. 黃海道-中國 威海 間의 海底 터널 構想은 새 나라가 되면 構想해야 한다.

10. 黃海道西端에서 中國 靑島의 榮成 地區 間과 中國 大連 南端에서 靑

島의 蓬萊地區 間 海底 터널의 構想은 必要하다. 將次 새 나라가 建設되면 黃海가 內海가 되기 때문이다. 即 桓雄時代의 蚩尤天皇 統治疆域과 같아지는 것이다. 2,090餘年 만에 失地를 恢復하는 것이다.

全 世界的으로 海底 터널의 必要한 곳은 많으나 莫大한 資金이 所要된다고 한다. 只今은 터널의 굴착(掘鑿)은 機械〈TBM〉의 金屬 칼날로 巖石을 粉碎하며 掘鑿을 함으로 年間 5Km의 作業이 可能하다고 한다.

* 此際에 한 마디 所見을 提示하고자 한다.

韓日 間의 海底 터널은 絶對로 해서는 안 된다. 왜?

1) 韓日 間의 收益은 5:500이라고 한다. 우리에게는 經濟的 利得이 거의 없다.

2) 莫大한 일자리의 創出로 經濟發展에 도움 된다고 提案하는 學者도 있다.

3) 南海岸의 港口인 釜山, 蔚山, 麗水, 木浦港 들 海上貿易이 不利해진다.

4) 日本에 大陸 進出 길을 열어주면 日本은 乘勝長驅하고 우리는 被害를 본다.

5) 韓日間 海底 터널은 日本의 大陸進出로 利得이 큼으로 費用 60% 負擔한다.

6) 壬辰倭亂 때와 같이 길을 열어주는 再版을 해서는 아니 됨을 想起해야 한다.

山의 讚揚

1. 泰山은 높다고 해도 오를 수가 있는 親近山이고
2. 富士山은 自然이 創造 한 天下無比 美麗山이고
3. 히말라야山은 눈 덮인 世界 第一峰 最高山이고
4. 張家界 連山은 秀麗 無比하나 不近 望景山이고

5. 金剛山은 아름답게 調和 이룬 親近 景致山이고

6. 白頭山은 天池 이고 있는 民族精氣 守護山이고

全 世界에는 山이 無數이 많다. 내가 直接 가서 본 山들에 對해서 저의 나름대로 敢이 評價를 하여보았다.

山은 높고 바다는 낮다. 山에는 樹木이 茂盛하다. 樹木이 必要로 하는 물을 供給하기 爲해서 바다의 물이 水蒸氣로 비가 되어서 山에 내려 준다.

山의 樹木들은 쓰고 남은 물은 다시 아래로 흘려 共有를 하도록 하고 있다. 自然의 攝理는 合理的이며 循環의 理致에 맞게 順應하고 있다.

大自然은 참으로 偉大합니다. 人間이라면 이 循環의 理致를 배워야 하겠다.

고향에 遺物 展示 資料館 신축규모(新築規模)

1. 건평(建坪)은 평면(平面)이 가로12평(坪)X세로 3坪 = 36坪으로 한다.

2. 지하(地下) 1층(層) 지상(地上) 3층(層) 옥상(屋上) 구조(構造)로 한다.

3. 목욕탕(沐浴湯)에는 샤워기(器)와 세탁기(洗濯機)를 설치(設置) 한다.

4. 냉난방(冷煖房) 불요(不要), 수세식(水洗式)화장실(化粧室) 설치(設置)

5. 조명(照明)은 LED로 하고, 콘센트를 수(數) 개소(個所)에 설치(設置)

6. 옥상(屋上)에는 태양전지(太陽電池) 數 세트를 설치(設置) 예정(豫定)

7. 지하(地下)에는 축전지(蓄電池)와 Convertor 설치(設置) 예정(豫定)

8. 태양전지(太陽電池)를 設置하여 자체(自體) 전력(電力)을 보충(補充)

9. 건물방향(建物方向)은 남남서(南南西)로 광수조(光受照)를 좋게 한다.

~~資料館 屋上에 太陽電池 設置計劃~~

1. 90cmx120cm板 1板의 發電容量은 450w

2. 10板을 設置하면 450w x10=4,500w=4.5kw

3. 모든 施設物〈室內照明과外燈煖房等〉에 供給

4. 電力의 充電 裝備 設置와 蓄電池의 費用?

5. 交流 220volt Convertor의 設置의 費用

6. 1板當 價格의 시세에 따른다.

人生 마감

1. 살기 좋은 世上에서 衣食住가 解決이 되었고
2. 바른 일들은 무엇이든지 할 수 있게 되었으니
3. 能力 끗 努力하여서 무엇으로나 奉仕를 하자
4. 남의 事情 理解하면서 이웃들과 協力을 하고
5. 모든 것은 布施하겠다는 便安한 마음 가지니
6. 人生 삶을 마감하는 데에 未練이 없도록 하자

餘生을 萎縮하거나 躊躇하지 말고 堂堂하게 살면서 할 수 있는 일은 熱心이 하여 模範된 處世와 姿勢로 後孫들에게 부끄러움 없는 人生觀으로 龜鑑이 될 일을 傳授를 하여야 하지 않겠는가.

올바른 歷史觀의 敎育을 시켜서 眞正 한 愛國心을 鼓吹시켜야 한다. 只今 現實의 狀況을 볼 때 切實하게 느껴지고 있다.

追慕의 祭禮 行事

各 宗敎團體들은 나름의 儀式에 맞추어 祭禮行事를 하고 있다. 非 宗敎人들은 祖上을 追慕를 하기 爲해서 祭祀를 奉行하고 있다. 祭祀는 돌아가신 近日의 休日 午後에 擧行하는 것이 바람직하다. 祭官 參與의 無理가 없다. 忌祭와 설 茶禮는 집에서 奉行을 하고, 秋夕茶禮는 墓域이나, 墓域이 없으면 野外景致가 좋은 곳에서 奉行을 하는 것이 좋겠다. 이는 消風을 兼하여

親知 間의 團合의 뜻도 있다.

절은 二拜를 한다. 生者에게는 一拜, 死者에게는 二拜, 神靈에게는 三拜
이다. 祭物은 六品으로 하고 六 列로 陳設을 한다.

1列 : 果實 類는 대추, 밤, **柿類**〈감이나 꽃감〉, 배, 사과, 귤 等 6種類이다.

2列 : 湯菜 類는 肉湯, 素湯, 魚湯 김치, 물김치, 菜蔬 類 等 6種類이다.

3列 : 魚肉 類는 脯, 닭, 牛肉, 豚肉, 조기 生鮮, 魚類튀김 等 6種類이다.

4列 : 餠果 類는 시루떡, 인절미, 편, 藥果, 煎 類, 造菓類 等 6種類이다.

5列 : 憲酒 類는 한 분식 한 잔 식을 드린다.〈막걸리, 淸酒, 燒酒 果酒 等〉

6列 : 湯飯 類는 한 분에 한 그릇 식, 수저도 한 분에 하나 접시 식 드린다.

祖上들께서 사시든 時代와 只今은 飮食의 種類와 質이 많이 發達을 하여
變遷이 되었으므로 現實의 飮食으로 차려드리는 것이 合理的이라고 본다.

相對的 完成의 理致

1. 往來〈가는것 있으니 오는것 있고〉

2. 授受〈주는것 있으니 받는것 있고〉

3. 前後〈앞쪽이 있으니 뒤쪽이 있고〉

4. 左右〈왼편쪽 있으니 오른쪽이 있고〉

5. 上下〈우위가 있으니 아래가 있고〉

6. 男女〈사내가 있으니 계집이 있고〉

7. 老少〈늙음이 있으니 젊음이 있고〉

8. 東西〈동쪽이 있으니 서쪽이 있고〉

9. 南北〈남쪽이 있으니 북쪽이 있고〉

10. 寒暑〈추위가 있으니 더위가 있고〉

11. 高低〈높곳이 있으니 낮음이 있고〉

12. 遠近〈먼 곳이 있으니 가까운 곳이 있고〉
13. 緩速〈느린 것이 있으니 빠른 것이 있고〉
14. 厚細〈두터 운이 있으니 얇은 것이 있고〉
15. 勝敗〈이기는 것 있으니 지는 것이 있고〉
16. 長短〈긴 것이 있었으니 짧은 것이 있고〉
17. 廣狹〈넓은 것이 있으니 좁은 것이 있고〉
18. 陰陽〈그늘이 들었으니 볕 든 것이 있고〉
19. 劣等〈못난 것이 있으니 잘난 것이 있고〉
20. 完了〈다되었으니 끝 매듭 할 것이 있고〉

世上 萬事는 모두가 相對的으로 이루어지며 完成이 된다. 이것은 自然의 理致이다. 獨善을 하지 말고 融合을 하시라.

이름자 成語 四行詩

씨를 받은 姓氏에 뜻있게 지은 이름을 成語하여 풀이해보니 너무나 아름답고 品位가 있으며, 和合의 뜻이 있으니 모두 參與하여 주시라.

1. 海寬 世煥 [바다와 같이 너그러우니, 人間답게 處世하도록 빛내줄 것이다.]
2. 鳳來 滋鎬 [鳳凰새 들이 날아들으니, 繁盛하게 成長하도록 빛내줄 것이다.]
3. 吉萬 輔煥 [吉事를 하면 亨通하오니, 도움되게 協助하도록 빛내줄 것이다.]
4. 東億 仁浩 [東方 禮儀가 億劫을 하니, 仁厚하게 넓게하도록 하여줄 것이다.]
5. 鍾鎬 東洛 [鐘의 소리로 빛을 내주니, 東西에게 흐름하도록 하여줄 것이다.]

6. 英植 潤植 [꽃들을 많이 심어줬으니, 潤澤하게 成長하도록 심어줄 것이다.]

7. 炫善 鐘云 [밝고착 함이 마음便하니, 쇠북답게 소리하도록 울려줄 것이다.]

삶과 주검 앞에서

1. 父母의 죽음 앞에서 財産 때문에 싸우는 家族들의 模襲
2. 아내의 속을 무던히 썩이다가 죽으니 눈물 흘리는 男便
3. 죽음에 이르면 憐憫과 사랑이 울어 나며 엉킴도 알았다.
4. 사람들 사이에 얽힌 葛藤과 慾心만이 죽음으로 살아졌다.
   _{연 민}
5. 누구도 죽음을 터득하면서 깨닫지 못함을 잘 알게 되었다.
6. 人生의 삶음은 春夢이오니 現實을 滿足하며 살아갑시다.

本 內容은 1,000分 患者의 臨終을 지켜 본 看護員 出身인 김여환 家庭醫學科 專門醫師가 朝鮮日報 2022年 2月 24日 A39面에 揭載한 내용을 읽고 제 나름대로 文章 틀에 맞추어서 엮은 것이다.

男女 結合의 基本틀

1. 包容하는 넓은 두어깨
2. 受容하는 둥근 엉덩이
3. 結合하는 適合 合理形
4. 造物主의 創作 第逸品
5. 男女結合 基本 均衡型
6. 攝理自然 無比 名作品

造物主의 作品이지만 너무나 合理的이다. 特히 人間에게 만주어 진 것에 感謝를 하여야 한다.

나의 住居 生活과 理財의 蓄積 歷程

平生 동안 내가 살아 온 居住 經緯와 理財 方法을 적어 본다.

1. 初等學校 在學 時節 父母 膝下 勉學 〈月謝金은 아버지 負擔〉
2. 國立交通學校 時節 寄宿舍 生活 〈中高 모든 費用 無料〉
3. 交通部 職員 時節 〈合宿所 生活食代 外 諸 費用 無料〉
4. 結婚新婚生活 時節 〈한間 房 生活과 專貰 費 큰兄 負擔〉
5. 官舍賃貸生活 時節 〈4.5坪 一室 受領 最初로 私有 財産〉
6. 單獨貰집 生活 時節 〈방 讓渡金 15萬원 受領으로 充當〉
7. 二次貰집 生活 時節 〈專貰 費 上昇 변두리로 縮小 移徙〉
8. 最初내집 生活 時節 〈내 집을 지어 移徙하여 幸福 生活〉

交通部에서 拂下받은 垈地 43坪에 房 둘과 부엌 하나의 7坪짜리 집을 15萬원에 2萬원을 追加하여 17萬원으로 建築을 하였다. 울타리도 大門도 없고, 盜賊도 없다. 남의 눈치를 볼 것도 없다. 그저 便安한 雰圍氣로 萬事가 泰平하다.

[美國에서 디젤電氣機關車 技術訓練 3個月 滯在費를 節約한 24萬800원으로 垈地 43坪의 拂下代金을 納付했다. 最初로 내 집과 土地 所有者가 되었다.]

9. 17坪 집으로 移徙生活 時節 〈33坪 垈地에 房둘 말루와 부엌, 庭園도 있고 大門도 있다. 垈地43坪 販賣價格 350萬원과 건너房 專貰 金50萬원을 合하여. 400萬원으로 充當했다. 이제 나는 더 以上 慾心없이 오직 나의 天職인 鐵道業務에만 專念을 했다.〉

10. 鐵道廳 永登浦 工作廠敷地에 建設한 鐵友－A 3層 309號 25坪으로 移徙를 했다.

代金 22,000萬원은 典農洞 집판 값 22,000萬원으로 알맞게 充當하였다.

11. 永登浦 鐵友-A에서 東部센트레벨-A로 移住를 한 것이 2003年7月 20日이다.

나는 아파트 再開發하는 것을 反對했다. 그런데 다 再開發에 同意를 했는데 나 때문에 못 한다는 것이다. 그래서 同意를 하고 專貰집에서 2年을 살았다. 專貰費用도 東部그룹에서 負擔을 해주었다.

典農洞집에서 鐵友-A로 移徙를 한 것도 周邊 親舊들의 勸誘로 移徙를 한 것이다. 말하자면 나는 自意로 理財를 蓄積한 것이 하나도 없다. 남의 助言으로 더불어 살아 온 人生인 것이다.

12. 東部센트레벨-A가 2022年度의 時價가 14億 5千萬원이라고 한다. 63年만에 15萬원의 財産이 14億 5千萬원이 되었다. 나는 理財에 素質이 없다. 그러나 自然攝理가 나에게 祝福을 주신 것이다.

13. 只今은 無職者로 停年 退職年金으로 月給쟁이로 健康과 身邊을 管理하면서 하고 싶은 일들을 하면서 즐겁게 生活하고 있다.

14. 컴퓨터 德澤으로 새로운 것을 배우면서, 構想을 한 것들을 記錄整理하여 册으로 엮어서 남김으로써 내가 살던 世代를 立證하여 주려고 한다.

1991年 停年退任을 할 當時에는 一時 金으로 受領을 한 分들이 많았다. 萬若에 나도 一時金으로 受領을 했다면 다 날리고 子息들에게 依支를 하는 身世가 되었을지도 모른다. 그래서 年金 加入을 積極 勸奬을 하며 一時金 受領을 反對하고 있다.

九旬 老醜 打令

九十이 넘도록 살다 보니 쓸데없는 空想만 생긴다. 남은 餘生 도와주시면 좋겠다. 空然한 窮相들은 하지를 마시라. 合理的인 處世하기가 매우 어려우니 現實 時代思潮에 順應을 하면서 사시라. 어찌하다 自然 攝理로 늙게 되었지만 現實에 살다 보니 適應하기가 어렵다. 그래서 눈치를 보면서 處世

를 하고 있으나 이것 亦是 쉽지가 않다. 그러면 어떻게 하여야 할까. 抑止로 죽을 수도 없으니 말이다. 이것이 自然의 攝理이다. 그래서 人生의 삶은 臆測을 버리고 모든 것을 다시 배우라는 것이다. 未練이 없이 모든 것을 배우시라.

배우고 보면 滿足함을 느끼게 된다. 공짜이다. 이것이 老來의 無聊(무료)를 잊으며 재미있게 헛된 時間을 즐기는 最善의 自然 攝理의 順理 方法이다.

反逆 5敵

1. 暗躍 間諜 2. 586 主思派 3. 反對 專門 政治人 4. 民勞總 5. 全教祖 等

나의 嗜好대로 하여본 것

1. 動物 사랑

나는 動物은 좋아한다. 그런데 飼育은 하지 않는다. 왜 離別이 두려워서다. 같이 나름대로 情이 들어 지내다가 어떻게 離別을 할 수 있을까?

2. 植物 育成

精誠껏 물을 주면서 돌보면서 제 生命이 다 할 때까지 키운다. 植物은 結實 하고, 때가 되면 스스로 죽는다. 盆栽를 좋아했지만, 盆栽를 하지 않았다. 왜 나의 嗜好대로 植物을 못살게 하기 때문이다. 可及的 植物은 자르지 않는다.

왜 나의 嗜好에 맞게 자르면 우리의 周邊을 爲해 자라준 고마움을 저버리는 行爲이기 때문이다.

3. 創作 構想

무엇이 거나 拙作이라도 나는 構想을 하여서 記錄으로 남겨야 함을 義務

로 생각하고 있다. 내가 이 世上에 存在하였음을 立證하기 爲해서이다. 이 것은 後世들의 評價로 그 時代의 歷史를 立證해 주는 것이다.

4. 歷史 定立

歷史는 實證이다. 좋고 나쁜 것을 가리지 않고 事實대로 記錄한 證據이 다. 그러므로 實證 그대로 記錄한 證據를 保存 傳授를 하여서 後孫들이 評 價하며 參考를 하게 하여야 한다.

5. 文字 研究

人類는 文字를 가지고 있다. 文字는 그 時代에 맞게 만든 글자이다. 只 今 時代에 이르러보니 不合理 한 것이 나타나고 있기 때문에 只今 時代에 맞게 合理的으로 改訂 改善을 하게 되는 것이다.

6. 遺物 保存

그 時代의 作品은 그 때의 創作品이다. 變遷(변천) 이를 保存을 하지 않 으면 그 時代의 狀況을 모른다. 그러니 保存을 하여서 發展해 온 過程을 더 듬어 볼 수가 있게 하여야 한다. 過去 없는 發展은 할 수가 없다.

나무 學校

나무를 가로 자른 面에 나타나는 둥근 무늬를 나이테라고 한다. 一年에 하나 式이 생김으로 그것이 곧 나무의 나이이다. 나이테는 季節이 變하는 溫帶 地方에서는 뚜렷하지만, 季節 區分이 거의 없는 熱帶 地方에서는 그렇 게 뚜렷하지가 않다.

뜨거운 여름과 추운 겨울을 견딘 나무일수록 그 "形態"가 아주 뚜렷하 다. 나이테를 漢字로 年輪이라고 한다. 이는 酷寒의 겨울을 지낸 後에 비로 소 얻어지는 나무의 勳章이다.

누군가에게 "年輪이 묻어 난다."를 쓸데가 있다. 大概 어떤 일을 오랫동 안 해온 匠人, 藝術家, 職業人에게 쓰는 말이다. 年輪이란 그들이 겪어온 成 長과 苦難의 歲月이 너무나도 나이테처럼 둥글게 모나지 않는 狀態를 뜻한다. 數 千年 동안 바람과 파도에 시달리면서 둥글어진 海邊의 몽돌처럼 말이다.

어느 누구도 삶에서 避할 수 없는 것이 나이와 주검이다. 뒤집어서 생각을 하면 삶은 結局 죽어가는 過程이기도 하다. 時間이 지나갈수록 바라 움이 있다면 잘 늙어서 낡아지는 것이다.

文貞姬 詩人의 詩 "나무 學校"를 읽었다. 다음과 같다.

> 나무는 나이를 겉으로 內色하지 않고 成長한다.
> 아직 어려도 그대로 푸르른 希望을 가지고 있다.
> 나이의 늙어 가는 것은 나무에게 배우기로 했다.
> 나무도 자연의 섭리에 따라서 성장을 하고 있다.
> 그냥 마음속 깊게 새겨 두면서 간직하기로 했다.
> 무엇보다 繼續하여 더욱 鬱蒼하기를 바랄 뿐이다.

繼續 工夫하며 勞力 省察하여야 우리는 健全한 어른으로 立志하게 된다. 나이가 들어서 터득을 하고 經驗이 쌓이게 되면 남의 좋은 말은 귀담아듣지 않게 되기 때문이다. 이마와 손등의 주름살이 나이 듦이 智慧를 保障해 주는 것이 아니다. 우리가 겉으로만 먹은 나이를 過信하여서는 안 되는 까닭이다. 어른이 되어도 繼續하여 자랄 수 있다는 希望을 놓지 말아야 한다

많은 사람들은 봄날의 나무가 새잎을 피우는 것처럼 해마다 成長하는 것이다. 겉으로 나이를 내 색 하지 않고도 그냥 어른이 된 것이다. 나무는 죽어서는 造型物로 바뀐다. 나무 加工의 適合 品은 鳥類가 많다. 匠人이 加工 作品으로 精誠을 다 해서 다듬어서 만든다. 그 中에서도 鶴의 선비 品位를 造型한 것이 으뜸 姿態이다. 이 作品은 나무가 永遠 不滅하는 象徵이기도 하다.

— 朝鮮日報 박영옥의 말과 글 "나무 학교"를 補完 整理 —

나이의 呼稱과 計算은

只今 태어나면 한 살로 呼稱을 하고 있다. 한 살의 計算은 1年 12個月이 基準인데도 말이다. 그러나 便宜上 그렇게 通用을 하고 있다. 이것은 不合理하다. 그래서 合理的으로 檢討를 해본다. 왜 태어나자마자 한 살이냐? 姙娠 10個月 만에 태어났기 때문이란다. 그런데 姙娠한 날짜는 모른다. 不合理한 計算이다. 그래서 確實하게 태어난 날짜를 基準으로 하는 것이 合理的이라고 본다. 只今 태어난 것은 年 月 日 詩 分까지 알고 있다.

그러므로 햇수로 나이를 計算 呼稱을 하는 것은 不合理하다고 본다. 너 몇 살이냐고 물으면 12個月 計算과 맞지 않는 날짜로 對答을 한다. 只今의 便宜上의 風俗이다. 先後輩와 序列을 따지는 現時代에는 不合理하다. 그래서 몇 살 몇 個月이 됐어요.라고 對答을 하여야 한다.

늙으면 나이가 많은 것을 자랑으로 하고, 젊을 때에는 나이가 드는 것을 꺼린다. 如何튼 現實에 適合한 方法으로 하는 것이 좋을 것 같다.

朝鮮日報 A 36面 萬物相의 "이제야 없애는 한국 나이"를 읽고 나름대로 整理를 해보았다.

家統承繼方式 改善

現在의 家統承繼는 아들〈男子〉만의 承繼方式이다.
이것을 딸〈女息〉承繼方式도 並行 하자는 것이다.
親族 中에서 選擇을 하여 養子로하는 境遇도있다.
族譜上에만 揭載를 하여서 承繼하는 方法도 있다.
甚至於 孤兒를 養子로 삼는 不合理한 境遇도있다.
家統 承繼를 爲한 養子制度는 廢止가 되어야한다.

家統 承繼는 血統의 承繼이다. 親 子女의 血統 承繼는 50%씩이다. 宗族 養子는 血統의 比率은 數%로 微弱하고, 其他 養子도 家統 承繼의 뜻이 없다.

女子가 시집을 와서 같이 사는 것과 같이 데릴사위로 男子가 장가를 와서 妻家 집에서 같이 사는 것이다. 같이 살면 며느리가 貴엽 듯이 사위도 사랑스러워진다. 自然이 情이 들게 마련이다.

　　養子에 比할 바가 아니다. 養子는 情이 들 수가 없다. 無 子女로 絕孫이 되었을 때에는 養子를 하지 말고, 遺言으로 處理를 한다.

　　假令 財産의 相續을 擧論해 본다면, 遺言으로 近親이나, 宗親會 事業이나, 社會事業이나, 보람되게 布施를 하면 된다. 近 親孫이 遺産을 承繼 받았을때는 奉 祭祀를 할 수도 있다

　　다만 데릴사위는 여러 兄弟 中에서 選擇을 하는 것이 바람직하다.

故事成語

1. 百聞以 不如一見 [百番을 듣는것 보다는 한번이라도 見識을 함이 좋고]
2. 百見以 不如一驗 [百番을 보는것 보다는 한번이라도 體驗을 함이 좋고]
3. 百驗以 不如一行 [百番을 經驗함 보다는 한번이라도 實行을 함이 좋고]
4. 百行以 現實理解 [百番을 實行을 하며는 現實難世도 理解을 하게 되고]
5. 百忍以 萬事亨通 [百番을 忍耐을 하며는 雜多不便도 解決을 하게 되고]
6. 百決以 成就結實 [百番을 決心을 하며는 難事處理도 調和를 하게 되고]

故事成語는 많다, 여기에서 百과 과련된 故事成語 여섯을 골라 본 것이다.

老來의 生活 條項들

　　늙으면 周邊 食口들과 近親들은 떠나가고 아주 외로운 孤獨한 環境이 된다. 이를 克服하기 爲하여 生活하는 條項을 다음과 같이 생각을 하여 보았다.

1. 健康 維持 : 걷기나 停滯하지 않고 움직이는 運動 等을 하는 것 等
2. 食飮 管理 : 하루에 아침 점심 저녁 三回의 徹底 食事를 하는 것 等
3. 財産 確保 : 내 집을 비롯하여 必要하는 金錢을 所有를 하는 것 等
4. 朋友 相逢 : 親舊들 만나 식사를 하며 털어놓고 對話를 하는 것 等
5. 讀書 聽取 : 册 雜誌 新聞 읽기와 TV보기 라디오 聽取를 하는 것 等
6. 記錄 出版 : 반듯이 記錄 出版을 하여 後世에게 傳授를 하는 것 等

무슨 일을 할까?

1. For Your 　　　〈當身을 爲하여〉
2. For Nation 　　〈國家를 爲하여〉
3. For People 　　〈民族을 爲하여〉
4. For Human 　　〈人類를 爲하여〉
5. For Service 　　〈奉仕를 爲하여〉
6. For No my sief 〈我無를 爲하여〉

내가 앞으로 할 일은 獻身하는 것뿐이다. 衣食住가 모두 解決이 되어 있다.
나 自身의 健康을 爲하여 부지런히 내 힘으로 能力껏 活動을 하는 것이다.

하나의 定理

1. 宇宙는 하나이다.
2. 太陽은 하나이다.
3. 地球는 하나이다.
4. 人間은 하나이다.
5. 鼻口는 하나이다.

6. 生命은 하나이다

하나는 競爭의 對象이 없다. 그래서 주어진 任務는 重且大하다. 주어진 責務를 忠實이 遂行해야 한다.

一·三·五·六·七·九를 좋아하는 우리 民族

우리 民族은 自古以來로 數人字는 一·三·五·七·九 奇數를 좋아했다. 왜 그런지 모르겠다. 그리고 中華民族은 偶數인 二·四·八·十을 좋아한다. 그런데 六이 빠져있다. 이것도 왜 그런지 모르겠다.

只今 數人字의 選好 度를 따지자는 것은 아니다. 旣往에 數人字 嗜好의 選擇을 한다고 하면 現實的이고 合理的으로 檢討해 볼 必要가 있다. 필자가 敢이 構想을 해 보았다.

天符經에 依하면 一은 오직 하나 일 뿐이고, 三은 모든 것을 包容하는 數人字 이고, 五는 東西南北과 中央의 全 方位를 指稱하며, 六은 完成의 뜻이며, 七은 幸運을 象徵하며, 九는 모든 것이 가득 찼다는 뜻의 數이다. 그래서 六이 完成의 뜻으로 天符經의 中心이 되어 있다.

또한 停止 物體의 安定 支持는 三鼎이 마땅하고, 움직이는 物體의 安定 支持는 六 支持가 妥當하다. 이 두 가지를 包容 한 것이 九이다. 只今에 와서 살펴보면 三으로 된 用語가 第一 많으며 自然의 攝理가 모두가 六으로 이루어 졌으며 九로 이루어지면 모두를 滿足하게 된다. 그러니 一·三·五·六·七·九를 崇尙하지 않을 수가 없다.

天符經은 基本 數人字 열자를 包含하여 이루어졌다. 只今의 時代는 奇數만의 時代가 아니다. 奇 數는 獨立性은 있으나 相對가 없다. 그러나 모든 것은 相對와 더불어 이루어지고 있다. 隅 數의 合理性을 研究하여 보자.

새 나라의 榮光

1. 大統領 就任辭 할 때에 靑天에 무지개가 떠있다.
2. 이 나라에 瑞光의 빛이다. 大韓民國 萬萬歲이다.
3. 和合과 融合 時代가 열리는 새 世上의 상징이다.
4. 즐겁도다. 이民族의 幸運이 이루어질 絕好時로다.
5. 모두 같이 힘을 모아서 積極으로 協力을 하시라.
6. 새 時代의 榮光들이 확 열리는 希望의 瞬間이다.

哀痛을 하든 分斷은 가고

새 나라의 넓은 疆土 一萬幾千里의 桓雄 61世紀가 열리기 前에 둘로 쪼개졌던 各 一千五百里가 統一이 되어서 一萬幾千里이었던 祖上들이 사시던 失地를 回復하여서 새 나라 一萬 幾千里를 建設하게 될 것이다.

南北 分斷이 된 南쪽 一千五百里에서는 自由民主主義 國家를 세울 수가 있었다. 그런데 只今에 와서 自由民主主義 國家로 南北統一이 된다고 한다.

이것은 自然의 順理이다. 眞理의 道理는 强制로 逆行할 수 없다는 眞理이다. 共産主義의 滅亡과 從北을 信奉하든 思考는 自然히 스스로 消滅이 되고 스스로統一이 이루어진다는 것이다.

自然 攝理에 逆行하는 者는 스스로 滅亡하게 되고 正義는 勝利를 한다는 것이다. 統一과 더불어 一萬幾千里의 疆域으로 桓雄族이 다스리는 和白의 나라로 永遠 繁盛하는 새 나라가 이루어 지니라.

大自然 攝理에 順應하지 않는 者는 스스로 滅亡하게 된다. 統一이 되고 桓雄의6千年 時代가 열리게 된다. 그러면 스스로 自肅하면서 矜持를 지켜야 한다.

바야흐로 機會는 왔다. 一致團結로 協力 和合하여 새 나라를 建設합시다.

六 忍堂의 效果

1. 첫 번째 한번 참았다.
2. 두 번째 에도 참았다.
3. 세 번째 에도 참았다.
4. 네 번째 에도 참았다.
5. 다섯 번 째도 참았다.
6. 여섯 번 째도 참았다.

只今에는 세 번을 참는 三忍堂이 있다. 세 번을 참았지만 滿足하지가 않았다.

• 그래서 참고 또 참으면서 여섯 번을 참았더니 이제 모든 것이 便安해 졌다.
• 21世紀가 되고 보니 克服하기 어려움이 너무 複雜한 世上살이가 되어졌다.
• 이를 克服하기 爲해 六忍을 하고보니 人間生活의 道理를 깨닫게 되어졌다.
• 忍耐 忍耐 又 忍耐를 하니 不可能이 없어지면서 萬事가 亨通하게 되어졌다.
• 自然森羅萬象에서 攝理에 順應하며 살지만 忍耐가 第一인 것을 깨달아졌다.
• 그러면 어떻게 하여야 六忍을 해야하는가. 便安하게 60을 6번 세는 것이다.

한번 해보시라. 360번을 세는 時間은 360秒로 6分이다. 6分間의 忍耐이다.

望白이 얼마 남지 않았네

望白이란 99歲를 뜻한다. 白歲라고도 한다. 基本 數ㅅ字 열 번째 數인 가득 찬 九 99의 뜻이다. 基本 數ㅅ字 ○ , 一, 二, 三, 四, 五, 六, 七, 八, 九의 十字로서 十進法이다.

1. 皮骨이 相接하여 品位없는 몰골이 되어 있다.
2. 精神構想 狀態는 漸漸 稀微 해져가고만 있다.
3. 視聽覺도 如意치 않으며 疑問만 생기고 있다.
4. 疑問을 풀려고 하니 雜念만이 떠오르고 있다.
5. 그래서 새로운 생각을 글로 쓰려고하고 있다.
6. 現實을 合理的 傳授를 爲하여 勞力하고 있다.

그동안 한글을 工夫하며 研究 分析하면서 바른 소리글〈正 音聲文〉로 〈**인뮤문ⅵ** 인류문자=人類文字〉를 創案했다. 이 글은 한글의 不充分한 것을 研究 補完하면서 合理的으로 다듬어서 새 **인뮤문ⅵ**를 編纂을 하였으며 이어서 새 天符經, 새 나라 노래, 새 愛國歌, 새 달력〈七曜 制를 六曜 制로〉, 새 마음運動 等을 새로이 構想하여 整理를 했다. 이 새로운 作品들은 實現로 實用化가 되면 좋겠다.

물의 攝理

1. 물은 아래로만 흐른다.	— 低姿勢로 아래 흐르기를 한다.
2. 물은 萬物들을 키운다.	— 地球의 生物體을 育成을 한다.
3. 물은 무엇에도 따른다.	— 拘碍나 바람 없이 適應을 한다.
4. 물은 變化가 無雙하다.	— 비 눈 서리 이슬로 變化를 한다.
5. 물은 循環과 流通한다.	— 人體 內에서 新陳代謝를 한다.
6. 물은 六 恩惠 中 하나다.	— 自然 攝理로 恩惠 役割을 한다.

물이 하는 役割들이 대단히 많은 데 아무런 代價도 없이 奉仕만을 한다. 물을 必須로 하는 모든 生命體는 물의 役割에 對해서 感謝를 하여야 한다. 왜 洪水가 일어나는가. 不合理한 條件을 除去하기 爲해서이다. 물은 自然의

攝理대로 하였을 뿐이다. 그러므로 治山 治水를 잘하여서 事前에 被害를 豫防하여야 한다.

四角形 休紙의 品位 維持 使用

只今 切斷 四角形 休紙를 많이 使用하고 있다. 1次 使用 後 접어서 놓았다가 再 使用 後에 버림으로 品位를 維持하자는 것입니다.

~~접어놓은 三角形의 結合 合理性~~

四角形을 兩分한 二等邊 三角形(△ ▽ ◿)의 結合하는 方法은 多樣하며, 均衡을 잡아주는 여러 가지 形態의 模樣을 보여준다. 참으로 奇妙하다. 몇 가지를 例示해 봅니다.

하나의 等邊三角 − △ − 二等邊 正 三角形
둘의 兩分三角 − ▽◿ = ▱ − 正 四角形
넷의 兩分三角 − ▱ ◸◺ = ◻−合成角形
多數 等邊三角 − △ ▱ ◻ − 多樣 結合形

以上과 같이 二等邊 三角形으로 이루어지는 모든 構成은 均衡이 잡혀져 있는 여러 가지 形態를 이루어 준다. 三角形은 安定을 이루는 基礎 形틀입니다.

▽ ◻ ◺ ◿ △ ▱ ◻

妙하지요. 모두 均衡이 잡힌 配列입니다. 멋지지요.

빛의 攝理

1. 빛은 太陽이 供給한다. - 太陽은 唯一하게 빛의 供給을 한다.
2. 빛은 萬物을 키워준다. - 地球의 生物體를 育成 成長을 한다.
3. 빛은 공짜로 보내준다. - 無償 代價로 公平하게 傳播를 한다.
4. 빛은 形態가 없습니다. - 太陽界에 가득히 채워 供給을 한다.
5. 빛은 事物을 보여준다. - 빛으로서 世上萬事를 보게 한다.
6. 빛은 六恩惠 中하나다. - 自然 攝理 代價없이 布施를 한다.

빛이 없다면 어두워 살 수가 없고, 아무것도 볼 수도 없으니 生活을 할 수가 없다. 生物體 成長의 絶對 必須條件인 데도 無償이다. 樹木은 빛이 비치는 쪽으로 더 기울면서 成長을 한다. 人間 亦是 햇볕을 쬐이지 않으면 살 수가 없는데도 無關心하다. 빛의 代價를 支佛할 데도 없지만 빛에 對한 고마움만이라도 간직을 하여야 한다.

바람의 攝理

1. 바람은 形態가 전혀 없다.－形態는 없어도 움직이며 機能을 發揮한다.
2. 바람은 繼續 불고만 있다.－끊임없이 움직이면서 生命體를 보호한다.

3. 바람은 꽃의 交接도 한다.-草木의 꽃을 中媒하여서 씨앗을 안게한다.
4. 바람은 正義롭기도 하다.-强한 함으로 不實施設과 樹木을 除去한다.
5. 바람은 循環 融通을 한다.-人間 世上을 流通하면서 融和를 하게한다.
6. 바람은 六恩惠 中 하나다.-自然攝理 恩惠 中 하나인데 關心없게 한다.

바람이 自然 攝理로 우리 人間에게 恩惠를 베풀고 있는데도 너무나 無關心하고 있다. 이제라도 바람의 恩惠를 깨닫게 되었으니 이에 對 해서도 感謝를 하여야 한다. 왜 颱風이 부는가? 不合理하게 造型을 한 條件들을 除去하기를 爲 해서이다. 우리는 이의 理致를 받으며 合理的인 構造物로 構築을 하여야 한다. 바람은 代價없이 自然 攝理에 順應을 하고 있을 뿐이다.

소리〈音聲〉의 攝理

소리는 自然攝理에 따라 나는데 動物이 發生하거나, 自然現象에서 發生하며, 보이지는 않지만 形態가 變動을 하면서도 소리가 난다. 소리는 사람은 태어나면 "아"하고 소리를 낸다. 一種의 靈長 人生 誕生의 信號이다.

사람은 말, 노래, 우는소리〈훌쩍 훌쩍〉와 多樣한 形容詞와 흉내 소리들을 驅使를 한다. 짐승들이 내는 소리는 짖는다. 또는 운다고 表現한다. 멍멍, 꿀꿀, 음매, 꼬꼬, 야옹, 깍깍, 까옥 等 짐승들은 나름대로 제 特性에 맞는 獨特한 소리 들을 낸다. 바람 부는 소리 等 소리는 多樣하다. 그런데 짐승들이 내는 소리는 운다고 한다.

사람이 운다는 소리는 사람이 슬플 때에 내는 소리다. 짐승들이 운다는 것은 그들 나름대로 必要하여서 내는 信號 소리일 뿐이다. 짐승이 소리를 낸다로 하여야 한다. 이것을 分明이 區分을 해야 한다.

生體界의 集團 攝理

動物, 植物 等 모든 生態系는 集團 體制이다. 이 中의 人間도 集團 體制이다.

人間으로서 集團 體制를 圓滑하게 運營을 하려다 보니 소리로 하는 말이 必要하게 되었다.

이 소리인 말을 記錄하려다 보니 文字가 必要하게 되었다. 소리는 입으로 한다. 그래서 文字를 소리 내는 입의 發音 發聲 位置의 模樣을 본떠서 만들게 되었다. 이것이 **인뷰문** 이다.

뿐만이 아니라 數字의 槪念이 또한 絕對로 必要함도 느끼게 되었다. 그래서 數人字의 呼稱을 決定했다.

數人字의 呼稱은 基本 數人字 와 合成 數人字로 區分을 했다.

基本 數人字는 0, 1, 2, 3, 4, 5, 6, 7, 8, 9의 열 單位로 하였고

合成 數人字는 10, 11, 12, 13, 14, 15, 16, 17, 18, 19의 열 單位로 했다. 所謂 十進法으로 整理를 한 것이다. 따라서 意思 疏通生活의 秩序를 維持하는 데 도움이 될 것으로 봅니다.

人生살이 六 原論

1. 形而 學的
物理學과 動物學의 形體를 가진 現實 그대로 인 것이다.
2. 六何 原則
누가, 무엇을, 언제, 어디서, 왜, 어떻게든 處理하는 것이다.
3. 幾何 學的
事物의 形象, 位置와 空間 性質 調和의 妥當性인 것이다.
4. 思考 合理
생각하고 窮理가 思惟와 象徵的으로 맞는 觀念을 한다.

5. 體得 完成

體驗하여 얻은 것을 바탕으로 어떠한 結論 完決을 한다.

6. 事必 歸正

事事件件으로 行實 함은 반듯이 正當하게 歸結을 한다.

人間으로서 模範된 生活을 하려면 지켜야 할 鐵則인데 이것이 대단이 어렵다. 그렇다고 放任을 할 수도 없다. 모든 것은 六으로 完成이 되기 때문이다. 적어도 六 原則만은 지켜야 한다. 다시 말하면 모든 것은 반드시 전화위복이 뒤를 따르게 된다. 열심히 하시라. 이것이 自然의 攝理인 것이다.

네 가지만이라도 共用을 합시다

첫째가 먹고 사는 方式이다.

多樣한 民族이 多樣한 地域에 살면서 多樣한 食 材料로 多樣한 方式으로 多樣한 飮食을 調理해서 多樣한 生活을 하고 있다. 그러나 살아가기 爲해서 먹는 것은 共通이다. 살기 爲해서 숨을 쉬고, 살기 爲해서 물을 마시고, 살기 爲해서 햇볕을 쪼이고. 바람의 流通 속에서, 배우거나 시켜서 하는 것이 아니다. 이것은 自然의 攝理일 뿐이다. 動植物이 이에 順應하는 것도 當然한 理致일 것이다.

둘째가 數ㅅ字의 活用이다.

어느 民族도 數ㅅ字의 槪念은 같다. 萬若에 數ㅅ字의 槪念이 다를 때를 생각 해 보았는가. 아마 混亂이 일어 날 것이다. 그래서 數ㅅ字는 共通으로 使用하여야 한다고 본다. 數ㅅ字는 十進法으로서 現在의 1 2 3 4 5 6 7 8 9 10을 0 1 2 3 4 5 6 7 8 9 의 十進法으로 하자는 것이다. 0 1 2 3 4 5 6 7 8 9 가 基本 數ㅅ字이기 때문이다. 天符經의 理致이다.

셋째가 六曜 달曆 使用이다.

識者인 人間으로 生活을 하려면 달력을 使用하여 計劃을 세우고 約束을 한다. 그래서 한 가지의 같은 달력을 共通으로 使用해여야 한다.

現在는 十二枚의 달력을 같이 使用하고 있다. 그런데 每月의 日字와 曜日이 달라서 記憶하기가 어렵다. 現在의 七曜日 12枚 달력을 六曜日 1枚 달력으로 改善하여 每月의 日字와 曜日을 같게 하여 1枚로 만들었다.

얼마나 쉽고 簡便한가. 따라서 休日이 줄어서 無聊(무료)의 달램과 浪費를 防止하며 反面 勤務 日數가 增加하여 意慾과 生産 增進에 寄與를 할 수가 있다고 본다.

넷째가 **인뉴문v**가 共通이다.

여기에서 文字의 共通도 생각을 해 볼 수는 있으나 强要는 할 수가 없다. 다만 이제 **인뉴문v**가 創案이 되었으니 勸誘를 해 볼 만하다. 그러나 希望 事項이다.

人體 六 役割

1. 위의 구멍은 맞추어서 사랑을 하고
2. 아래 구멍은 맞추어서 授受을 하고
3. 앞의 구멍은 殘餘物을 排泄을 하고
4. 뒤의 구멍은 老廢物을 排泄을 하고
5. 위의 手腕은 取得해서 技巧를 하고
6. 아래 肢足은 支撐해서 行步를 하고.

造物主가 人間에게 만 주신 膳物이오니 充分이 活用하세요. 特히 人間은 手腕 技能 재주에 感謝해야 합니다.

새 政府에 建議할 案件

1. **인뉴문다** 採擇
2. 六曜 曆 採擇
3. 새 마음 運動 展開
4. 選擧 制度 改善
5. **인뉴문다**와 漢[桓]字 敎育〈初等學校부터〉
6. 悠久한 우리 歷史의 定立과 敎育
7. 國漢文 混用〈文化暢達과 東洋圈 國家 間의 意思疏通〉
8. **인뉴문다** 世界化 推進
9. 六曜 曆 採擇 世界化推進

堤鳳이 즐겨 먹는 天然 食品

1. 소금 2. 마늘 3, 양파 4. 雜穀 밥 5. 대추 6. 밤

堤鳳이 엮어 놓은 3가지 作品의 提議

1. **인뉴문다**[人類文字]의 創案 2. 六曜 曆 制度의 創案 3. 새 마음 運動 提唱의 3가지는 現實化가 되면 좋겠다. 가장 合理的인 實用 事項이기 때문이다.

春夏秋冬의 생긴 用語

溫帶地方 中에서 北緯 3, 40度 地帶인 韓半島에서만 享有하는 自然의 景觀과 惠澤을 表現한 말들이다.

봄철=春

春　耕 : 봄철에 植栽를 爲해서 논과 밭을 가는 것.

春　景 : 봄이 되면 森羅萬象이 잎 피고 꽃 피는 것.

春　季 : 立春부터 3個月 間의 季節을 말하는 것.

春　困 : 봄이 되면 公然이 疲困하고 힘이 드는 것.

春　窮 : 봄에 食糧이 떨어진 배꼽 품을 뜻하는 것.

春　蘭 : 봄에 피는 蘭草의 꽃은 香氣도 좋다는 것.

春　夢 : 人生을 살면서 헛되게 꾸는 꿈을 이르는 것.

春府丈 : 남의 父親을 尊稱해서 부를 때 使用하는 것.

春　分 : 봄 氣運이 旺盛하고 낮과 밤이 같다는 것.

春分點 : 太陽이 南緯에서 北緯으로 넘어온다는 것.

春　色 : 봄의 아름다운 景致 女子 心情 이르는 것.

春　心 : 봄 情緖는 異性 그리며 追慕를 한다는 것.

春　蠶 : 봄에 피는 뽕잎으로 누에를 키운다는 것.

春　情 : 異性 間의 性的인 欲情을 일으킨다는 것.

春　秋 : 봄가을을 나이를 세는 單位로 쓰이는 것.

春　風 : 봄바람과 가을비 지난 歲月을 이르는 것.

春　花 : 봄엔 꽃 가을엔 自然 風光을 이르는 것.

春　畵 : 봄꽃 그림 좋아하듯 美女像을 이르는 것.

春　興 : 봄에 自然과 함께 생긴 興趣를 이르는 것.

여름=夏

夏　穀 : 여름철에만 거두어 들이는 穀食類를 말한다.

夏爐冬扇 : 여름철의 부채와 겨울철의 煖爐를 말한다.

夏扇冬曆 : 여름철 부채와 겨울철 해 冊曆을 말한다.

夏安居 : 여름 석달 동안을 중의 修道參禪을 말한다.

夏　蠶 : 春蠶과 같이 七八月에 치루는 農蠶을 말한다.

夏　至 : 北半球 中 낮이 길고 밤 가장 짧음을 말한다.

夏至線 : 北緯 23度 5分에 다다른 夏至임을 말한다.

夏蟲疑氷 : 여름 벌레는 여름을 믿지 않음을 말한다.

夏　海 : 여름의 넓고 큰바다는 豊足한 處世를 말한다.

가을＝秋

秋耕 : 봄같이 가을에도 씨 심고 싶을 뿐이다.

秋景 : 봄은 꽃 가을은 丹楓을 이르는 말이다.

秋季 : 가을이 짙어 끝날 무렵인 가을철이다.

秋穀 : 가을에는 여문 穀食을 거둬들임이다.

秋旻 : 蒼生을 돌봐주는 어진 가을 하늘이다.

秋分 : 가을이 完然해 낮과 밤이 같아짐이다.

秋思 : 가을철에 느껴지는 쓸쓸한 感情이다.

秋霜 : 가을철의 서리 같은 節槪를 이름이다.

秋扇 : 사랑을 잃는 女子나 철지난 事物이다.

秋聲 : 가을을 느끼는 잎 떨어지는 소리이다.

秋收 : 가을에 穀食을 거두어 드리는 일이다.

秋夜 : 가을의 긴밤을 그리워 보는 心情이다.

秋情 : 가을情趣에 人生을 되새겨 본 것이다.

秋播 : 은은한 正을 보내는 사랑의 마음이다.

秋波 : 은근한 情을 보내는 女子의 눈빛이다.

秋風 : 勢力 權力이 바람에 떨어지는 잎이다.

秋毫 : 매우 적은 털 가리 같은 行實을 말이다.

秋興 : 가을 情趣에 빠져 興겨워 하는 것이다.

겨울=冬

冬　季 : 氣溫이 떨어지고 눈이 내리는 時節을 말한다.

冬臘月 : 冬至 달과 섣달과 臘享 月이라고를 말한다.

冬　眠 : 動物이 추우면 洞窟에서 잠자는 것을 말한다.

冬白蝦 : 겨울철에만 잡은 아주 작은 새우를 말한다.

冬氷可折 : 事物을 다룰 때는 맞추어야 함을 말한다.

凍氷寒雪 : 물은 얼어 썰매 타고 눈 찬바람을 말한다.

冬扇夏爐 : 時節에 안마저 쓸모가 없는 것을 말한다.

冬雪景 : 흰 눈이 온 天地덮혀 고요한 光景을 말한다.

冬雪花 : 푸른 솔 잎위에 소복이 쌓인 눈꽃을 말한다.

冬　心 : 추워져서 戀情이 울어 나지가 않음을 말한다.

冬安居 : 중이 겨울 3個月 間 修道하는 것을 말한다.

冬　至 : 北半球 中 낮이 길고 밤이 가장 짧음을 말한다.

冬至線 : 해가 南으로 갔다 北으로 오는 線을 말한다.

冬　靑 : 闊葉樹로 겨울에 獨也靑靑하는 것을 말한다.

冬　蔥 : 겨울 동안에 움막 속에서 자란 파類를 말한다.

以上의 用語들을 살펴보면서. 春夏秋冬의 完然한 風光을 感想할 수 있는 이 나라에 살면서 느껴지는 感懷는 어디에도 비길 데가 없다. 봄의 生動과 育成함을 第一로 좋아하였고 가을의 景色과 情趣를 즐겼으며 다음으로 겨울의 雪景과 風光을 자랑을 하면서도 여름은 別로 즐기지 않았음을 알 수가 있다.

當然하다는 思考를 遵守하자

當然의 뜻은 "理致로 보아서 마땅히 그러하다는 意味"이다. 다시 말하면 모든 與件은 六何原則과 合理的으로 이루어져야 한다는 것이다. 그런데도 無視하는 用語로 取扱을 하고 있다.

人間이면 當然하게 構想을 하고 當然하게 事理를 處理하여야 한다. 우리가 當然하게 한 行實에 對해서 는 보람을 느낀다.

當然은 人間 處世의 基本用語이 오니 遵守를 하도록 하시라.

怨恨의 事件이 일어난 날의 呼稱

1. 3·1節 : 帝國主義侵略에 抗拒를 한 獨立 運動
2. 4·3 : 反政府徒黨 掃蕩中犧牲된良民 追慕日
3. 4·19 : 政權維持 爲한不正 選擧에 抗議 義擧
4. 5·16 : 政治紊亂是正을 爲한 秩序 維持 革命
5. 5·18 : 北傀의 支援받으며 政府에 抗拒 한날
6. 8·15 : 自由民主義 大韓民國 建國 한 記念日

老人處世 明心寶鑑 12項目

1. 부르는 데 있거든 無條件 달려가라. 불러도 안 나가면 다음부터 부르지 않는다.

2. 아내와 말싸움이 되거든 無條件 져라. 女子에게는 말로서 이길 수가 없고, 或是 이긴다면 그건 더 큰 問題다. 小貪大失이다. 밥도 제대로 못 얻어먹는 수가 있을 것이다.

3. 일어설 수 있을 때 걸어라. 걷기를 게을리하면 "일어서지도 못하게 되

는 날"이 생각보다 일찍 찾아올 것이다.

4. 남의 慶弔事에 나갈 때는 第一 좋은 옷으로 차려입고 나가라. 차림새가 추레하게 하고 다니면 남들은 "저 兩班 요즘 形便이 나쁜가." 하는 생각을 하게 된다. 내 차림새는 나를 爲한 뽐냄이 아니라 남을 爲한 配慮이다.

5. 더 나이 먹기 前에, 아내가 말리는 것 말고는 뭐든지 始作을 해보라. 一生 中에 只今이 가장 젊은 때다. 아내가 積極 못 하게 하는 것이 셋. 吸煙, 오토바이, 스키 타기이다.

6. 감자는 굵은 것부터 먹고, 옷은 좋은 것부터 입고, 말은 좋은 말부터 하라. 좋은 것만 하여도 할 날이 얼마 남지 않았다.

7. 누구든지 도움을 請하거든 無條件 도와라. 나 같은 사람에게 도움을 청하는 사람이 있다는 것을 感謝하게 생각하자.

8. 안 좋은 일을 當했을 때는 "이만하길 多幸이다." 라고 생각을 하고, 믿었던 사람에게서 背信을 當했으면 그럴 수도 있을 것이다. 오죽했으면 그랬을까 하고, 젊은 사람에게 無視를 當했으면 그러려니 하면서 살자.

9. 凡事에 感謝를 하면서 살자. 적어도, 세 가지는 感謝를 할 줄 알아야 한다.

나를 낳아서 키워준 父母에게 感謝하고, 이날까지 밥 먹고 살게 해준 職場에 感謝하고, 한 平生 內助하느라 苦生한 아내에게 感謝하자. 이 세 가지에도 感謝함을 모른다면 사람의 道理가 아니다.

10. 나이 들었어도 體面과 人氣 있기를 維持하려면 입은 다물고 지갑은 열어라.

孫子 孫女 만나면 용돈을 주고, 後輩들이나 周邊 親知들에게는 가끔 한 턱을 쓰고, 아내와는 外食을 자주하라.

11. 어떠한 境遇에라도 可能한 限 즐겁게 살자. 즐겁게 사는 것은 마음먹기에 달렸다. 決코 狀況에 달린 것은 아니다. 아프더라도 그 아픔을 즐기자 幸福은 肯定에서 始作되고, 感謝와 함께 자라고, 사랑으로 完成이 된다.

12. 생각이 났을 때 바로 하자 생각이 나지 않아서 못 하는 것이야 어쩔 수 없다고 하더라도 생각이 나는 데도 미루다가 하지를 못하는 것은 아까운

일이다.

그리고 이제 그대에게는 미룰만한 時間도 그리 많지 않다.

몇 번을 읽어도 좋은 글

性格은 얼굴에서 나타나고 本心은 態度에서 나타나며 感情은 音聲에서 나타난다. 센스는 옷차림에서 나타나고 淸潔은 머리카락에서 나타나며 섹시함은 옷맵시에서 나타난다.

그리하여 사랑은 이 모든 것에서 나타난다고 한다. 慾心은 부릴수록 더 부풀어지고, 미움은 가질수록 더 거슬리며, 怨望은 보탤수록 더 興奮하고, 아픔은 되씹을수록 더 아리며, 괴로움은 느낄수록 더 깊어만 지고, 執着은 할수록 더 질겨지는 것이니 否定的인 일들은 모두 지우는 게 좋다. 지워버리고 나면 번거롭던 마음들이 便安해지고 마음이 便安해지면 사는 일이 언제나 즐겁다.

稱讚은 해줄수록 더 잘하게 되고 情은 나눌수록 더 가까워지며 사랑은 베풀수록 더 애틋해지고 몸은 낮출수록 더 謙遜해지며 마음은 비울수록 더 便安해지고 幸福은 더 커지는 것이니 平凡한 日常 生活에서도 언제나 感謝하는 마음으로 즐겁고 밝게 사는 것보다 더 좋은 게 또 있을까?

當身은 恒常 생각나는 사람이다. 그런 當身이 오늘도 幸福했으면 좋겠다.

便器 坐定 所感

平凡한 生活 日常中에서 用便을 하게 됩니다.
座便器가 體形에 맞아서 便安을 느껴 봅니다.
便器에 安定하게 앉아서 生理를 處理 합니다.
서둘지 않으면서 一에서 六十을 세게 됩니다.

그러면 便安하게 마음의 安定을 갖게 됩니다.

小便 때도 可及的 便器에 앉아서 누게 합니다.

1. 座便器에 便安하게 坐定을 하고서
2. 排泄物들을 處理하여 氣分이 좋으니
3. 온全身의 느긋함을 가지게 됩니다.
4. 몸에 맞는 便器構造 使用을 하면서
5. 사람으로 사는 맛을 새롭게 느끼니
6. 座便器에 다시 한번 感謝를 합니다.

잊지 못하는 그리움

1. 내가 태어난 故鄕의 山川 草木
2. 어머니의 포근한 젖가슴의 품
3. 아버지의 듬직한 包容의 愛情
4. 어릴때 天眞하고 爛漫한 時節
5. 思春期 時節의 戀愛하던 단꿈
6. 親한 親舊들과 虛心坦懷 討論

　　내 故鄕, 어머니, 아버지, 同期 同窓, 思春 情緒. 親舊交感 虛心 坦懷 놀던 時節 들이 그립습니다. 이것이 누구나 겪어보는 人生살이가 아니겠는가. 그런데 늙어 가면서 더욱 느껴지는 그리움입니다.

同以 不和

- 朝鮮日報-

齊나라 景公이 말을 했다. "오직 自由만이 나와 氣分이 和合한다[和]."라고 하니 晏子가 對答하기를 "自由는 景公에게 氣分을 같게 하는 것[同]. 일 뿐인데, 어찌하여 이것이 和合이 될 수가 있겠습니까?" 라고 하였다. 이에 對해 景公이 "和와 同이 다른가?"라고 하니 晏子는 이렇게 對答을 하였다.

"다릅니다. 和는 국을 끓이는 것과 같아서 물에 초, 젓갈, 소금, 梅實에 다 삶은 生鮮이나, 고기를 넣고 나무로 불을 때면서 料理師가 그것을 調和를 하며 맛을 고르게 하기 爲하여 모자라는 것은 더 넣고 많은 것은 덜어내어 국을 만듭니다." 그런 다음에 이것을 君子가 먹고는 氣分이 좋아 마음을 和平하게 가집니다.

임금과 臣下 사이에도 그러합니다. 임금이 옳다고 한 것도 그것이 잘못된 것이면 臣下가 그 잘못됨을 말씀드려 옳게 만들어 나가고, 임금이 그르다고 한 것도 그것이 옳으면 臣下가 그 옳음을 말씀드려 틀린 것을 고쳐 나가야 합니다.

이렇게 하여야 政治가 公平해져서 서로 間의 衝突이 없어지고 百姓들도 다투는 마음이 없어지게 됩니다. 그러므로 詩經에 이르기를 "調和를 이룬 맛의 국이 있어 이미 警戒하고 이미 고르게 하였다네." 하였습니다. 그런데 只今의 現實은 그렇지 않습니다. 大統領이 옳다고 하면은 따라서 옳다고 하고 그르다고 하면 덩달아서 그르다고 합니다. 이는 마치 물에 물을 더 타는 格이니 누가 그 飮食을 먹겠습니까. 거문고 소리에 調和가 없는 한 가지 소리만 켜는 것과 같은 格이니 누가 그 소리를 듣겠습니까. 和와 同에서 同이란 것이 옳지 않음이 이와 같습니다.

이에 對해서 孔子는 "君子는 和而不同하고 小人은 同而不和한다."고 말을 했다.

人間의 體格과 行實

1. 벌어진 어깨의 健壯한 體格이 사나이의 威嚴이다.
2. 雙曲線 허리의 豊滿한 웅덩이 女性만의 容態이다.
3. 男女가 둘이의 結合한 것이니 子息들의 生産이다.
4. 人類가 不滅의 處世한 것이니 人間만의 道理이다.
5. 大自然 攝理의 遂行한 것이니 眞心만의 感謝이다.
6. 天符經 理致의 根本한 것이니 마땅함의 行實이다.
人間도 自然의 攝理로 태어난 하나의 動物일 뿐이다.

靈長으로서 倫理와 道德을 지키는 知性의 動物로서 모든 것들을 支配와 管理를 하고 있다. 人間다운 行實로 참된 處世를 하는 것이 順理에 맞는 道理일 뿐이다.

不義의 終末

1. 하늘을 代身해서 不義를바로 잡겠다고 하면서
   宣誓를 하고서 始作을 하였다.
2. 홍콩을 擊破를 하고 마니라까지 進擊을 하면서
   신가폴 하늘에 日章旗 달았다.
3. 太平洋을 制覇를 하고 호노루루 攻擊을 하면서
   二次戰 始發의 誘引이 되었다.
4. 日本國의 侵略根性 野心이 들통이 나게 되면서
   本然의 黑心이 確實히 보였다.
5. 不義退治의 名分이 侵略行爲로 認定이 되면서
   저지른 잘못이 明確해 졌도다.
6. 結局에은 日本野慾 支配의 終末이 되면서

모든것 事必의 歸正에 맞았다.

떳떳하지가 못하여 結局에는 不義는 亡한다는 終末을 가져오게 되었으니 正義로운 世上을 具現하여 봅시다.

日本國의 野慾

1. 하늘이 준 命題라 하며 弱小國을 侵略을 하면서
2. 太平洋을 制覇를 하며 호노루루 攻擊을 하였다.
3. 二次大戰 誘發을 하며 全世界가 不安을 하면서
4. 不義犯罪 代價라 하며 原子彈의 洗禮를 하였다.
5. 類例없는 受侮를 하며 敗戰國의 經驗을 하면서
6. 저지른 罪 反省을 하며 自立成就 繁榮을 하였다.

섬나라 弱小國家였지만 先進國을 배워서 國力이 伸張이 되면서 敢이 世界를 制覇 하겠다고 저지른 拙劣한 蠻行은 結果的으로 原子彈의 洗禮를 받음으로 蠻行의 本보기로 끝을 매게 되었다.

知性人의 行實

사람이 사람답게 살려면
1. 可及的〈될수 있도록 하여서〉이면 · 能力을 發揮하게 勞力을 하자.
2. 善行實〈착한 일들을 하여서〉이면 · 目的를 成就하게 助力을 하자.
3. 人間像〈사람 되도록 하여서〉이면 · 마땅히 道理맞게 處身을 하자.
4. 六忍耐〈苦盡 敢耐를 하여서〉이면 · 萬事가 亨通하게 成就를 하자.
5. 模範型〈부끄럼없이 하여서〉이면 · 寬大히 實行하게 容恕를 하자.

6. 經處世〈經驗엮이게 하여서〉이면 · 사람의 道理답게 布施를 하자.

사람이 知性人으로 萬物의 靈長인 人間답게 살기를 願한다면 어려움을 忍耐하는 修行을 하여야 한다. 쉬운 일은 아니지만 勞力을 하면 된다.

人生살이 變則을 하면 僞善

90歲가 지나 보니 나름대로 느껴지는 것들이 많다. 그래서 後世에게 부끄럼이 없이 傳授를 해야 할 일과 말이 무엇인가를 생각하다 보니 體驗을 보탬이 없이 事實 그대로 記錄하여 傳授하는 것이다. 評價는 그들의 몫이다. 空然이 老年을 誇示하지말라. 다 같이 누구나가 겪는 過程일 뿐이다. 人生은 一場春夢이라고 하니 無理 없이 가진 것들은 모두를 傳授를 하면서 後悔 없는 餘生을 즐겁게 마치게 하는 것이다.

現實을 理解하자

長期間 去來를 하든 複寫와 名銜을 印刷하든 집에 나의 좀 色다른 名銜 印刷를 依賴했는데 내 뜻대로 못 해주겠다는 것이다. 좀 特異 한 것은 事實 이다. 그러나 그동안의 信義와 去來로 모든 것을 받아들일 것으로 생각했는데, 그의 計算은 귀찮다는 것이다. 나는 그의 奉仕 精神이 안타깝다. 몇일 후에 다시 찾아가서 설득 이해를 시키고 더 돈을 주기로 하고 내 뜻대로 名銜을 付託했다.

다음에 理髮所에 들려서 고맙게 理髮을 40分만에 마쳤다. 그런데 9,000원 하던 것이 10,000원이란다. 前番까지는 9,000원을 하여 1,000을 奉仕料로 주었는데 그것이 안 되었다. 그런데 뒤 손님이 없어서 對話를 좀 하자고

앉아서 나의 人生觀을 이야기를 하는 中에 손님이 왔다. 그러나 손님을 좀 기다리라고 하고 이야기를 繼續하려고 했으나 듣지를 않고 손님을 맞이한다. 나의 空然한 老婆心이었다.

그의 職業意識을 理解하고 집으로 왔다. 實利의 理解 關係를 새삼스럽게 느꼈다.

손과 발의 뼈는 많은 마디로 되어 있다

손과 발의 뼈는 많은 마디의 關節로 되어 있어 柔軟性있게 動作과 自由롭게 技能 作用을 한다. 왜 그럴까. 頭腦는 構想은 하는 데 實現을 못 한다. 이를 代身하여 技能을 發揮해 주는 것이 손과 발이다. 그래서 손과 발에는 頭腦의 構想을 實現해주는 技能을 各 뼈마디가 擔當하여 代行을 한다고 본다.

그래서 손과 발은 많은 뼈마디로 되어 있으며 構想의 名稱이 붙어있다. 참으로 神奇하다. 造物主에게 感謝를 해야 한다. 動物도 손과 발이 있지만 못하고 있다. 그래서 頭腦와 손을 活用하는 人間이 靈長으로 萬物을 支配하고 引導하고 있는 것이다.

世界 人類의 平和 世上 形成

1. 韓美日이 結束을 하고
2. 人類文字 共用을 하니
3. 世界人類 共助을 하고
4. 平和世上 形成을 하니
5. 人種葛藤 無用을 하고
6. 이제서야 和平을 하니

비로소 사람의 사는 멋을 참으로 알게 되었다. 人類의 所望인 自由 民主 平和의 共存으로 融合하면서 보다 便安하게 사는 것이 第一의 所願 일 것이다.

다같이 私心없이 協力 相扶相助로 幸福하게 사는 世上을 이룩하자.

職 業

1. 農 産業

農業은 體力과 勞力만으로 食糧을 取得하는 職業이었다. 前 時代에는 無識하거나 弱小民들이 主로 從事했는데 只今은 知能 發達로 機械化 營農이 發達하면서 비닐하우스 營農 等으로 企業化가 되어 富農을 誇示하고 있으며 많은 歸農者가 續出하고 있다. 좋은 現狀 이라고 본다. 그래서 農事는 "農者 天下 之 大本"이라는 成語가 생긴 것 같다.

2. 水 産業

淡水나 海水 中에서 자라는 草食物 類를 潛水 人力만으로 採取를 하여 供給을 하는 職業이었는데 主로 海女들만의 專用業이었다. 그런데 只今은 技術的으로 裝備를 갖추고 裝備들을 開發하여 企業化로 養殖을 經營하면서 良質의 食品을 大量으로 生産하여 廉價로 供給을 하고 있다. 政府 次元에서 支援을 하여야 할 事業이다. 歸鄕해서 한번 해보시라.

3. 魚 養業

淡水나 海水 中에 棲息하는 魚類를 人力이나 微弱한 器具로 捕取를 하여 食用으로 供給응 하고 있었다. 只今은 現代化로 大形裝備를 갖추어 捕獲하거나 投資하여 養殖業으로 企業化하여 豊富하게 供給함은 勿論 大企業으로 成長하고 있다. 그래서 歸魚民이 많아지고 있다. 繼續 獎勵하며 支援을 하시라.

4. 林 産業

山野나 不毛地나 廢墟 用地에 收益性 草類나 나무를 栽培하여 收入을 取得하는 職業이다. 예전에는 없던 職業이다. 그러나 只今은 經濟力이 潤澤해지고 周圍의 環境을 調和하여 生命 維持에 도움이 된다고 하여 많이들 呼應을 하고 있는 實情이다. 그런데 收益性이 높은 職業은 아직 아니지만 獎勵를 하여야 한다고 본다.

5. 組織業

國家經營 組織體나 企業體나 個人이 아니고 多數人이 結合하여 運營을 하는 말하자면 團體組織으로 形成된 職業이다. 여기에는 命令과 服從이 있으며, 合意와 討論의 導出이 있게 된다. 只今은 組織經營 時代임으로 많이 盛行하고 있다. 그런데 問題는 私利私慾이 盛行하는 것이 問題이다. 이것을 排除하는 合理的인 協力 體制가 마련이 되어야 한다고 본다. 그래서 相扶相助를 하면서 共同 利益을 追求하여야 한다.

6. 個人業

누구나 個人의 特技로서 職業을 經營 할 수 있다. 그 特技 技能으로 보다 빠르게 活性化를 하여 組織體 企業보다 빨리 많은 成果를 올린다. 個人企業도 혼자서만 하는 것이 아니고 많은 사람을 起用한다. 그러면 職員들의 助言을 收斂하여 反映을 하시라. 그러면 더욱 빨리 發展을 하게 된다. 問題는 個人의 榮位로 끝낼 것이냐 아니면 어디에 寄與를 할 것이냐가 關鍵이다. 布施을 하도록 勞力하시라.

職業에는 貴賤이 없다. 누구나 가진 能力대로 營爲하는 事業이다. 自身感을 가지시라. 이것이 自由 民主主義의 標本이다. 能力껏 發揮를 하여 봅시다.

生命 攝理 定理

望百을 살면서 生命體의 攝理를 定理 하여 보았다.

自然의 攝理로 태어난 生物體는 모든 것에 感謝하고 順應을 하면서 負擔 없이 잘 살아가고 있다.

모든 生物體는 六 恩惠로 成長하고 있다. 이 中에서 다섯 가지는 공짜이고 먹거리만은 공짜가 아니다. 勞力을 하여야 얻어지는 것이다. 그렇다면 먹거리만은 絶對로 버리지 말고 알뜰히 먹어야 한다.

只今 먹거리는 알맹이만을 먹고 補助物〈껍질〉들은 버리고 있는데, 營養價로 본다면 알맹이와 같지 않을까 생각한다. 그래서 이 補助物들도 먹을 수 있는 方法을 研究하여 보자는 것이다.

假令 補助物들을 삶아서 국물을 먹는다거나 볶아서 가루로 만들어서 茶로 마시는 等 버리지를 않고 먹을 수 있는 方法을, 構想을 하여 봅시다. 그러면 버릴 것이 적어지면서 쓰레기가 줄어드니 얼마나 便利합니까. 一擧兩得이 아니겠는가!

陸地 動物

陸地에서 살고 있는 動物들은 多樣하다. 제 나름대로 生存하기 爲하여 食物을 取得하는 技能을 가지고 活用하고 있다.

1. 二腕手 二肢足 人間
2. 四肢足 動物
3. 二肢 二翼 鳥類
4. 四雙肢 거미
5. 多肢足 昆蟲
6. 날개 달린 昆蟲 類

陸地에 사는 動物들은 生存을 爲하여 食物을 取得하는 技能을 가지고 있다. 人間은 腕手로 食物을 取得하고, 四肢動物들은 大槪가 입으로 直接 取得을 하는데 코끼리만은 긴 코로 取得을 한다. 鳥類는 주둥이의 긴 부리와 三足爪로 取得을 하고 昆蟲 類는 입으로 直接 吸收를 하거나 긴 혀로 잡아 먹는다고 한다. 나름의 技能 役割이 참으로 神技하다. 이것이 造物主가 주신 攝理이다.

消 化

消化란 取得 한 飮食物을 體內에서 吸收하도록 液體로 만들어 細胞에 依하여 利用이 될수 있도록 單純한 狀態로 變化시키는 物理的 化學的 作用 過程이란다. 飮食物을 입안으로 取得을 하면 어금니로 粉碎를 하면서 혀가 침을 버무려서 胃腸으로 보내면 胃腸은 膵臟에서 分泌液을 받아서 吸收가 容易하도록 더욱 調合을 하는 過程을 消化한다고 한다.

消化가 된 飮食物을 大腸으로 보내면 大腸에서 各 器官에 榮養 成分을 分配하여 健康을 維持시켜 주고, 찌꺼기는 小腸으로 보내 大小便으로 排泄을 한다. 이 過程 中에서 1次로 많이 씹어 粉碎를 하는 것이 消化를 돕는 第一의 役割이다. 40番 以上을 씹으시라. 消化劑가 必要가 없다.

電氣鐵道 開通 50周年 記念式에 參席한 所感

2023年 6月 20日 11時 電氣鐵道 開通 50周年 記念式에 招待를 받아 參席을 했다.

場所는 코리아나 호텔 7層 세미나室이다.

主催는 國土 交通部, 韓國 鐵道公團, 韓國 鐵道公社이다.

主管은 (社) 韓國 電氣 鐵道 技術協會와 한국 電氣鐵道 技術士 協會이다.

參席者는 上記 團體와 關聯된 任員과 職員으로 無慮 100餘 名이 넘는 것 같다. 電氣 車輛 技術者는 나 하나뿐이다. 1970年 6月 20日 電氣鐵道 開通 記念式에 電氣 機關車를 管理한 責任者였으니까!

電氣鐵道는 輸送機關으로 世上에 登場한 以來 最大의 技術 發展으로 볼 수 있다. 電氣鐵道는 車輛 線路 施設, 電氣 供給施設과 物資 輸送 車輛 裝備의 三 機關의 複合機構이다. 이 機構가 一體가 되어야 圓滿한 成功을 할 수가 있는 것이다.

電氣鐵道의 運用 歷程을 살펴보자.

- 1973年 6月 20日 中央線 電氣鐵道의 運用開始 테이프 切斷은 淸涼里 驛에서 電氣機關車 8001號 옆에 設置가 된 壇上에서 朴 正熙 大統領이 하셨다.
- 1974年 6月 20日 太白線 電氣鐵道의 運用開始 테이프의 切斷은 堤川 驛에서 電氣機關車 옆에 設置 된 壇上에서 金 鍾必 國務總理가 하셨다.
- 1975年 12月 5日 嶺東線 電氣鐵道의 運用開始 테이프의 切斷은 北坪驛에서 電氣機關車 옆에 設置 된 壇上에서 朴 正熙 大統領이 하셨다.

繼續하여 電氣動車의 國産化 開發, 電氣機關車의 國産化, 超高速 電氣列車인 KTX 列車의 開發 等 많은 發展을 하여 世界鐵道 分野의 先導國家가 되었다.

如何間 電氣鐵道 開通 50周年 記念式에 參席을 하고 보니 感懷가 새롭다. 盛饌의 會食인데도 飯酒가 없는 것이 좀 안타까웠다.

生命 攝理 定理

望百을 살면서 生命體의 攝理를 定理하여 보았다.

自然의 攝理로 태어난 生物體는 모든 것에 感謝를 하고 順應을 하면서 負擔 없이 잘 살아가고 있다.

모든 生物體는 六 恩惠로 成長을 하고 있다. 이 中에서 다섯 가지는 공짜이고 먹거리만은 공짜가 아니다. 勞力을 하여야 얻어지는 것이다. 그렇다면 먹거리만은 絕對로 버리지를 말고 알뜰히 먹어야 한다.

只今 먹거리는 알맹이만을 먹고 補助物〈껍질〉들은 버리고 있는데, 營養價로 본다면 알맹이와 같지가 않을까 생각한다. 그래서 이 補助物들도 먹을 수 있는 方法을 研究하여 보자는 것이다.

假令 補助物들을 삶아서 국물을 먹는다거나 볶아서 가루로 만들어서 茶로 마시는 等 버리지를 않고 먹을 수 있는 方法을, 構想을 하여 봅시다. 그러면 버릴 것이 적어지면서 쓰레기가 줄어드니 얼마나 便利합니까. 一擧兩得이 아니겠는가!

내가 아는 堤鳳 先生

- 蘆 重平 씀 -

2021年 4月15日은 내게는 뜻 깊은 날이다. 나와 함께 "한배달"이라는 歷史 文化 運動團體에서 함께 民族 歷史 文化運動에 10餘年을 같이 몸을 담았던 제봉(堤鳳)金 世煥 先生께서 九旬 人生을 살아오신 것을 紀念으로 執筆하신 『九旬 人生 主役』 題目의 册을 내게 주셨기 때문이다.

堤鳳 先生은 이 册을 發刊하기 以前에 다른 册을 發刊하여 내게 주신 것만 해도 6卷이나 된다. 한글 研究書가 折半이요. 中國과 東南亞를 踏查하며 쓰신 "歷史 文化 調査報告書"의 性格을 띤 유적답사기(遺蹟踏査記)가 折半이다. 册들은 모두 他人에게 付託하여 原稿를 쓰지 않고 꼼꼼하게 自筆로 쓰신 것들이다.

이 番에 發刊한 『九旬 人生 主役』은 『인생 독본(人生讀本)』의 性格을 많이 가지고 있는 册이다.

내가 처음 堤鳳 先生을 만났을 때는 1990年代 初盤으로 그때 堤鳳 先生은 우리가 結成한 歷史 天文學會 會長을 맡으셨다. 내가 副會長, 柳承求 氏가 事務總長이었다. 우리 學會의 性格은 會員이 大部分 돌아가면서 先生이 되거나 學生이 되어 工夫하는 性格의 學會였다.

只今은 歲月이 오래되어 活動이 中止되었지만 活動을 中斷한 後에도 會員들 여러分이 册을 써서 出版하는 等 自身의 關心 分野에서 文化 發展에 一助를 하고 있다.

堤鳳 先生이 歷史 文化運動에 발을 들여 노신 때는 鐵道廳 서울整備廠 長을 지내고 停年退職한 直後가 된다. 堤鳳 先生은 朴正熙 時代에 鐵道廳의 技術局長으로 現職에 奉職하였는데, 놀랍게도 自己 能力으로 이 나라의 鐵道와 歷史 發展에 크게 寄與를 하였다.

堤鳳 先生은 鐵道廳 技術局長으로 在職 時에는 國産 電氣機關車를 最初로 만들었고, 地下鐵을 開通할 수 있도록 大宇 車輛製作會社에 종용(慫慂) 協助를 하여 電動車를 만들 수 있게 하였다. 堤鳳 先生이 職員들을 日本에 데리고 가서 日本으로부터 電動車 만드는 技術을 調査 研究 檢討케 하여 短期間 內에 國內에서 電動車를 製作할 수 있게 하였다.

이 이야기는 世上에 잘 알려지지 않은 逸話이다. 나는 처음에 "한배달"에서 이 이야기를 들었을 때, 堤鳳 先生이 緘口하고 계셔서 그렇게만 알고 있었다. 그러나 나는 日本과 關係에서 大統領의 決斷없이 이런 일을 할 수 있다는 것이 不可能 할 것으로 생각되어, 朴 大統領이 이 일과 關聯이 있는지 없는지 늘 궁금하였다.

後에 알게 된 것이지만 오로지 주어진 職權과 職責의 任務로서 單獨으로 遂行 한 것을 알았다. 當時에는 公務員들이 愛國心이 透徹하였고, 國家 産業發展에 寄與를 한다는 自負心도 대단했을 때였다. 이런 點은 左傾化 되어 있는 只今의 公務員이 따라갈 수 없는 點이라 할 것이다.

歷史 天文學會를 紹介하면 우리가 "歷史 天文學"이라는 말을 처음 썼으며 只今은이 말이 普遍化가 되었다고 말할 수 있는 學會이다. 中國에서 1999年 北京空港을 開港하던 해에, 歷史 天文學會 會員들이 中國 民航機를 타고 6月 5日에 北京으로 가서, 太白山, 西安, 寶溪, 天水, 敦皇, 天山 等地에 있는 遺蹟 들을 踏査했는데, 이때에는 中國의 觀光루트가 開發이 되지 않았을 때였다.

그때 우리가 한 일은 中國에 없었던 歷史 文化 觀光루트를 開發하는 일이었다. 가이드들이 우리와 同行을 했는데, 이들이 上古時代 歷史를 알지 못하여, 우리가 그 들을 教育 시켜야 해서 上古時代의 歷史 文化를 그들에게 解說을 하면서 中國의 東쪽에서 西쪽으로 大陸을 橫斷하며 旅行하였다.

우리가 社團法人 "한배달"에서 歷史 文化 運動을 그만 둔지가 10年도 더 되었다. 그러나 會員들은 自身의 專門 分野를 살려서 講義하기도 하였고, 册을 써서 出版

하기도 하였다. 堤鳳 先生이 하신 일을 整理해 보면 한글 硏究를 꾸준히 해 오셔 一家를 이루었다는 것을 들 수 있다.

이에 關聯된 著書가 『바른 소리글자』 『인류 문자』 『한글 擴張 硏究資料』 等이다. 3卷 모두 한글을 硏究한 硏究書들이다.

元來 한글은 訓民正音 創製 當時에 子音 18字, 母音 10字, 總 28字로 構成되어 있는데, 日帝에게 國權을 侵奪 當하여 大韓帝國이 滅亡한 後에, 1933年 9月 9日 「맞춤法 統一案」을 發表를 하면서, 子音 4字를 없애 버렸다. 없애 버린 子音 4字를 現代 外國語 發音을 모두 受容 할 수 있도록 復活시킬 것을 主張하였다. 當然한 主張이다.

한글은 우리 韓民族의 靈魂과 精神을 바로 세우게 하는 自國의 獨創的인 文字 될 것인데, 오늘날 政治하는 사람들이 이러한 根本的인 問題를 度外視하고, 反美 反日 等을 소리 높이 짖어대는 것은, 개가 人間을 보고 짖어대는 개 소리와 무엇이 다를 것인가.

堤鳳 先生이 쓴 "古代歷史 遺蹟踏査記"는 中原과 東南亞의 古代 遺蹟地를 直接踏査하여 整理한 記錄인데, 중구난방(衆口難防)으로 흩어져 있는 遺蹟을 踏査하여 理解하기 쉽게 體系的으로 整理를 해주시어 아시아의 古代 歷史 文化를 理解하는 데에 크게 도움을 주고 있다.

以外에도 堤鳳 先生의 年歲 90에 整理하신 人生讀本 류(類)의 글들도 많이 보인다. 이러한 글들이 一般人이 敎養을 涵養하는 데 많은 도움이 되리라고 생각을 한다.

내가 보기에 이보다 더 重要한 點은 한 人間이 世上에 태어나서 自己 人

生을 規模 있게 設計해가며 살아간다는 것이, 果然 可能한 것인가 하는 疑問을 갖지 않을 수 없게 한다는 點이다.

堤鳳 先生이 自身의 出生地인 故鄕에 땅을 購入하여 自身의 門中을 創設할 생각을 가지고 계신 것을 보면 참으로 놀라지 않을 수 없다.

제3장

살며
사랑하며
배우며

謙讓(겸양) 以上의 美德(미덕)은 없다

德山 金 德權(길호)

世上에 美德이 여러 가지가 있습니다. 그 美德 中의 으뜸은 무엇일까요? 謙讓은 겸손(謙遜)과 양보(讓步)입니다. 저의 스승님께서 내려 주신 스승 八訓의 여덟 가지 項目 中 으뜸이 "謙讓 以上의 美德은 없다."이지요.

謙讓은 自身을 낮추고 相對方을 尊敬하고 禮儀를 갖추어 待接하거나, 謙遜하고 고개를 숙여 다른 사람에게 禮儀를 表하는 態度를 意味합니다. 이는 自己中心的이거나 倨慢한 態度와는 反對되며, 相對方을 尊重하고 配慮하는 態度를 나타냅니다.

謙讓은 社會的 相互作用에서 重要한 役割을 합니다. 相對方과의 對話나 對面 狀況에서 禮儀를 갖추고 相對方을 尊敬하는 態度를 보이면 相互間의 關係를 圓滑하게 維持하고 肯定的인 印象을 남길 수 있습니다.

謙讓은 相對方에게 배우고자 하는 態度를 보여주면서 더 나은 疏通과 協力을 爲한 基盤을 마련하는 데 도움을 줄 수 있습니다. 또한 謙讓은 리더십과 리더의 役割에서도 重要한 要素입니다.

리더는 部下 職員을 尊重하고 배려하는 態度를 보이는 것이 重要합니다. 謙讓은 이러한 態度를 具顯을 하는 한 가지 方法입니다.

리더가 謙讓의 態度를 보이면 部下 職員들은 리더에 對한 信賴와 尊敬을 가질 可能性이 높아지면서 組織內의 協力과 成果 向上을 圖謀할 수 있지요.

要約하자면, 謙讓은 自身을 낮추고 相對方을 尊敬하고 禮儀를 갖추어 相對하는 態度를 意味합니다. 이는 相互間의 關係를 圓滑하게 維持하고 肯定的인 印象을 남기며, 리더십에서도 重要한 要素로 作用하지요. 그리고 讓步는 相對方의 意見이나 利益을 尊重하고 配慮하는 美德입니다.

讓步는 自己中心的인 態度나 利己的인 欲求를 덜어내고 相互間의 調和와 協力을 이끌어내는 重要한 價値입니다. 讓步의 美德은 狀況과 關係에 따라 多樣한 形態로 나타날 수 있습니다.

"아리아나 루터먼"을 아시는지요? 마라톤 競技에서 決勝線이 눈앞에 있어요. 2017年 12月 10日 美國 텍사스 州 댈러스에서 열린 "BMW 댈러스 마라톤 大會"에서의 일입니다. 女性部 1位로 달리고 있던 뉴욕 精神科 醫師인 "첸들러 셀프"가 決勝線을 고작 183m를 남겨놓고 비틀거리기 始作했습니다.

다리가 完全히 풀린 "첸들러 셀프"는 더는 뛰지를 못하고 바닥에 주저앉아 버렸지요. 그 뒤를 바짝 쫓고 있던 2位 走者에게는 다시없는 機會였습니다. 그런데 2位 走者인 17歲 高校生 "아리아나 루터먼"은 "첸들러 셀프"를 부축하면서 함께 뛰기 始作했습니다. 意識을 잃을 것 같은 "첸들러 셀프"에게 "아리아나 루터먼"은 "當身은 할 수 있어요. 決勝線이 바로 저기 눈앞에 있어요."라고 끊임없이 應援하며 함께 달렸지요. 그리고 決勝線 앞에서 그녀의 등을 밀어주어 優勝을 할 수 있도록 해주었습니다.

美國 市民들의 視線은 1等이 아니라, 2位로 들어온 "아리아나 루터먼"에게 더 큰 歡呼와 讚辭가 돌아갔습니다.

참으로 偉大한 敬讓의 美德이 아닌가요? 이렇게 謙讓은 아름답습니다.

첫째, 謙讓은 意見의 多樣性을 認定하고 尊重하는 것을 意味합니다.

다른 사람들은 서로 다른 생각과 價値觀을 가지고 있을 수 있으며 이를 認定을 하고 尊重하는 것은 相互間의 尊重과 協力을 基盤으로 한 健康한 關係를 維持하는 데에 도움을 줍니다.

둘째, 謙讓은 相對方의 利益과 必要를 考慮하는 것을 意味합니다.

謙讓은 自身의 利益을 追求하면서도 相對方의 利益과 幸福을 考慮합니다. 이는 相互間의 關係를 向上시키고, 相對方과의 信賴를 構築하는 데 도움이 됩니다.

셋째, 謙讓은 對話와 協商을 通해 解決策을 찾는 役割을 합니다.

相互間의 衝突이나 葛藤 狀況에서, 讓步는 兩側이 滿足할 수 있는 妥協點을 찾는 데 도움을 줍니다.

넷째, 謙讓은 "自利利他 精神"을 具現합니다.

謙讓은 相互間의 關係에서 相互尊重과 協力을 基盤으로 한 肯定的인 相互作用을 誘導합니다. 이는 個人 間, 集團 間, 組織 間 等 多樣한 關係에서 重要한 役割을 하지요.

그렇습니다. 謙讓의 美德은 自利利他 精神과 符合될 수 있습니다. 謙讓은 다른 사람들과의 關係에서 謙虛하고 尊重하는 姿勢를 말합니다. 謙讓은 自己의 中心的인 態度를 버리고 다른 사람들을 配慮하며 相對方의 立場을 理解하려는 態度를 갖는 것을 意味합니다.

이러한 謙讓의 美德은 自利利他 精神과 一致할 수밖에 없지요. 自利利他는 自己의 利益만을 追求하면서도 同時에 他人의利益을 尊重하고 配慮를 하는 態度이기 때문입니다. 따라서 "謙讓의 美德"은 自利利他 精神과도 符合이 되는데 이는 自身을 尊重하면서도 他人들을 配慮를 하고 돕는 態度를 通해 相互的인 關係를 形成하는 것을 意味합니다.

어떻습니까? "謙讓 以上의 美德은 없다"가 우리 스승님 八訓 가운데서 으뜸을 차지할 만하지요.? 그런데 莫上 저는 아직 멀었다고 꾸중을 하시는 스승님의 叱責에 몸 둘 바를 모릅니다. 하지만 우리 뜻을 함께하는 家族은 모두 이 "謙讓 以上의 美德은 없다"를 實踐해 보심이 어떨까요!

虛無한 人間의 一生

1. 地球生存의 萬物中 人間됨이 最貴하여
2. 倫理道德과 品位를 維持하며 사르려면
3. 經驗識見을 蓄積해 獻身하는 精誠으로
4. 勤勉誠實로 일하고 模範되게 生活하며
5. 謙虛信條의 態度와 奉仕하는 姿勢로서
6. 所有財物과 知識을 베풀면서 살아보자

人生은 一場春夢이라는 짧은 期間이란다. 그러니 무슨 일을 하여야 할까?
1) 地球上 森羅萬象 中에서, 사람이 가장 高貴함을 自負를 해야 한다.
2) 그러니 品位를 지키면서, 義理와 平凡한 心地로 營爲을 해야 한다.
3) 무엇보다 勤勉하고 誠實하게 일하고, 模範 儉素 生活을 해야 한다.

4) 謙遜 姿勢로 信念을 가지고, 무엇이나 奉仕하는 處世를 해야 한다.

5) 平生에 배운 知識과 經驗은 記錄하여, 後世에게 傳授를 해야 한다.

6) 平生동안 所有하고 取得 한 모든 財産은 社會에 布施를 해야 한다.

世上를 어떻게 살아야 하나?

旣往에 世上에 태어났으니 한 번 멋지게 살다가 가고 싶은데 그것이 무엇인지.

自然의 攝理대로 태어났으므로 주어진 恩惠에 報答을 하면서 사는 것이 아닐까?

1. 多 見識 多 聽取 : 많은 勉學을 하고, 많이 듣기를 하면서 살아봅시다.
   〈많은 것을 보고 배우면서 知識을 늘리고, 많은 것 들으면서 멋지게 삽시다.〉

2. 小 言辭 小 食事 : 적게 말들을 하고, 적게 食事를 하면서 살아봅시다.
   〈말은 적게 하면서 品位의 維持를 하고, 過食을 안으면서 健康하게 삽시다.〉

3. 多 飮水 多 行步 : 많은 飮水를 하고, 많이 行步를 하면서 살아봅시다.
   〈飮料는 많이 마시며 新陳代謝를 하고, 많이 걸으며 體力 維持하며 삽시다.〉

4. 多 勤勉 多 布施 : 많은 奉仕를 하고, 多授 布施를 하면서 살아봅시다.
   〈맡튼 일은 責任지고 힘써 努力을 하고, 所有한모든 것은 베풀면서 삽시다.〉

5. 多 行樂 多 行實 : 많은 娛樂을 하고, 精誠 接待를 하면서 살아봅시다.
   〈느껴진 感情들을 모두를 함께들 하고. 즐기며 어울려서 재미있게 삽시다.〉

6. 多 親舊 多 理解 : 많은 同僚들 하고, 心情 풀이를 하면서 살아봅시다.

〈많은 親舊와 만나서 자리를 같이 하고, 가진 心性 모두 털어놓으며 삽시다.〉

즐겁게 사는 人生

이 世上에 自然의 攝理로 태어난 人生이다. 한번 멋지게 살아봅시다. 空手來 空手去라고 했으니 빈손으로 왔다가 빈손으로 가도록 합시다.

1. 萬物靈長임을 자랑하며 權威 人間답게 品位 維持를 하여야 한다.
   〈自然攝理로 태어났으니 靈長人間으로 權威와 模範되게 사는 것이다.〉
2. 人生 一場春夢이니 勤勉하면서 率先模範 많은 일을 하여야 한다.
   〈人生 삶은 짧다고 하니 熱心이 일하며 남에게 보람되게 사는 것이다.〉
3. 奉仕하는 것이 남을 爲한 것이니 멋진 일의 行實을 하여야 한다.
   〈남을 爲해 하는 일이 자랑이라니 앞장서 멋진 人生답게 사는 것이다.〉
4. 永生은 不可能하다 하니 未練 없는 씀씀이를 많이 하여야 한다.
   〈죽음은 必然的 現實이라고 하니 아낌없는 善心으로 사는 것이다.〉
5. 親舊불러 모아 한 盞하면서 虛心懷抱 풀이를 많이 하여야 한다.
   〈親舊들 불러 모아 놓고 한 盞술을 나누며 즐거움으로 사는 것이다.〉
6. 태어난 恩惠에 感謝하며 精誠을 다해 報答을 많이 하여야 한다.
   〈내가 이 世上에 태어난 恩惠에 報答하면서 感想으로 사는 것이다.〉

늙어 가면서 즐겁게 살려면 여섯 가지를 지켜라

늙어 가면서 지나간 일들을 아쉬워하지를 말고 私心 慾心없이 가진 것은 布施를 하는 姿勢로서 便安하게 지내도록 勞力을 하여 봅시다.

1. 心身을 安定하라.

마음이 平安하면 謹審이 없게 되어 自身感이 생긴다.
2. 健康을 維持하라.
   健康이 나빠지면 하고 싶은 일 못하고 失望에 빠진다.
3. 무릎을 健全하라.
   무릎이 不便하면 擧動이 不自由 해져 萬事가 귀찮다.
4. 親舊를 歡迎하라.
   懷抱를 公開하면 너무나 시원해 痛快하기 때문이다.
5. 財力을 確保하라.
   일들을 하고프면 身世를 않지는 金錢 保有가 必須다.
6. 布施를 多數하라.
   餘生을 즐기려면 所有物 모두를 넓게 베풀게 하여라.

生命體인 人間은 늙어 가면서 餘生을 즐겁게 살고 싶어 한다.
즐거움은 自身의 勞力으로 發掘해야지 누가 주는 것이 아니다.

樹木과 草花의 多樣 種類

植栽하는 植物은 多樣하고 種類도 많다. 이 中에서 栽培하기가 쉽고 收穫 處理가 簡便 한 것 六 가지를 選擇해 보았다.
1. 代表 樹木 및 觀賞 樹木
   −松〈소나무〉 −檜〈전나무〉 −竹〈대나무〉 −銀杏나무 −桑〈뽕나무〉 −杉나무 −참나무 −側柏나무 − 참 옷나무 − 쥐 뽕나무 −옷나무 −嚴나무 − 오동나무 − 마 가목 − 후박나무 − 팟 배나무 − 때 죽 나무 −조 팝나무 − 꽝꽝 나무 −栢 松〈잣나무〉
2. 觀賞 樹木
   −회양목 −사철나무 −朱木 −木蓮 −자귀나무 −구상나무 −붓순나무 − 冬柏나무 −배롱나무 −미선나무

3. 觀賞 花草

-蘭草 -蓮꽃 - 원추리 -百合 - 文珠蘭 - 君子蘭 -제비꽃 - 붓꽃 - 芍藥 - 할미꽃 -패랭이꽃 - 물봉선 - 꿀 풀 - 달맞이꽃 - 龍膽草 - 錦囊花 - 개불알꽃 - 범 부채 - 초롱꽃 -菊花 -水菊 -鳳仙花 - 치자 -天南星 -水仙花 -紅花 -능소花 - 메꽃

4. 觀賞 樹木 花

-無窮花 -牧丹 -佛頭花 -薔 薇 -철 쭉 -海棠花 -진달래 - 개나리 - 미선나무 - 호랑가시나무 -藤나무 - 산사나무 - 이팝나무 - 조팝나무 - 작살나무 - 매자나무

5. 果實 樹木

-棗〈대추〉-栗〈밤〉-**柿**〈감〉-桃〈복숭아〉-橘〈감귤〉-紫桃〈오야〉 - 사과 -梨〈배〉-木果〈모과〉-살구 -머루 -다래 -山茱萸(산수유) -오미자 -櫻桃〈앵두〉

6. 栽培 또는 野生 有益 草

-씀바귀 - 부추 - 달래 -더덕 - 도라지 - 잔대 -朱草 -민들레 - 냉생이 - 수리치 - 돌나물 - 냉이 - 무릇 - 미나리 -當歸 -菖蒲 -楊貴妃 - 질경이 - 꽃다지 - 머위 - 쇠비름 - 곰 취 -地黃 - 엉겅퀴 - 둥굴레 - 참나물 - 고들빼기 - 뱀딸기 - 산딸기 -수세미 - 딸기 - 천마 - 파類 - 양파 - 마늘 - 고추 - 무 - 배추 -生薑 - 여지 - 박 - 당근 - 옥수수 - 고구마 - 감자 - 박 - 호박 - 가지 - 오이 -참외 - 수박 - 토마토

마늘 껍질 活用法 3가지

마늘이 食生品 中에서 有益한 것은 食品學 的으로 立證이 되고 있다. 그런데 마늘의 껍질은 아무것도 아닌가? 모두들 버리고 있다. 事實 마늘 껍질을 먹기란 쉬운 일은 아니다. 이제까지는 버렸는데 껍질을 어떻게 活用할

方法은 없을까?

첫째 : 마늘 껍질을 잘 벗겨내 冷凍室에 保管을 했다가 양파껍질 等 各種
　　　 菜蔬의 껍질과 함께 섞어 肉水를 내면 調味料 없이도 깊은 맛을
　　　 낼 수 있다.
둘째 : 마늘 껍질을 살짝 볶아서 물로 달여서 마시거나, 빻아서 가루를
　　　 끓는 물을 부어 茶로 마시는 方法도 있다.
셋째 : 마늘 껍질로 술을 담가서 服用을 하면, 桑黃 버섯으로 담근 술 以
　　　 上의 좋은 藥술이 된다고 한다.

　이것이 事實인지 重要하다. 研究를 해 볼만 할 것이다. 요즈음 이 마늘
의 收穫 철인데 쓰레기로 버리는 마늘 껍질의 效能을 잘 活用하여 健康 維
持에 도움이 되었으면 한다.

老年을 아름답게 보내려면

　우리는 살아오다가 어느 날...
　아주 偶然하게도...
　또는 自己의 老年을 보내고 있는 自身을 發見하고는 自己도 모르게 깜짝
놀라게 된다. 머리카락은 희끗희끗 半白이 되어있고 몸은 생각과 같이 움직
이어지지 않고 自身의 키보다 훨씬 커 버린 아들은 會社에 出勤을 하고. 어
느새 딸은 結婚을 하여 엄마가 되어있다.
　永遠히 함께 있을 것 같던 子息들은 하나둘 우리들의 품을 떠나가고, 百
年을 함께 살자고 盟誓했던 夫婦는 오랜 歲月을 살아오면서 어쩔수 없이 늙
어가는 서로를 바라보며 老年을 보내고 있다.
　家族에게 너무 依支를 하지 말아라. 그렇다고 家族의 重要性을 無視하라
는 것은 아니다. 움직일 수 있는 限 나 아닌 다른 사람에게 依支를 하는 것

은 絕對로 禁物이다. 自身의 老年은 어느 누구도 代身하여 주지를 않는다. 自身의 것을 스스로 開發을 하고, 스스로 챙겨라.

當身이 眞情으로 後悔가 없는 老年을 보내려면 반드시 한두 가지의 趣味生活을 가져라. 山이 좋으면 山에 올라가 世上을 한번 號令해보고 물이 좋으면 江가에 앉아서 낚시를 즐겨라. 運動이 좋으면 어떤 運動이든 땀이 나도록 하고 册을 좋아하면 熱心히 册을 읽고 글을 써라. 인터넷을 좋아하면 情報 바다를 즐기며 自由롭고 餘裕롭게 헤엄을 쳐보라. 集中力을 가지고 즐겨보아라. 食事는 한끼 程度를 걸러도 좋을 만큼 集中力을 가지고 즐겨보시라. 그길 만이 當身의 쓸쓸한 老年을 意味 있게 보낼 수 있는 重要한 秘訣이다.

子息들에게 너무 期待를 하지 말라. 子息에게서 받은 傷處나 背信感은 쉽게 治癒가 되지 않기 때문이다. 父母를 滿足시켜 주는 子息들은 그렇게 많지 않다. 期待가 큰 子息일수록 父母의 마음을 아프게 한다.

子息들의 領域을 侵犯하거나 干涉을 하지 말라. 子息도 그들이 살아가는 삶의 方式이 따로 있다. 絕對로 過하지 않고 度를 넘지 않는 適當한 關心과 適當 한 期待가 當身의 老年을 平安과 幸福의 길로 引導를 할 것이다.

"惡妻가 孝子보다 낫다."는 옛 말씀이 늙어가는 當身들은 꼭 記憶을 해야 하며 나머지 삶을 살아가는데 參考할 만하니 식어가는 夫婦間의 사랑을 다시 찾아서 더 뜨겁게 그리고 이 나이는 사랑보다 겹겹이 쌓여있던 묵은 情으로 서로의 등을 씻어주고 긁어주면서 사는 것이 즐거움이 아니겠는가!

그래도 子息들을 가까이에 두며 親戚들은 멀리하지 말고 眞正한 마음들을 나눌 수 있고 함께할 벗이 있다면 當身의 老年은 畵幅에 笑談하게 그려진 한 幅의 水彩畵처럼 아름다울 것이다.

人生觀의 體驗과 變遷 發展

世上을 살다 보니 많은 體驗을 하게 되고 時代에 따라 變遷을 하고 있음을 實感하게 된다. 그래서 이의 例를 몇 가지 들어 보자.

•李舜臣은 名門의 집안에서 태어났지만, 出世를 하지 못하고 恝視(괄시)를 받으면서 左遷이 되었지만 이를 克服하고 國家의 運命을 恢復하기 爲해서 倭敵을 물리쳐서 壬辰倭亂을 克服해 내신 唯一한 우리나라의 英雄이시다.

•李承晚은 皇室 體制에 順應 服從을 못 하다 보니 自然이 反撥이 생기게 되었고 그래서 不得히 權力 體制의 抑壓을 받아 不幸의 歷程을 겪게 된다. 이 苦痛을 克服하고 亡命을 하여 가진 苦痛과 體驗을 이겨내면서 自由民主主義 國家를 建設하고 韓美 防衛條約을 締結 해 놓으신 우리나라의 國父이시다.

•朴正熙는 시골 태생으로 日本軍 士官를 거쳤지만 親日派가 되지 않고 剋日로 請求權 資金을 基盤으로 經濟 터전을 다졌다. 共産主義를 體驗하고서 國家 統治의 理念인 國是을 反共 第一主義로 삼았다. 그리고 배고픔의 서러움을 克服하기 爲해 새마을 運動을 主導하여 經濟 基盤을 構築해 놓으신 哲人이시다.

•人間이라면 누구나 마찬가지로 한 生涯 동안의 體驗을 가지게 된다. 이 體驗을 어떻게 活用을 했느냐가 重要하다. 私利와 私慾을 버리고 오로지 國家와 人類만을 爲해서 取捨하고 選擇하여 奉仕를 하는 姿勢가 가장 重要하다.

言辭와 動作

말은 行動을 돌아보고 行動은 말을 돌아보아야 한다.
말과 行動의 一致與否는 人格의 重要한 尺度입나다.
말과 行動이 맞지를 않으면 적어도 둘 中의 하나는 잘 못 된 것이다.
말은 高尚하게 하고, 行動은 낮은 것이 人格의가장 아래의 段階이다.

~~孔子의 말씀~~

- 君子는 말이 行動보다 앞서는 것을 부끄러워한다.
- 賢子는 行動과 品位는 높아도 말 만은 낮게 한다.
- 行動함이 말에 미치지 못할 것을 늘 두려워한다.

~ 말을 할 때는 나의 말이 나의 行動과 符合할는지를 늘 살피면서 해야 한다.
~ 行動을 할 때는 나의 行動이 내가 한 말과 符合을 하는가를 늘 살펴야 한다.
~ 말이나 나의 行動이 지나치지 나 아니 했는가를 늘 注意를 기울이어야 한다.
~ 말을 할 때는 말과 行動이 서로 間에 言行一致 되어있는지를 確認해야 한다.

~ 시골에서 살았던 것을 부끄러워 말고 都市에서 사는 것을 感謝해야 한다.
~ 시골을 稱讚했으면 시골에서 살고, 시골에서 산 것을 부끄러워하지 마라.
~ 都市를 稱讚했으면 도시에서 살고, 都市에서 산 것을 感謝하게 생각하라.

: 개가 잘 짖는다고 좋은 개가 아니고, 사람은 말을 잘한다고 賢人이 아니다.
: 좋은 일을 하는 것은 어려워 말고, 좋은 일은 實踐하기가 참 어려운 것이다.
: 美麗辭句는 僞善이 內包된 表現이고, 眞正한 言辭 行實은 感銘을 주게 된다.
: 言善非難〈착한 言行은 어려운 것 아니고〉善行爲難〈착한 行實은 하기가 참
  어렵다.〉
: 動必三省〈行動하기 前에 반드시 세 番 살피고〉言必三思〈言行 前에 반드시
  세 番 생각한다.〉

- 아들이 묻는다. : 大衆을 이끄는 方法은 무엇입니까?
  아비가 答한다. : 땅같이 낮은 마음으로 大衆을 섬기면 하늘처럼 높임
                  받을 것이다.
- 아들이 묻는다. : 人生이라 함은 都大體 무엇입니까?
  아비가 答한다. : 消風이다. 消風이 끝나면 집으로 가라. 놀던 곳은 깨
                  끗이 치워라.

筆記具

1. 붓 : 먹물을 붓으로 쓴다.
   不便하다. 그러나 그 作品은 비길 데 없다.
2. 펜 : 色水를 찍어서 쓴다.
   不便하다. 그러나 携帶用 萬年筆이 생겼다.
3. 鉛筆 : 참으로 簡便하다.
   便利하다. 그러나 깎아야 하는 不便이 있다.
4. 볼펜 : 第一로 簡便하다.
   携帶 用까지 생겨서 使用하기가 便利하다.
5. 싸인 펜 : 편리한 筆記具다.
   다른 筆法들을 代行을 해주는 用法 펜이다.
6. 컴퓨터 : 훌륭한 筆記具다.

萬能의 筆記 器具이다. 참으로 感謝를 한다. 人間은 말을 하고 글을 記錄하기 爲하여 筆記具가 생겼다.

이같이 發展시킨 頭腦와 이것 들을 만든 手腕에 感歎한다.

올림픽 競技=Olympic games

올림픽競技가 始作한지는 100年이 안 되는 거 같은데, 西歐에서 始作이 됨으로써 名稱을 Olympic games으로 지은 것 같다.

이를 처음으로 漢字로 呼稱한 것은 日本의 요미우리〈讀賣〉新聞社의 '가와모도 노부마사'〈川本 信正〉記者이다.

Olympics 語彙에 맞추어서, 象徵인 五輪(ゴリン=고린)으로 使用한 것이 1936年 7月 25日이며 以後부터 日常用語로 定着이 되었다.

五輪書의 五輪은 佛敎에서 森羅萬物을 構成하는 要素로 여겨지는 "땅, 물, 불〈光〉, 바람〈風〉, 하늘〈天〉"을 意味한다. 또한 쿠베르탱이 世界 人類의 和合을 象徵하기 爲해 考案한 다섯 個의 Ring〈輪〉에 東洋의 宗敎的인 뉘앙스가 加味된 셈이니 더욱 意味가 深長하다.

近代 올림픽精神은 sportsmanship을 通한 健全한 競爭과 人類의 和合을 追求한다. 國家와 人種 間의 葛藤을 克服한다는 스포츠 祭典으로 構想된 올림픽 精神인 것이다.

6·25 南侵과 蘆溪齊

1950年 6月 25日 새벽에 傀儡 金日成 集團의 南侵으로 平和롭던 大韓民國은 大 混亂에 빠졌다. 當時 UN軍으로 우리나라에 駐屯하고 있던 美軍이 後退를 하면서 焦土作戰으로 雉岳재로 부터 20餘 Km인 鳳陽邑까지 모든 家屋과 施設物을 모두 불로 태웠다.

이때에 젊은이와 어린이는 모두 避難을 가고 늙은이들은 食糧이 確保된 우리 집에 모여서 寄居하고 계셨다. UN軍이 後退하면서 所謂 焦土作戰이라는 名目으로 모든 住宅과 施設物은 全部 燒却하기 爲하여 UN군인 美國軍人이 와서 집을 태우겠다고 退去를 慫慂하였으나 늙은이들은 기침을 쿨럭거리면서 事情을 하니 美軍이 볼 때는 갈 데도 없는 것 같아, 이를 가엽게 여기고 또한 感氣의 傳染을 憂慮하며 行廊채만 태우고 退去를 함으로써 우리 집이 燒却을 免하게 되었다고 後에 어머니가 일러주셨다.

이 집은 1909년에 지은 집으로 110年이 지났으며 기구한 歷程을 겪으면서 唯一하게 남아있는 貴한 歷史 資料이다. 그리고 우리 4男妹가 태어난 집이다.

그때 우리 아버지가 손수 伐木을 하신 材木을 지게로 져서 運搬하시고, 外戚 할아버지가 자귀로 다듬어 지으신 稀貴한 遺物이다. 그때는 대패도 없었다.

頹落이 되어있는 狀態를 復元하고, "蘆溪齊"의 懸板을 揭揚하여 永遠이 保存함으로서 아버지의 遺德을 기리며 "蘆溪洞天"의 象徵物로 삼을 것이다. "蘆溪齊"의 懸板은 鄭用采 同門이 써주었다.

千萬多幸으로 UN군의 도움으로 3個月餘 後인 10月 1日 38線을 突破하고 北進을 하여 鴨綠江과 豆滿江에 이르러 自由民主主義의 南北統一이 目前에 이르렀는데 10月 中旬 頃에 怨讐의 毛澤東이 이끄는 中共軍의 介入으로 1·4後退가 始作이 되었다. 後退防衛線은 北緯 37度이었다. 다시 北進을 하여 現在의 休戰線을 劃定하면서 1953年 7月 27日에 戰爭이 完了되어 오늘에 이르고 있다.

진 정 서

이번에 주택 지붕개선 사업에 신청을 하면서 우리 집을 간단히 소개하고자 합니다. 이 집은 6.25사변때에 UN군으로 우리나라에 주둔하고 있던 미군이 후퇴를 하면서 초토작전으로 치악재로부터 봉양읍까지 모든 가옥과 시설물을 모두 태웠습니다.

이때 젊은이와 어린이는 모두 피난을 가고 늙은이들은 식량이 확보된 우리 집에서 모여서 기거(寄居)를 하고 계셨습니다.

이때에 UN군들이 와서 집을 태우겠다고 퇴거를 종용하였으나 노인들은 기침을 쿨룩거리며 사정을 하니 미군들이 볼 때는 갈 곳도 없었지만, 또 이를 가엽게 여기고 또 감기의 전염(傳染)을 우려하며 행랑채만 태우고 퇴거함으로 이 집만이 소각(燒却)을 면했다고 후에 어머니가 일러주셨습니다.

이 집은 1909년에 지은 집으로 111년이 되었으며 기구한 역정(歷程)을 겪으며 유일하게 남아있는 귀한 역사 자료입니다. 그리고 우리 4남매가 태어난 집이기도 합니다.

그때 저의 아버지께서 벌목(伐木)을 하신 목재를 손수 등에 짊어지시고 운반을 하시고는 외척(外戚) 할아버지께서 자귀로 다듬어서 지으신 희귀(稀貴)한 건조유물(建造遺物)입니다. 퇴락(頹落)이 되어 있는 현 상태를 옛 모습으로 복원(復元)하여 아버지의 유덕(遺德)을 기리며 노계동천(蘆溪洞天)의 상징물(象徵物)로 삼고자 하오니 이번에 꼭 선정하여 주시길 바랍니다.

2021년 4월 19일

김 세환(金 世煥) 올림

男 丈 夫

1. 男兒로서 이世上에 誕生을 했으며
2. 思考健全 壯年으로 成長을 했으며
3. 뒷동山의 바위에는 意志을 했으며
4. 앞개울의 맑은물엔 心淸을 했으며
5. 勤勉誠實 模範으로 奉仕를 했으며
6. 丈夫다운 處世로서 行實을 했으며

그러면 後世가 呼稱하는 男兒 大丈夫의 이름을 얻기 爲해 사나이로서 世上에 태어났으면 무엇인가 보람된 일을 남겨 놓아야 하지를 않겠는가.

過去와 現實을 보고 느꼈으니 새로운 構想으로 무엇인가 進取的인 것을 構想하여 提示를 하세요.

女庭婦

1. 良家에서 貴한딸로 誕生을 하여서
2. 가난한집 집안으로 시집을 가면서
3. 良妻로서 男便일을 補佐를 하면서
4. 賢母로서 子女들를 養育을 하여서
5. 어려웠던 집안일을 經營을 하면서
6. 庭婦답게 模範되는 살림를 하면서

後世 사람 呼稱함이 女庭婦의 이름을 얻기 위해 女子로 태어났지만, 只今의 男女平等 時代에 살면서 男子에 못지않게 女子의 任務를 誠實하게 履行을 해야 하지를 않겠습니까. 國家의 繁榮과 家庭의 和睦은 多産 養育하는 것이 本分입니다.

大丈夫 南怡 將軍

1. 男兒二十歲 丈夫로서 南怡將軍이
2. 白頭山石에 正義劍을 研磨劍하고
3. 豆滿江水의 和合水를 飮馬하면서
4. 混亂世上을 平定하여 安定시키며
5. 온百姓들을 便安하게 살게했으니
6. 後世사람들 呼稱함이 大丈夫란다

南怡 將軍은 우리나라의 사나이를 象徵하는 代表 人物로 사나이 氣概를 보여준 丈夫像이다.

老子(노자)의 물의 八德目(팔덕목)

인간수양(人間修養)의 근본(根本)을 물이 가진 여덟가지의 德目인 수유 팔덕목 (水有八德目)을 요약(要約)해 놓은 해설(解說)이다.

(1) 낮은 곳을 찾아 흐르는　　　　　　겸손(謙遜)
(2) 막히면 돌아갈 줄 아는　　　　　　지혜(智慧)
(3) 구정물도 받아주는　　　　　　　　포용(包容)
(4) 어떤 그릇에나 담기는　　　　　　융통(融通)
(5) 바위도 뚫는 끈기와　　　　　　　인내(忍耐)
(6) 장엄한 폭포처럼 투신하는　　　　용기(勇氣)
(7) 유유히 흘러 바다를 이루는　　　　대의(大義)
(8) 모양은 변해도 근본은 변하지 않는　신의(信義)

世上에서 가장 무서운 것은 무엇일까? 아마 물처럼 대단한 것은 없을 것이다. 世上을 살다 보면 이런저런 일들이 생기게 된다. 좋은 일도 많이 생기지만, 곤란(困難)한 일들도 수없이 많이 생기게 된다. 그럴 때마다 옛 선조(先祖)들은 물〈水〉에서 지혜(智慧)를 배워서 물처럼 살라고 한다.

우리의 生存은 自然 攝理에 感謝를 하여라

러시아의 國民 詩人 "알렉산드르 푸시킨"〈1710~1918〉의 詩를 읽고 내 나름으로 整理를 해 보았다. 罪悚합니다. 理解를 해주세요.

1. 삶이 나를 속일지라도 슬퍼하거나 노여워하지 말 것이다.
2. 설움의 억울함을 참고 견디면 머지않아 기쁜 날 올 것이다.
3. 참고 忍耐하며 勤勉 誠實하게 努力하면 機會는 올 것이다.
4. 언제나 未來를 向해서 살면은 希望이 곧 찾아서 올 것이다.

5. 只今은 슬프지만 언젠가는 이를 理解를 할 날이 올 것이다.
6. 모든 일은 지나갔으니 過去 일은 안타까워 하지 말 것이다.

人間이 靈長이라며 不可能이 없을 것 같지만 살다가 보면 克服하기가 어려운 일들이 생긴다. 人間들은 다른 生態界를 征服하여 人間生活에 有用하도록 活用를 하고 있다. 이 行爲는 自制하자. 自然의 生態界는 保護를 하고 自然 攝理에는 屈服하고 順應을 해야한다.

人間으로서 보람된 일을 하자

人間이 萬物의 靈長이라고 합니다. 體面을 維持하면서 仁義 禮智 信樂의 六 德目으로 이 世上을 威嚴로서 調和를 이루면서 百姓들이 서로 平安하고 幸福하게 살 수 있도록 하는 것이 사람으로서 마땅히 하여야 할 道理라로 보는 것입니다.

1. 自然의 攝理로 人間으로 誕生을 하면서
2. 自然의 恩惠로 健全하게 成長을 하면서
3. 勉學과 誠實로 知識工夫 取得을 하면서
4. 勤勉과 勞務로 財力많이 蓄積을 하면서
5. 取得된 所有로 布施로서 相助를 하면서
6. 人間된 道理로 權威姿勢 守護를 하면서

사람으로서 이 世上을 사는 동안에 무엇인가 남에게 龜鑑이 되는 보람된 일을 傳授를 하고 가야 하지 않겠습니까. 비록 하찮은 것일지라도 어느 個人의 經驗 記錄이지만 價値가 있습니다.

人間의 行實과 實踐

人間이 地球上에 生存하는 森羅萬象 中에서 最貴한 權威者라고 한다. 그래서 權威者로서 實踐을 하여야 하는 行動을 크게 두 가지로 나누어 보았다. 하나는 權威者답게 보람이 되는 行實를 하는 것이고, 또 다른 하나는 權威의 濫用으로 잘못된 짓을 하는 行爲들이다.

* 보람된 行實

1. 權威者로서 體統維持을 하는 處世
2. 勉學을하여 知識取得을 하는 勤勉
3. 모든行實은 正直生活을 하는 標本
4. 事案擧事는 率先垂範을 하는 模範
5. 難世平定에 獻身奉仕를 하는 姿勢
6. 財物知識을 모두布施를 하는 態度

이것이 權威者들이 할 수 있는 보람된 行實이다.

* 잘못된 行爲

1. 大自然을 無慈悲로 毀損하는 行爲
2. 動物類을 無慈悲로 殺生하는 行爲
3. 樹木類을 無慈悲로 伐採하는 行爲
4. 草植物을 無慈悲로 除草하는 行爲
5. 魚貝類를 無慈悲로 捕獲하는 行爲
6. 私利益을 無慈悲로 慾求하는 行爲

이것이 權威者들이 저지르는 잘못된 行爲이다.

深思熟考 自重하자

나이가 들었다고 自慢하거나 自己陶醉에 빠지지 말고 보다 深思熟考를 해야 한다.

1. 컴퓨터 打字는 器機의 技能에 따라 順次的으로 타이핑 해야지 躁急하게 치지말고 천천히 치고 반듯이 貯藏을 클릭하시요.
2. 電車 탈 때는 모든 標識를 確認하고 그대로 따르고 다시 確認하고 安堵하시오.
3. 地下鐵이 改痛된지 45年이 지났다. 그동안 後輩들이 많은 改善과 發展을 하였다.
4. 참으로 고맙다. 그래서 望白의 늙은이가 틀림이 없이 긴 時間 먼 거리의 집을 찾아온다. 천천히 確認을 하고 또 確認을 하라.
5. 過 飮酒하지 말라. 飮食이지만 마시다 보면 술이 사람을 마셔 人事不省이 된다.
6. 飮食을 먹는 것은 生命을 維持이다. 이 貴한 飮食物은 絕對로 버리지를 말라.

나이가 든 것을 自慢하지 마시고 自重을 하면서 천천히 생각하며 行動을 합시다.

教育의 基本 項目

人間으로서 가장 優秀한 知識과 教養을 갖추어서 先導者가 되려고 한다면 다음의 六 個 項目의 教育을 받아서 率先垂範으로 實踐하도록 하여야 합니다.

1. 人類文字〈音聲表記〉: 가장 쉬운 글자이오니 배워서 意思를 疏通하도록 합시다.

2. 漢字文字〈表意傳達〉: 桓雄創製로 意思 體制字이니 文化를 暢達하도
록 합시다.
3. 歷史文化〈民族史觀〉: 歷史를 올바르게 가르쳐서 國家觀을 定立하도
록 합시다.
4. 젓갈文化〈二棒技術〉: 젓가락 取食으로 生活化하는 方法을 定着하도
록 합시다.
5. 取食文明〈貴重飮食〉: 飮食은 生命維持이니 버리지 않기를 遵守하도
록 합시다.
6. 節約文明〈消費抑制〉: 物資의 生産過程을 살펴보며 自制를 統制하도
록 합시다.

人間인 나의 位置는 어디인가

森羅萬象 衆에서 靈長으로 태어난 것이 人間이라고 한다.
人間의 靈長다운 品位를 나름대로 分類를 하여 보았다.

1. 靈人〈宗敎界의 最高 聖職者 위치에서 偉大한 사람〉
2. 聖人〈人間行實 倫理 道德을 徹底하게 實踐한 사람〉
3. 賢人〈聖人에는 未及은 하지만 次級으로 繼承한 사람〉
4. 哲人〈賢人에는 未及은 하지만 次級으로 遂行한 사람〉
5. 道人〈哲人에는 未及은 하지만 人間답게 處世한 사람〉
6. 凡人〈道人에도 未洽은 하지만 體面차려 行勢한 사람〉

그러면 果然 나는 어디에 該當이 되는가. 우리는 自己를 깨닫고 反省하
는 姿勢가 必要하다고 본다. 自讚하는 건방진 人間이 되지 말고 적어도 道
人이라도 되도록 努力을 해 봅시다.

人生觀의 體驗과 變遷 發展

　世上을 살다 보니 많은 體驗을 하게 되고 時代에 따라 變遷을 하고 있음을 實感하게 된다. 그래서 이의 例를 몇 가지 들어 보자.

　•李舜臣은 名門의 집안에서 태어났지만, 出世를 하지 못하고 忽視(괄시)를 받으면서 左遷이 되었지만 이를 克服하고 國家의 運命을 恢復하기 爲해서 倭敵을 물리쳐서 壬辰倭亂을 克服해 내신 唯一한 우리나라의 英雄이시다.

　•李承晩은 皇室 體制에 順應 服從을 못 하다 보니 自然이 反撥이 생기게 되었고 그래서 不得히 權力 體制의 抑壓을 받아 不幸의 歷程을 겪게 된다. 이 苦痛을 克服하고 亡命을 하여 가진 苦痛과 體驗을 이겨내면서 自由民主主義 國家를 建設하고 韓美 防衛條約을 締結 해 놓으신 우리나라의 國父이시다.

　•朴正熙는 시골 태생으로 日本軍 士官를 거쳤지만 親日派가 되지 않고 剋日로 請求權 資金을 基盤으로 經濟 터전을 다졌다. 共産主義를 體驗하고서 國家 統治의 理念인 國是을 反共 第一主義로 삼았다. 그리고 배고픔의 서러움을 克服하기 爲해 새마을 運動을 主導하여 經濟 基盤을 構築해 놓으신 哲人이시다.

　•人間이라면 누구나 마찬가지로 한 生涯 동안의 體驗을 가지게 된다. 이 體驗을 어떻게 活用을 했느냐가 重要하다. 私利와 私慾을 버리고 오로지 國家와 人類만을 爲해서 取捨하고 選擇하여 奉仕를 하는 姿勢가 가장 重要하다.

　이것이 人間 生涯의 마지막으로 남아 있는 하나뿐인 義務인 것이다.

人間의 行步

　人間은 活動을 하면서 살아가는 動物이다. 그런데 自立을 할 수 있는 期間이 60餘年 以上으로 다른 動物들에 比해서 길다고 본다. 그래서 人間의 한 平生을 살면서 成長하며 活動하는 過程을 檢討해 보기로 하였다.

    1. 태어 나면은 누어서 空間을 두 팔과 두 발로 걷는다.
    2. 엎드려 두 손 팔로 당기면서 기어 배 미리로 걷는다.
    3. 두 팔로 집고 배를 띠우고 빨리 두 무릎으로 걷는다.
    4. 팔을 흔들어 均衡을 잡으며 두 다리 두 발로 걷는다.
    5. 늙으면 두 다리 발과 지팡이 짚고 세 다리로 걷는다.
    6. 더늙으면 두 다리 두 지팡이 짚고 네 다리로 걷는다.

    사람이 태어나서 네 받침으로 걷고 健康한 生活은 두 肢足으로 하다가 늙으면 한 지팡이와 더불어 三肢로 均衡을 잡으면서 걷다가 더 늙으면 지팡이 하나를 더하여 四肢로 걷는 것이 가장 安全 한 行步 方法이다. 只今 世上은 四肢로도 不足하여 휠체어로 사는 世上이 되었다. 앉아서 걷는 世上 참 좋아졌다.

動物의 取飮과 取食하는 方法

    森羅萬象의 生物體는 生存하기 爲해서 첫째 呼吸을 하고, 다음에 取飮과 取食을 합니다. 그러면 어떻게 먹고 마시며 사는지 檢討를 해 봅시다.

    1. 四肢〈二肢足 二腕手〉地上 動物의 取 飮食
1) 四肢動物은 後 二肢足으로 支撑의 機能을 하고 前 二肢足는 먹이를 探知하여 發掘하는 役割을 하며 입으로 直接 取食도 한다. 코끼리는 코로 取飮食을 한다.
2) 사람은 두 다리와 발〈二肢足〉로는 行步의 活動을 하고 두 팔과 손〈二腕手〉은 發達하여서 自由自在로 먹이를 探索하고 取得을 하며 숟갈과 젓갈로 飮食을 먹고 마신다.

2. 二肢足 二羽 鳥類 動物의 取 飲食

飛翔을 하면서 地上과 水中에 있는 먹이 거리를 探索을 하여 三指나 부리로 取得 取食을 하며, 飲水를 한다.

3. 4. 多樣한 昆蟲 類의 取 飲食

昆蟲은 多樣하여 一律的으로 取食 方法을 整理를 하기가 어렵다.

5. 水中 動物, 6. 貝類들의 取 飲食

魚類는 하나 뿐인 입으로 먹고 마시는 것이다. 貝類는 잘 모르겠다.

그러면 果然 나는 어디에 該當이 되는가. 우리는 自己를 깨닳고 反省하는 姿勢가 必要하다고 본다. 自讚하는 건방진 人間이 되지 말고 적어도 道人이라도 되도록 努力을 해 봅시다.

傳統 風俗 놀이

우리 民族의 傳統的으로 傳해 오는 固有한 놀이들을 살펴보았다. 季節따라 行事를 하는 놀이는 모임의 興을 도두기 爲해 모두 함께 參與하면서 놀이마당에서 어울리게 된다.

1. 風物놀이〈固有衣裳에 四物을 갖추고 象毛를 돌리며 신나게 노는 놀이〉
2. 탈춤놀이〈假面을 쓰고 風流에 맞추어 춤과 노래로 신나게 노는 놀이〉
3. 강강술래〈女子가 무리지어 손잡고 圓을 지어 춤과 노래로 노는 놀이〉
4. 윷板놀이〈半圓棒네개로 도 개 걸 윷 모 다섯가지 規則으로 노는 놀이〉
5. 花煎놀이〈婦女가 봄철이면 꽃을따서 부쳐먹으면서 즐겁게 노는 놀이〉
6. 風流놀이〈선비가 自然風光에서 詩를지어 읊으면서 흥겹게 노는 놀이〉

이 外에도 더 있으나 다른 民族과는 달리 우리 民族만이 滿喫하는 四季節인 春夏秋冬의 自然環境을 人生살이에 調和롭게 適應하면서 살아가는 참으로 멋진 文化民族이다.

大韓民國 建國과 現實을 바로 보자

大韓民國 政府는 우리 歷史上 첫 自由民主主義 選擧인 5·10 總選擧에 依하여 誕生했다. 投票率이 95%를 넘을 程度로 國民的 支持를 받았다. UN은 大韓民國 政府를 大多數 國民의 自由意思로 選出된 唯一한 政府라고 決議했다.

어떤 나라 政府보다 透明하게 民主的인 政治에 따라 樹立되었다. 選擧를 拒否한 南勞黨의 殺人과 放火만 없었다면 大韓民國은 정말로 깨끗하게 出發을 했을 것이다. UN決議로 承認을 받았다. 自由와 多黨 制를 拒否하고, 金日成의 世襲 獨裁를 한 北韓과 比較를 하면 더욱 그렇다.

大韓民國 政府의 初代 李承晩 大統領은 世界가 認定하는 反日 獨立 鬪士였다. 그의 反日은 지나칠 程度였다. 歷史 冊을 읽으면 알수 있다. 李始榮 副統領은 上海臨時政府 內務總長 李範奭 總理는 光復軍 參謀長 李仁 法務部長官은 抗日鬪爭 辯護士 曺奉岩 農林部長官은 左翼 獨立 運動家다. 初代 內閣의 大部分이 抗日人士로 채워졌다.

反面 北韓은 蘇聯에 協力을 하면 親日派라도 長官에 起用을 했고 反對를 하면 曹晩植과 같은 抗日鬪爭 運動家도 肅淸을 했다. 大韓民國 初代 政府가 一部 親日人士들을 實務級 官僚로 起用을 한 것은 事實이다. 新生 國家로서 人才 難으로 不可避한 일이었다. 4·19 後에 張 勉 民主黨 政府에서는 親日 官僚의 比重이 李承晩 政府보다 더 높았던 것도 不可避했기 때문이다.

2次 大戰 後 獨逸도 마찬가지였다. 美國이 우리를 日帝 植民地로부터 解放을 시켜주었는데 어떻게 美國이 解放軍이지 占領軍인가. 美軍이 日帝를 敗亡시킨 것이 잘못된 일인가?

우리 社會의 一部 勢力은 解放後 歷史를 輯要하게 歪曲을 해 왔다. 그런 冊 몇 卷이 只今까지도 影響을 미치고 있다. 적어도 大韓民國이 自由民主主義 國家로 奇蹟的으로 成功한 歷史를 貶下해서는 絕對로 안 된다.

오죽 했으면 朴正熙 大統領이 革命公約의 第1條를 國是 "反共"으로 했을까요. 反共이 못마땅하다면 北韓에 가서 半年만 體驗을 하고 오세요.

이제라도 建國의 歷史를 바르게 教育을 하여야 한다. 美國은 그 後에도 物資援助와 韓美防衛條約을 締結해서 우리의 國家安保를 굳건히 해주고 있는데 反美를 煽動하는 行爲는 絶對로 容納을 할 수 없다. 우리는 체험을 했다. 現實이 立證하고 있다. 取捨選擇을 바르게 하여야 한다.

美人의 容貌

1. 높지도 않고 낮지도 않은 코
2. 크지도 않고 작지도 않은 눈
3. 길지도 않고 짧지도 않은 귀
4. 넓지도 않고 좁지도 않은 입
5. 세로로 均衡 잡힌 **橢圓** 얼굴
6. 均衡된 配列 像의 耳目 口鼻

20年間 우리나라에 居住한 英國人의 評價인데 世界에서 韓國 女子가 第一 美人이라고 說破했다. 그래서 제 나름대로 資料와 TV에서 放映이 되는 女子들을 比較해 보니 均衡이 잡혀 있는 얼굴을 비롯하여 體貌가 曲線으로 均衡이 잡혀 이루어진 美貌의 몸매는 造物主의 作品 中의 第逸品이다.

體型에서 第一의 美妙 體格이 韓國의 女子이다. 여자뿐만 아니라 韓國에서 生育하는 生物體들은 森羅萬象 生育의 標準이다. 韓國의 自然條件은 세계에서 唯一한 自然의 환경이다.

이 江山에 태어난 것의 惠澤에 感謝를 합시다.

女子 몸매의 曲線美

1. 품에 안기는 어깨의 흐름
2. 몽실몽실한 젖 봉우리
3. 잘록한 雙曲線 허리
4. 둥글 豊滿 볼기짝
5. 장딴지 흐름 線
6. **橢**圓形 얼굴

　人 體形 中에는 많은 線形이 있다. 이 中에서 女性이 가지고 있는 曲線形은 참으로 아름답다. 그래서 陶工들이 만드는 作品에 女體의 曲線을 本으로 떴다. 이것이 高麗靑瓷가 代表 作品이다.

손의 讚揚

1. 손은 보지는 못하지만 物件을 識別한다.
2. 손은 듣지는 못하지만 接觸을 活用한다.
3. 손은 먹지는 못하지만 食物을 取選한다.
4. 손은 文字는 筆書하고 그림을 圖案한다.
5. 손은 器具는 創作하고 才器을 誇示한다.
6. 손은 所有는 人間이고 萬事을 處理한다.

　肢體 動物들은 손을 가지고 있다. 그런데 손의 才能을 제대로 活用하지 못하고 있다. 손재주는 人間만이 하고 있다. 이것이 人間이 萬物의 靈長이된 要件 中의 하나이다. 손을 잘 保護하자. 손의 貴重함을 다시 認識하자.
　萬若에 손이 없었다면 科學과 文明이 오늘날과 같이 發達을 못 했을 것이다. 人間 世界는 發展을 못했을 것이다.

人間이 萬物의 靈長인 理由

1. 地球之上 萬象에도 最貴하다. 地球上生存 森羅萬象衆 가장貴한 存在
   이지요.
2. 靈長人間 最高임도 當然하다. 萬物衆에서 頭腦活用의 靈長이니 當然
   하지요.
3. 萬物統率 支配함도 認定하다. 森羅萬象의 支配者임을 否定을할 方法
   없지요,
4. 言語文字 所有함도 自負하다. 言語와文字 人間들만이 所有하는 特權
   이지요.
5. 明晳頭腦 構想함도 追不하다. 頭腦의活用 他動物들은 敢이 追從할 수
   없지요.
6. 手指驅使 作用함도 能通하다. 손과 손가락 作動은人間만의 特有技能
   이지요.

다른 動物들은 言感生心 엄두도 못 내는 人間다운 行實을 權威있게 維持
를 해야 한다.

自然의 攝理를 배우면서 모든 生物體를 保護하고 育成을 하여야 한다.

靈長도 大自然의 惠澤으로 살아가고 있다.

공짜이다. 이의 報答이 自然保護 育成이다.

地域 特性 維持 必要性

1. 自然의 固有環境을 永久 保存하자
2. 固有의 特産物들을 永久 保存하자
3. 遺蹟의 自然景觀을 永久 保存하자
4. 固有한 風俗은 維持하고 保護하자

5. 獨特한 産物은 育成하고 **獎勵**하자
6. 貴重한 特性은 자랑하고 誇示하자

비록 하찮은 것 일지라도 그 地域만이 가지는 固有한 特性과 條件의 狀況이다. 이를 잘 保存하여 維持를 하여야 한다.

人爲的으로 毁損을 하거나 없애면 안 된다. 우리는 過去事를 記錄하여 遺物과 같이 傳授를 하여서 지나간 歷史를 立證하도록 하여야 한다.

生體의 技能 完遂 六 段階

1. 生體는 飮食을 攝取해서 生技能 保存을 維持한다
2. 人體는 食物을 腸器에서 榮養素 生産을 擔當한다
3. 水分은 循環을 任務로서 遂行해 健康을 活性한다
4. 胃腸은 脾液을 받으면서 消化해 生命을 保障한다
5. 食物은 液化를 大腸에서 分配해 榮養을 補充한다
6. 不用은 便類를 排泄해서 生體의 活動을 助力한다

人間은 營養을 攝取해서 健康을 維持하면서 思考와 行實을 遂行함으로써 人間으로 自然 攝理로 받은 生命의 惠澤을 感謝하게 생각하고 圓滿하게 이루어질 수 있도록 最善의 勞力을 傾注하여야 합니다. 이것이 靈長 人間의 道理이다.

老來 健康 六多 守則

1. 多 雜食 〈菜蔬 와 雜食을 하고〉
2. 多 飮水 〈飮酒 兼 水飮을 하고〉

3. 多 睡眠 〈便安 한 熟眠을 하고〉
4. 多 活動 〈쉼 없이 行實을 하고〉
5. 多 行步 〈오고 감 續繼을 하고〉
6. 多 通話 〈핸드폰 活用을 하고〉

늙었다는 핑계로 行動하는 것을 忌避하지를 마시고 무엇이든지 부지런히 活動을 합시다.

率先하며 奉仕와 勞力으로 處世하여 模範을 보입시다. 이것도 健康維持의 한 方法입니다.

森羅萬象의 靈長의 行實

1. 人間像으로 處世를 하라
2. 道德的으로 行勢를 하라
3. 勤勉性으로 奉仕를 하라
4. 勉學硏究로 出世를 하라
5. 勞力誠實로 致富를 하라
6. 所有財物로 布施를 하라

地球上의 萬物 衆에서 人間만이 할 수 있는 行實이 아니겠는가?
人間으로 自負心 가지고 實踐하자. 영장으로 보람을 느끼게 됩니다.

明月의 노래

1. 靑山裏의 碧溪水야
2. 쉬이감을 자랑마라
3. 一到蒼海 하게되면
4. 다시오기 어려워라
5. 晴天明月 滿空하니
6. 쉬어간들 어떠하리.

黃眞伊〈號:明月〉가 碧溪水에게 보낸 詩句이다.

碧溪水〈閑良들〉는 明月의 美貌와 詩歌에 홀딱 반하여 虛無하게 世上을 흘려보냈다. 이와는 反對로 徐花潭〈敬德〉은 自己를 思慕하는 줄 알면서도 明月을 한 이불속에서 품에 안아서 재워만 주었다.

人生은 한 번 가면 다시 못 온다는 攝理로 一場의 春夢을 그려본 것이다.

코로나 豫防 소금

코로나로 苦生하시는 여러분들에게 정말 좋은 豫防法인 것 같아 알려드린다. 눈에도 보이지도 않는 바이러스 한 點 때문에 萬物의 靈長이라고 自負하는 70億 人類가 벌벌 떨면서 바깥 出入도 제대로 못 하고 있으니 코미디도 이런 코미디는 다시는 없을 것이다. 그것도 바이러스에 最高의 백신을 집안에 지천으로 쌓아놓고서도 먹지를 않고 數 많은 사람들이 죽어가고 있으니 참으로 어처구니가 없는 일이다.

地球上에 모든 바이러스는 外幕은 脂肪으로 덮여 있고 內幕은 蛋白質로 構成되어 있기 때문에 0.9%의 소금물에는 닿는 瞬間 滲透壓(삼투압) 作用에 依해서 터져서 죽는다는 것은 生命工學에서도 밝혀진 事實이다.

一例로 지렁이 같은 乳腺 虫은 外皮는 筋肉 細胞로 되어있고 內部는 脂肪과 蛋白質로 되어 있기 때문에 소금물에 담가놓으면 바짝 쪼그라든다. 그것은 소금물의 滲透壓 作用으로 지렁이 몸속에 들어있는 脂肪과 蛋白質을 中和시켜서 싹 뽑아냈기 때문에 바짝 쪼그라드는 것이다.

即 배추를 소금으로 절이면 물이 빠지면서 숨이 죽는 것과 똑같은 原理이다. 그와 같이 바이러스와 細菌은 外皮와 內幕까지 脂肪과 蛋白質로만 되어있음으로 눈물. 콧물. 침의 鹽度를 0.9%만 維持시켜 주면 들어오는 即時 녹아 버린다. 이것은 人體工學을 硏究하는 學者들은 다 알고 있다.

그런데 只今과 같이 數 많은 사람들이 코로나 바이러스에 犧牲이 되고 있는데도 그것을 잘 알고 있는 數 많은 專門家들은 왜 말이 없는가? 소금물로 입가심〈객=gag, ウガイ〉을 하고. 소금으로 아침과 저녁으로 양치질하고 그리고 外出에서 돌아와서도 소금으로 양치질을 하면 아주 좋다.

또한 使用 한 齒솔을 소금물에 담가 놓았다가 다시 使用하라는 것도 바이러스나 細菌을 殺菌시키기 爲함이라는 것은 三尺童子도 다 아는 事實이다.

소금은 어둡고 濕한 곳에 數 十年 間을 놓아두어도 곰팡이가 생기지 않는다. 소금은 그만큼 바이러스와 細菌에는 永遠한 天敵인 것이다.

그러므로 只今과 같이 무서운 바이러스가 猖獗할 때는 無條件 소금을 많이 먹고 體內의 鹽度를 0.9%만 維持시켜 주면 地球上의 어떠한 바이러스도 犯接을 못 한다는 것을 꼭 留念하시기 바란다.

우리 몸의 鹽分不足은 萬病의 根源이다. 人體와 소금은 必須的인 宮合이다. 이 內容을 혼자서만 알지 말고 周邊의 많은 知人들에게 傳達을 하면 사람을 健康하게 살게 해주는 慈善으로 福을 받는 일이 된다.

人生 마감

1. 살기 좋은 世上에서 衣食住가 解決이 되었고
2. 바른 일들은 무엇이든 할 수가 있게 되었으니
3. 能力껏 努力하여서 무엇으로나 奉仕를 하자
4. 남의 事情 理解하면서 이웃들과 協力을 하고
5. 모든 것은 布施하겠다는 便安한 마음 가지니
6. 人生 삶을 마감하는 데에 未練이 없도록 하자

餘生을 萎縮하거나 躊躇하지 말고 堂堂하게 살면서 할 수 있는 일은 熱心히 하여 模範된 處世와 姿勢로 後孫들에게 부끄러움 없는 人生觀으로 龜鑑이 될 일을 傳授를 하여야 하지 않겠습니까. 올바른 歷史觀의 敎育을 시켜서 眞正한 愛國心을 鼓吹시켜야 합니다. 只今 現實 狀況을 볼 때에 切實하게 느껴지고 있습니다. 望白을 살다 보니 自由民主가 第一이요 反共하는 理由입니다.

制裁 없는 人生살이

1. 흐르는 소리에 그대로 맞추어서 부르는 노래에
2. 멋대로 어울리며 律動에 맞추는 멋있는 춤사위
3. 아무런 制裁도 안받고 調和로 어울리는 멋이다
4. 여기에 아리랑의 曲調에 맞추어 흐르는 律動은
5. 自然의 攝理로 이뤄진 無假飾 順從하는 것으로
6. 萬物의 靈長인 人間도 自然에 맞춰지는 대로다

이것은 林 東昌 先生의 純粹하고 假飾이 全혀 없는 高潔한 生活相을 그대로 보고 느끼고 이에 同參을 하면서 作成을 한 歌詞이다. 3字 6項 19文字 6節로 엮어 보았다.

文 眞淑 女史에게

그곳에 머무르는 동안은 여러 가지로 고마웠습니다. 변변치는 않지만 제가 쓴 몇 권의 책을 보내오니 림 동창 선생님에게 전하여주십시오.

그곳이 "임 동창학교"라고 하는데 좀 더 구체적으로 소개하는 자료를 보내 주시면 감사하겠습니다. 안녕히 계십시오.　끝

2021.08.31.

金 世煥 드림

體型에 適應된 周邊 用品

1. 便安하게 쉬는 목걸이 倚子.〈先進國 인 美國에서는 볼 수가 없다〉
2. 둥근 볼기에 알맞은 座 便器.〈90年代 中國의 불편한 네모座 便器〉
3. 목과 머리에 알 맞는 安樂한 베개.〈便하게 쉴 수 있는 熟眠 寢具〉
4. 잘 때 발을 높게 바쳐주는 발 베개.〈잘 때에 血液의 循環 作用〉
5. 化粧紙는 四角形 切斷式으로 使用기가 참 便利하다.〈物資節約〉
6. 우리나라가 先進國이 잘 되었지마는 自肅을 합시다.〈勤愼하는 姿勢〉

先進國 어느 나라에도 못지않게 發達 한 便利 한 生活用品 들이다. 이같이 便利한 生活用品을 使用함에 대해서도 感謝를 해여야 한다. 感謝함에는 아랑곳이 없고, 값이 싸고 흔하다고 마구 버리면서 浪費를 하고 있다. 제발 아끼시고 버리지 마십시오. 使用者의 品位입니다.

類似 動物인 人間과 猿類의 比較

1. 人間은 衣服着用 保身한다. 猿類는 茂盛한털로 保身한다.
2. 人間은 住宅에서 居住한다. 猿類는 自然居處를 應用한다.
3. 人間은 加工品을 飮食한다. 猿類는 自然食物을 取食한다.
4. 人間은 손이모든 作用한다. 猿類는 取食器具로 利用한다.
5. 人間은 言語文字 使用한다. 猿類는 소리信號를 使用한다.
6. 人間은 꼬리代身 손이한다. 猿類는 體位維持를 補助한다.

人間과의 생김새가 거의 비슷하다. 몇 部位의 模樣과 形態가 若干의 差異가 있을 뿐이다. 가장 큰 差異는 猿類는 털이 茂盛하고 꼬리가 길다. 반듯이 四肢 로 걷는다. 人間은 頭腦가 發達하고 손재주가 有別나게 發達을 하여 活用하는 技能이 크게 다르다. 그래서 人間이 萬物의 靈長으로서 모든 것을 支配하며 君臨을 하는 것이다. 猿類는 나무를 잘 타며 꼬리가 補助의 役割을 해준다.

自然의 攝理를 배우자

1. 自然의 攝理는 天符經 뜻이 眞理의 根本임을 알아야 한다.
2. 自然의 萬象은 水晶 光照 雪形 蜂巢 六本을 알아야 한다.
3. 自然의 動物은 無識하지만 順應하는 姿勢을 알아야 한다.
4. 自然의 人間은 靈長이지만 遵守하며 淳朴을 배워야 한다.
5. 自然의 人間은 謙遜한 姿勢로 더욱더 萬像을 배워야 한다.
6. 自然의 人間은 動物世界의 順從하는 姿勢를 배워야 한다.

人間은 萬物의 靈長이라고 하면서도 自慢함이 많으니 謹愼과 自肅을 하며 模範된 處世로 自然의 攝理에 따르며 形而下學的이면서 六何의 原則과

事理에 맞도록 合理的으로 處身을 하면서 살아가야 한다.

俗人과 賢人의 差異

1. 俗人은 四寸이 땅을 사면은 猜忌를 한다.
2. 賢人은 四寸이 땅을 사면은 稱讚을 한다.
3. 俗人은 이웃들이 잘 살면은 嫉妬를 한다.
4. 賢人은 이웃들이 잘 살면은 滿足을 한다.
5. 俗人은 親舊가 出世 하면은 卑下를 한다.
6. 賢人은 親舊가 出世 하면은 慶賀을 한다.

平凡한 우리 凡人들은 評價는 제대로 못 하더래도 賢人의 말씀은 實踐을 하도록 努力하여야 한다.

自由民主主義를 選擇한 大韓民國

1. 새나라의 自由民主義 國家가 되었다.
2. 經濟强國 隊列同參의 國家가 되었다.
3. 受援國이 支援을하는 國家가 되었다.
4. 自肅하며 더욱努力을 姿勢로 합시다.
5. 基盤構築 成就했으니 基礎로 합시다.
6. 大韓民國 希望抱負의 指標로 합시다.

李承晚 大統領의 自由主義 國家 建國과 韓美防衛條約의 締結과 朴正熙 大統領의 自由經濟 基盤 構築과 反共 意識 鼓吹로 治國을 하신 德澤으로 先進國이 된 것을 否定할 수가 없다. 繼續 努力하여 發展을 持續하면서 模範

國家의 標本이 되어야 하겠다. 또한 "새 마을 運動"과 같이 "새 마음 運動"을 展開하여 和合하는 平和롭고 潤澤한 和合의 世上을 이룩하여야 하겠다.

九月 九日은 어떤 날인가?

1. 自古로 우리나라의 傳統인 九九節 날
2. 1945年 UN美軍이 韓國에 進駐 한 날
3. 1945年 朝鮮總督이 降文書 調印한 날
4. 1945年 美軍軍政을 南韓에 始作한 날
5. 1948年 朝鮮人民의 共和國 宣布한 날
6. 1976年 中國共産黨 毛澤東 死亡한 날

地球之上 萬物之衆 人間됨이 最貴하다

太陽系 地球上에 살고 있는 森羅億兆蒼生衆에서 사람됨이 가장 高貴하다고 한다. 그러면 萬物의 靈長으로서 品位를 維持하고 模範된 行實로 權威를 세워야 한다.

1. 倫理道德을 崇尙하여 生活信條로 處世를 하고.
2. 學文知識을 硏磨하여 才能技術로 行實을 하고.
3. 勤勉努力을 實踐하여 蓄積財物로 布施를 하고.
4. 國家發展을 爲始하여 率先的으로 獻身을 하고.
5. 行實體驗을 基盤하여 自發的으로 實踐을 하고.
6. 生前過程을 記錄하여 後世에게로 傳授를 하고.

人間으로 平生을 살아온 모든 經驗은 그 時代의 歷史이다.

事實을 그대로 記錄하여 傳해 줌으로 後世들이 살아가는 데에 參考가 될 것이다.

先賢들의 말씀과 같이 바로 前 世代의 行實이 實感이 나는 生活에 參考가 될 것이다.

望白 人生살이의 現實

많은 분들과 만나게 된다. 人事가 健康하세요.이다. 거의 가 後輩이다. 先輩로는 金亨錫 先生 한 분이 계실 뿐이다. 내가 바라는 것은 "健康하세요"보다는 어떻게 消日하고 지내세요. 어떤 飮食을 좋아하세요. 只今도 글을 쓰고 계시나요. 等이다.

말하자면 健康 維持를 爲한 方法을 問議하는 것이다. 健康은 自己가 하는 것이다. 訪問을 하게 되니 무엇인가 사서 가지고 온다. 나를 爲한 것보다 自己 本位로 사서 가지고 온다. 나는 그 膳物을 고맙게 處理를 하여야 한다. 負擔이 된다. 膳物은 可及的 적고 消耗品이 바람직하다.

나는 내가 베풀 수 있는 雰圍氣를 希望하고 있다. 生活의 餘裕가 있으니 만나서 같이 즐기는 雰圍氣가 나의 健康 維持의 한 過程이기 때문이다.

百歲를 넘긴 헨리 키신저의 生活 習性

美國의 國務長官을 지낸 "헨리 키신저"는 1923年 生으로 100歲가 넘었다.

그분의 아들이 提示를 한 "나의 아버지 百歲 長壽 秘訣"은 다음과 같습니다.

1. 旺盛하게 活動을 하고 계시다.
2. 쇠고기等 肉食을 하고 계시다.
3. 부지런히 일들을 하고 계시다.

4. 行實은 龜鑑되게 하고 계시다.

5. 好奇心 多樣하게 하고 계시다.

6. 知能으로 探究를 하고 계시다.

7. 强한使命 所有를 하고 계시다.

8. 繼續하여 執筆을 하고 계시다.

只今도 好奇心과 使命感을 가지고 무엇이나 꾸준히 熱情的으로 誠實하게 부지런히 하고 계시지만 平生에 좋아하든 運動은 안 하고 계시다.

이것이 "한다. 준다. 배운다." 이 세 가지를 成就하자는 것이 長壽 秘訣法이다. 長壽를 한다는 것은 自己 食性대로 먹으며 趣味대로 繼續 活動하는 것이다.

— 朝鮮日報 記事를 간추려서 整理를 했다. —

사람 사는 道理

1. 父母에게는 恭敬을 드려야 하고

2. 스승에게는 尊敬을 다해야 하고

3. 親舊間에는 信義를 지켜야 하고

4. 이웃間에는 和睦을 가져야 하고

5. 後輩에게는 模範을 보여야 하고

6. 社會에서는 奉仕을 하여야 하고

森羅萬象衆의 生命體로 태어났음에 感謝를 하여야 한다. 하물며 人間으로서 萬物의 靈長이라고 한다면 받은 恩惠에 무엇인가 報答을 하는 態度로 率先垂範을 보여주는 模範된 姿勢가 必要하지 않겠는가.

實踐하도록 勞力하시라.

世上을 살아가는 理致

1. 自然理致는 攝理로서 生物들을 誕生하고
2. 봄이되면은 木草로서 葉花들을 滿開하고
3. 여름되면은 雨水로서 成長들을 補助하고
4. 가을되면은 結實로서 胞子들을 確保하고
5. 겨울되면은 景雪로서 平安들을 維持하고
6. 人間이면은 授受로서 滿足들을 感謝하고

平生을 自然의 惠澤으로 別탈 없이 便安하고 幸福하게 살고 있는 것에 對하여 大自然에 感謝함을 느껴야 한다.

南 · 北한 問題를 바로 알자

- 文橓炅 -

1. 南 北韓 經濟指標의 格差

1) 2020年의 統計廳 統計에 依하면 韓半島 全體 面積은 22萬3千㎢이다. 이 中 南韓이 10萬㎢이고 北韓이 12萬3千㎢이다. 領域으로는 北韓이 若干 많지만, 그러나 人口는 南韓이 5,178萬名 北韓이 2,537萬名으로 南韓이 北韓보다 約 2倍가 된다.

2) 國民 總所得〈GNI〉은 南韓 1,948兆원이고 北韓이 35.4兆원으로 南韓이 約 55倍이며, 1人當 GNI도 3,762萬원 對 141萬원으로 南韓이 約 27倍이다.

3) 國內總生産〈GDP〉은 南韓이 2조4,358億$〈1,919兆원〉北韓은 40億$〈35,3兆원〉으로 南韓이 61倍가 많으며 國民의 1人當 GDP도 4萬7千$ 對 2千3百$로 20倍의 差異가 난다. 南韓은 世界의 標準 線이라는 3만$ 線을 이미 2017年에 넘어섰다.

國家經濟는 곧 그 나라의 國力이고 現代戰은 곧 國力인 經濟力 戰爭일진

대, 이와 같은 經濟指標를 보고 느끼게 되는 것은 設使 南北 間에 戰爭이 일어난다고 할지라도 北韓은 아직 南韓의 敵手가 될 수가 없겠군, 하는 생각을 하게 된다.

北韓이 種種 큰소리를 치지만 그것은 弱者의 虛勢를 부리는 것으로 들릴 뿐이다. 그래서 어떤 이는 이럴 때 北韓을 吸收 統一을 해 버려야 하지 않겠느냐고 말을 한다. 또한 어떤 이는 우리나라가 꼭 北韓과 統一을 해야 하느냐? 南北韓은 異質化가 深化되고 있는데 더 以上 統一 主張은 現實性이 없지 않다며 韓民族 共同體라는 感傷的 情緒에 억매이지 말고, 그들은 그들대로 金 氏 世襲의 社會主義國家로 내버려 두고 우리는 우리대로 自由民主主義를 享有해 나가자고도 한다. 다만 北韓은 核保有國이어서 國防力 不均衡의 不安이 있으나 核 問題는 世界의 核保有國의 相互牽制에 依存하면 될 일이다. 라고도 한다.

그러나 이러한 생각 들은 모두 南 北韓의 問題를 제대로 理解를 하고 있지 않는 데에서 오는 錯視로 餘談일 수밖에 없다. 錯視란 事物을 錯覺으로 잘못 보는 것이다. 왜냐하면 우리나라의 歷代 政府는 南北한 問題를 平和共存, 交流 協力, 協議 統一을 基本政策으로 定立하고 國際社會에 提示해놓고 있기 때문이다.

2. 양무진 敎授의 "吸收 統一에 對한 錯視" 칼럼

北韓 大學의 大學院 敎授인 양무진 씨는 2021年 8月 15日 光復節에 즈음하여 京鄕新聞에 "吸收 統一에 對한 錯視"라는 칼럼을 揭示하였다. 양 博士는 北韓 學을 專擔한 敎授로서 이 칼럼은 南北韓 問題를 보는 우리 社會의 精製가 되지 않은 見解들을 바로잡은 길잡이 같은 글이어서 그 全文을 여기에 옮긴다.

最近 李 준석 "국민의 힘" 黨 代表는 統一部의 廢止에 이어 本人은 平和的인 吸收 統一 論者라고 밝혔다. 그가 主張하는 吸收 統一이란 南 北 韓間의 體制競爭 結果로 南韓이 北韓을 吸收하는 統一方式을 뜻하는 것으로 보

이는데. 이것은 決코 同意하기가 어려운 發想이라고 생각한다.

첫째 : 吸收 統一은 國民 輿論 收斂을 거쳐 樹立한 政府의 統一方案과 背馳가된다. 우리政府의 公式的 統一 方案은 金泳三 政府의 "民族 共同體 統一方案"이며, 이것은 歷代 政府를 거쳐 現政府까지 繼續되어오고 있는 方針이다. 그 主要 內容은 南北이 相互體制를 尊重하는 가운데 "和解協力, 南北聯合, 統一國家"라는 3段階를 거쳐 統一을 完成해 나간다는 것이다.

政府는 吸收 統一을 排除하고 南北이 和解와 協力을 土臺로 한 平和的 漸進的 段階的 統一을 一貫되게 追求하고 있다. 李明博 朴槿惠 政府도 吸收 統一을 排除한다는 立場을 밝힌 바 있다. 文在寅 大統領은 2017年 獨逸의 쾨르버財團 招請演 하지 않을 것이며, 人爲的 統一을 追求하지도 않을 것임을 分明이 했다.

둘째 : 北韓의 崩壞를 前提로 하는 吸收 統一은 現實性이 없다.

北韓은 經濟와 코로나19와 水害 等으로 經濟的인 어려움을 겪고 있지만 나름대로의 忍耐性을 가지고 體制를 維持 해 나갈 것으로 본다. 어려웠던 1990年代 中盤의 "苦難의 行軍" 時期에 國際的인 孤立과 自然 災害에 더하여 中央集權的 計劃管理 體系마저 제 技能을 喪失함에 따라 큰 危機를 겪었었지만 이를 잘 견디어냈다. 그때와 比較를 하면 只今은 장 마당〈北韓의 市場〉擴張 等으로 經濟시스템이 變했으며 短期的인 衝擊에는 充分히 對處할 수 있는 能力을 갖추었다고 評價하는 이도 있다.

또한 美國 日本 中國 러시아 等 과의 複雜 한 利害關係가 交叉하는 東北亞의 地政學的 特殊性과 尖銳 한 美 中 間의 競爭 等을 考慮를 한다면 北韓 體制에 對한 人爲的인 現狀 變更의 推進은 想像하기가 어렵다.

美國 트럼프 政府의 티러슨 國務長官은 北韓의 政權交替나 政權 崩壞를 推進하지않는 다는 것을 公開的으로 宣言하였고, 中國 또한 韓半島의 平和와 安全 維持를 最優先의 目標로 삼고 있다.

셋째 : 吸收 統一은 南北 關係 發展과 韓半島平和觀點에서도 바람직하지 않다.吸收 統一論의 擡頭는 北韓이 對話나 交流보다 體制競爭, 內部結束, 行動能力 高度化 等을 强化하기 爲 한 빌미로 提供함으로서 韓半島의 軍事的인 緊張을 高調시키고 南北關係 發展도에 惡影響을 招來한 것이며 韓半島의 完全한 非核化와 恒久的인 平和 定着에도 全혀 도움이 안 될 것이다. 이뿐만 아니라 吸收 統一을 追求하는 境遇는 國際社會에 대해 强壓的이고 平和와 背馳되는 否定的인 이미지를 擴散시켜 우리의 統一政策에 對한 國際的 支持를 弱化시키게 된다.

그리고 平和的인 吸收 統一은 事實上으로 矛盾이 있다. 吸收 統一은 體制競爭, 體制崩壞 等이 前提 된 것으로 平和的이고 協議的 統一 方式과 兩立을 하기가 어렵다. "국민의 힘" 李준석 黨代表는 收拾 統一은 戰爭으로 問題를 解決하자는 것이 아니라고 主張을 하지만, 北韓은 吸收 統一을 "戰爭을 불러오는 길" "體制競爭"이라고 非難을 하면서 敏感한 反應을 보이고 있다.

1972年에 發表한 "7·4 南北 共同聲明"을 通해 南과 北은 統一을 平和的 方法으로 說明해야 한다는 原則을 宣言하였고, 相互 間의 誹謗과 武力挑發도 하지 않으며 軍事的인 衝突을 防止하기 爲하여 積極努力하기로 約束한 바 있다.

이와 같은 原則은 그동안 南北韓 間의 對話와 合意의 基本精神으로 一貫되게 維持가 되어왔고 韓半島에서 더 以上의 戰爭은 없을 것이며, 새로운 平和時代가 열렸음을 闡明한 2018年 "板門店 宣言"으로 이어졌다.

흔히 吸收 統一의 根據로 獨逸事例를 提示해 본다. 그러나 獨逸統一은 "吸收統一"이 아니라 "同和的 協議統一"이었다. 東西 獨은 數 十年 동안 相互尊重을 바탕으로 交流와 協力의 過程을 거쳐오다가 東 西獨 住民들의 自由意思에 依한 選擧를 通해서 東 獨이 西 獨 體制에 編入되었던 것이다. 獨逸統一에서 우리가 注目을 하야할 것은 "相對方에 對한 尊重과 認定, 定期的 交流와 信賴構築" 過程을 通해 東西 獨 住民들의 서로를 받아드리면서 統一을 이루었다는 點이다.

結局 우리가 追求해야 할 現實的이고 바람직한 統一의 過程은 韓半島의 平和 共存과 共同繁榮을 土臺로 하여 南北韓이 自然스럽게 하나의 共同體를 形成하고, 窮極的으로 統一에 協議해 나가는 것이라 할 것이다.

金亨錫 先生님의 말씀

— 朝鮮日報 —

102歲의 哲學者 金亨錫 先生의 苦言입니다.

"言論仲裁法은 文在寅 保護法, 教育文化 下向 平準化도 深刻"

金亨錫 延世大學校 名譽教授는 日帝强占期에 태어나서 軍國主義와 植民治下의 受侮와 共産治下에 살면서 軍事獨裁도 겪어본 사람으로 南下를 하여 韓國에서 살면서 1960-70年代에 基盤을 닦으면서 쌓아 올린 經濟 成長을 이룩한 이 나라가 무너지는 氣分이라며, 文在寅 大統領이 就任辭에서 約束한 나라와는 完全 反對가 되는 方向으로 나라를 이끌어 가고 있다고 말씀을 하셨다.

지난 11日 仁川의 執筆室에서 만난 102歲의 哲學者는 "나라가 없이 살아온 나의 世代는 태어날 때부터 나라가 있던 사람과는 다른 愛國心이 있다."며 "그 마음을 버릴 수 없어서 이렇게 苦悶을 하고 있다."고 말을 했다.

이날의 인터뷰는 朴元淳 前 서울市長의 遺族 側 法律 代理人 정철순 辯護士가 文在寅 政府를 批評한 金亨錫 教授를 向해 "이래서 오래 사는 게 危險하다."는 等 막말을 한 契機가 되었다. 하지만 金教授은 "그것은 個人的인 일이고 問題를 삼고 싶지도 않다"면서 이달 末에 國會 通過가 豫告된 言論 仲裁法과 退場을 6個月 남긴 文在寅 政府를 强度가 높게 批判을 했다.

이 自由民主 法治國家를 어떻게 만들어 놓았는데 文在寅 政府가 言論 改正法, 住宅 賃貸借 保護法 等 不必要한 法을 急造해서 國民들을 더욱 不幸하게 한다고 그는 診斷을 했다.

金亨錫 教授는 "只今 國家에서 言論과 市場의 自律性을 統制하는 方向인

過去로 退行하고 있다."며 "政府統制가 漸漸 甚해지면 結局은 中國과 비슷해질 것"이라고 憂慮를 했다. 그는 "特惠言論 仲裁法은 政權維持를 하기 爲해 부끄러운 歷史를 만드는 일"이라고 甚하게 말을 하면서 "文在寅 保護法"이라고 一喝을 했다. 金亨錫 敎授는 또 "敎育과 文化의 下向 平準化도 무서울 程度"라고 했다.

우리 生活 24時間

우리는 하루 24時間을 2/3인 16時間은 垂直 立體 活動을 한다.
1/3인 8時間은 水平 狀態로 就寢 休息을 가지며 生活을 한다.
24時間의 1/3은 就寢, 1/3은 休息, 1/3은 勤務 生活을 한다.
이의 效率的인 活用이 대단이 重要하다. 이는 다음과 같다.

  1. 夜間 8時間의 就寢 時에는
    1) 身體는 活動技能이 安定되며 熟眠을 한다.
    2) 臟器는 水平狀態에서 便安히 作用을 한다.
  2. 午前 3時間의 休息 時에는
    1) 用便後 洗面正裝 食事와 出勤準備를 한다.
    2) 出勤을 하면 點檢을 하고 職務準備를 한다.
  3. 午前 4時間의 勤務 時에는
    1) 職務 遂行은 雜念이 없이 最善專念을 한다.
  4. 晝間 1時間의 休息 時에는
    1) 食堂에서 同僚들과 對話하며 食事를 한다.
    2) 食後에는 構想을 하며 便安이 休息을 한다.
  5. 午後 4時間의 勤務 時에는
    1) 職務 遂行에 雜念이 없이 責務完遂를 한다.
  6. 午後 4時間의 休息 時에는

1) 退勤을 하면 집안을 點檢하고 休息을 한다.
2) 저녁에는 家族과 같이 즐겁게 食事을 한다.

몸에 좋다는 飮食物

1. 魚類는 머리. 2. 肉類는 꼬리. 3. 鳥類는 날개. 4. 水産魚類는 長魚 等.
5. 海藻類는 미역, 김 等. 6. 穀類는 보리, 밀 콩等. 7. 菜類는 마늘, 파 等.
8. 果實類는 대추, 밤 等. 9. 飮類는 各種 茶, 牛乳, 醱酵 飮類, 막걸리 等.
　　몸에 좋다는 科學的 根據는 分明하지 않아도, 多樣한 飮食物 類 中에서
營養價가 豊富한 飮食物이 몸에 좋을 것이다. 우리의 傳統과 慣習으로 즐겨
먹을 뿐이다.

食衣住 三大要素

　　사람이 살아가는데 絶對로 必要한 基本條件이 세 가지이다. 卽 몸을 保
護하기위해 입는 옷을 입어야 한다. 살기 위해 먹는 먹거리를 먹어야 한다.
居住하기 위해선 집이 있어야 한다.

1. 먹거리 [飮食]
　　飮食은 主食과 副食으로 分類를 하며, 밥, 국, 飯饌으로 分類 한다. 밥은
絶對 主食이며 補助 主食인 국이 따른다. 飯饌은 主食의 口味를 돋우기 위
해서 곁들인 補助食品이다. 밥의 材料는 主로 穀物이며 우리나라에서는 쌀
과 보리가 大宗을 이룬다.
　　국은 메마른 밥을 풀어서 먹기 좋게 補助를 해준다. 飯饌은 너무 多樣하
여 解說을 할 수가 없을 程度이다. 飯饌 資料는 먹을 수 있는 材料이면 무엇
이든지 솜씨에 따라서 만들어낸다. 肉類, 魚類, 菜類 等 多樣하다. 調味의

方式도 아주 많다. 地方에 따라 그 特色을 자랑하며 數十가지의 飯饌을 陣烈하며 그 調味 方式에 따라 맛이 다르다.

2. 옷 [衣服]
사람은 몸을 保護하는 털이 없어서 옷을 만들어 입는다. 옷은 多樣하며 條件과 行動 便宜에 따라 構造가 變化를 한다. 色相도 單純 儉素한 것과 華麗 美麗하며 複雜하다. 季節따라 適應하는 變化 構造로 만들어 입는다. 人間으로서의 品位를 維持해주는 옷이다. 人生 삶의 멋이기도 하다.

3. 집 [住宅]
비와 바람을 마고, 變化하는 氣候에 適應토록 만들어서 그 속에서 取食就寢等 生活居住를 하는 構造物이다. 움집부터 오막사리, 草家집, 多層建物을 비롯하여 大形빌딩 等 아주 多樣하다. 經濟形便이 좋아지면서 豪華住宅이 發展하고 있다. 보다 便安한 住居環境으로 꾸미는 造型物이다. 自己의 分에 맞는 집에서 사는 것이 便安하다. 慾心을 갖지 마시라.

流行 疾病 免疫과 豫防의 自然條件

우리의 食飮 生活은 免疫條件이 갖추어져 있다고 본다. 人間은 怜悧하여 免疫性 飮食物로 만들어 먹여주고 있다. 손은 자주 씻어야 한다.

1. 鹽分食物을 많이 먹어라.
2. 마늘食品을 많이 먹어라.
3. 人蔘添加를 많이 먹이라.
4. 醱酵飮食을 많이 먹어라.
5. 醱酵水分를 많이 마셔라.
6. 手指口腔을 많이 씻어라.

山林을 保護 育成을 하자

나무를 保護하고 育成을 하지 않으면 人間福祉 生活에 큰 被害를 본다.

人間이 自然의 攝理로 태어난 것과 같이, 樹木도 自然의 攝理로 生育을 하고 있지만 어떠한 目的을 가지고 있다고는 볼 수 없다. 그러나 人間 生活에 도움을 주고 있는 것은 事實이다. 그러니 樹木을 保護를 하고 育成을 하여야 한다. 다음에 樹木이 人間에게 주는 惠澤을 적어 보았다.

1. 나무는 燃料땔감 利用하면 山林荒幣 黃土山 된다.
2. 나무는 水分吸水 作用으로 汚染濁水 淨化가 된다.
3. 나무는 不足하면 木材造型 構造形物 生産안 된다.
4. 나무는 秀麗하고 茂盛하게 造林形成 景觀이 된다.
5. 나무는 含水하여 山沙汰와 河川氾濫 防止가 된다.
6. 나무는 治水로서 綠化하며 國家經營 基盤도 된다.

生命體인 人間의 健康 維持 項目

1. 性 生活 〈生體의 모든 機關의 活性作用〉
2. 食 生活 〈生體의 모든 機關의 營養確保〉
3. 飮 生活 〈生體의 모든 機關의 循環流通〉
4. 眠 生活 〈生體의 모든 活動의 安定休息〉
5. 動 生活 〈生體의 모든 構體의 活動作用〉
6. 步 生活 〈生體의 모든 形態의 機能維持〉

健康管理는 自身이 하는 것이다. 알았으면 實踐을 하시라.
늙을수록 더욱 그러하다. 남의 도움을 期待하지 마시라.
自力으로 自己 일을 遂行함이 道理이며 健康 維持가 必須다.

우리나라에서 자라는 土種 動植物을 勸奬한다

白頭大幹을 따라 이루어진 우리나라 半島 地勢에서 生育을 하는 土種 草植物과 動物은 世界 어느 곳에서도 찾아보기가 어려운 特殊한 優秀性을 가지고 있다고 한다. 代表的인 것으로서 植物에는 人蔘과 果實이 있고, 家畜에는 土種 벌꿀, 土種 닭, 土種 돼지, 土種 소, 土種 黑염소 等이 있다.

江原道 洪川郡 東面 魯川里에서 "홍복 農園"을 經營하면서 "黑염소 重湯"을 生産하고 있는 李동성 氏의 말이다. 2021. 10. 08. 金. 朝鮮日報 一面記事와 제가 創作한 "이 江山 좋을시고"에서 言及한 바와 같이 우리나라에서 生育이 되는 모든 土種 動植物은 全世界에서 無比의 優秀한 生物들이다.

이와 같은 貴한 存在이니 國家的인 次元에서 勸奬하고 奬勵를 하여야 한다고 본다. 形態는 작고 볼품은 없지만 그 營養價와 맛은 優秀하다. 이 江山 自然의 惠澤이다.

왜 植民地가 되었는가

우리나라가 19世紀 前半까지는 日本國의 先導國이었다. 1,800年 後期부터 國粹主義로서 當時의 權威者 興宣 大院君은 鎖國政策으로 獨善 政策을 했고, 先見之明이 있는 日本國의 明治時代의 人物들은 나름대로 先進한 西洋 文物을 導入하여 國家發展에 寄與를 했다.

如何간 過去를 只今 時點에서 따지자는 것은 어리석은 行爲다. 이제라도 깨 닳았으면 스스로 反省을 하고 過去와 같은 優越한 姿勢로서 先導를 하는 것이 剋日하는 姿勢가 아니겠는가.

只今 時代는 온 世界가 自由와 平等으로 營爲하는 世上이다. 서로 協同하고 融合을 하면서 共生하는 雰圍氣를 造成하는 것이 最善의 方策이다. 只今 韓美防衛條約을 굳건히 하고 韓·美·日 協同으로 더욱 結束하여 反共 體制를 强化하여 對處를 하여야 할 때이다.

居住 家屋의 坪數에 對해서 分析을 해보자

1. 住宅 坪數는 房 하나, 居室, 廚房, 洗面沐浴 化粧室과 玄關으로 이루어진 構造의 16坪 程度로 獨居 老人用으로 한다.

2. 住宅 坪數는 房 둘, 居室, 廚房, 洗面 沐浴 化粧室과 玄關으로 이루어진 構造의 18坪 程度로 新婚夫婦 用으로 한다. 住居의 基本形이다.

3. 住宅 坪數는 房 셋, 居室, 廚房, 洗面 沐浴 化粧室 둘과 玄間으로 이루어진 構造의 25坪 程度로 夫婦와 幼 子女 居處 用으로 한다.

4. 住宅 坪數는 房 넷, 居室, 書齋, 廚房, 洗面沐浴 化粧室 둘과 玄間으로 이루어진 構造의 43坪 程度로 夫婦 房 讀書執筆 書齋와 長成 子女들과의 分離 使用 房

5. 特性 條件에 맞추어 더 便宜 한 대로 坪數를 增加 할 수도 있다.

6. 過剩 坪數는 住居는 非 經濟的이며 分에 맞지 않으므로 삼가하는 것이 좋겠다.

그리고 能力 獨身者〈未婚 獨身者〉들의 1人 1世帶의 居住者는 많은 稅金을 賦課〈基本 稅金의 4倍〉하는 等 어떠한 方法으로라도 牽制를 하여야 하며 成年이 되면 結婚하여 子女 4名〈基本 稅金〉 以上을 낳도록 督勵와 勸奬을 하면서 惠澤〈稅金 減免, 學資金 補助 等〉을 주어야 한다고 보는 것이다.

늙지 않는 비결(秘訣)

-좋은 글 中에서-

늙지 않는 秘訣인 불로장생(不老長生)이 인간(人間)의 소망(所望)이라면 생로병사(生老病死)는 人間의 숙명(宿命)일 것이다. 영원(永遠)히 늙지 않는 秘訣은 이 세상(世上) 어디에도 없겠지만 마음이 몸보다 먼저 늙는 것만 경계(警戒)해도 훨씬 더 오래도록 젊음을 유지(維持)할 수 있다고 한다.

다음의 여섯 가지만 警戒를 하여도 우리는 천천히 아름답게 늙어 갈 수 있다.

첫째는 박이박구(薄耳薄口) : 귀가 얇아서 남의 말 듣기 싫어하고, 입은 얇아서 자기(自己) 말만 쏟아내는 것은 警戒을 해야 한다.

둘째는 망집자제(妄執自制) : 사소(些少)한 일에도 스스로 투사(投射) 하여 내가 가지고 있는 감정(感情)은 스스로 抑制(억제)하면서 다른 이에게 화(禍)풀이로 고집(固執) 피우는 것을 警戒해야 한다. 망집(妄執)을 버리고 마음을 풀어 놓으면 늙지 않는다.

셋째는 중언부언(衆言浮言) : 말을 하고자 하는 욕심(慾心)이 앞서 내용(內容)은 없고 말 만 많아져서 표현(表現)이 어지러워지는 것을 警戒해야 한다. 慾心이 없으면 언어(言語)가 간결(簡潔)해지게 마련이다.

넷째는 백우무행(百憂無行) : 百가지 근심(謹審)만 할 뿐 아무것도 行하지 않는 것을 警戒를 해야 한다. 걱정이 생기면 몸을 움직이어 문제(問題)를 解決(解決)하여야 하는데 그리하지 않으니 몸이 늙을 수밖에 없다.

다섯째 의지고안(依支故安) : 옛것에 기대어 안주(安住)를 하려는 마음의 警戒를 하여야 한다. 항상(恒常) 새로운 것에 대(對)해 열려있는 마음과 낯선 것들에 對해서는 관대(寬大)한 태도(態度) 그리고 끝이 없는 호기심(好奇心)이 불로(不老)의 비책(祕策)이다.

여섯째 허심탄회(虛心坦懷) : 비운 마음으로 모든 것은 털어놓고 현실
(現實)과 사실(事實) 그대로 만족(滿足)을 하시라. 욕심(慾心)은
금물(禁物)이다.

늙으신 分들은 부디 이 여섯 가지를 警戒하시면서, 언제까지나 젊음을
維持하는 아름다운 벗이 되시기를 빕니다.

近代 歷史를 이루어 놓은 三大 業績

1945年 8月 15日에 日帝의 植民地에서 解放이 되어 只今과 같이 豊饒를
이루면서 살고 있다. 지난 70餘年 동안에는 光復 後의 混亂 時期와 左翼 右
翼 派 間의 思想 軋轢(알력)과 6·25南侵의 戰禍로 모든 産業 施設이 破壞된
荒蕪地에 가까운 狀況에서 오늘날과 같은 豊饒로운 世上으로 만들어 놓은
세 가지의 業績을 살펴본다.

첫 번째 業績 : 38度線 分斷 確定에 따라 以南에 "自由民主主義 國家의
建設" 1945年 "얄타會談"에서 蘇聯의 要求를 美國이 받아들이어 "38度線 分
斷"이 決定되었다. 萬若에 "38度線 分斷"을 美國이 拒絶을 했다면 蘇聯은
韓半島 全體를 占領하여 進駐했을 것이다. 그때에 蘇聯은 咸鏡北道 北端에
進入했고, 美軍은 日本國의 오키나와에 上陸을 했을 뿐이다.
어떤分은 美軍이 38度 線을 分斷 劃定하고 南韓을 占領했다고 非難을 한
다. 그러나 누가 38度線으로 分斷시킨 것을 따질 必要가 없다. 如何間 38度
線 以南이나마 李承晩 大統領이 自由民主主義 國家를 建設한 것이다. 이것
이 첫 번째의 業績이다. 38度 線의 確定 德澤이다.
우리는 感謝를 하여야 한다. 卽 自由民主主義 大韓民國을 樹立하게 되었
고, 韓美防衛條約을 締結해 놓은 것이 李承晩 大統領의 첫 번째의 業績이다.

두 번째 業積 : 韓美防衛條約 締結로 "國家安保 體制의 構築"

38度線 以南이나마 自由民主主義 大韓民國을 建國하여 安保를 維持하면서 現在 經濟 先進國 隊列에 끼게 되었다. 李承晩 博士는 美軍政과 協力을 하면서 所謂 빨갱이의 亂動을 鎭壓하면서 自由民主主義 大韓民國을 樹立하였고 따라서 韓美相互防衛條約을 締結하여 國家安保를 굳건히 해놓았다. 只今 韓美相互防衛條約의 德澤으로 再 南侵 없이 便安하게 살고 있는 것이다. 이것이 두 번째의 業積이다.

即 自由民主主義 大韓民國을 樹立하게 되었고, 韓美防衛條約을 締結해놓은 것이

李承晩 大統領의 業積이다. 이에 對해서도 感謝를 해야 한다. 解放을 맞이하던 그 當時에는 無秩序와 混亂의 時期였다. 現在는 休戰 中이다. 北쪽에서는 繼續 虎視耽耽 南侵을 노리고 있는데도 左派를 擁護하면서 北쪽의 脾胃를 맞추고 있으니 寒心하기가 짝이 없다. 安保條約 締結을 해놓았는데도 美軍撤收만 主張하고 있다. 美軍은 日本의 植民地에 進駐을 하여 植民統治에서 우리나라를 解放시켜 준것 뿐이다. 38度線은 自由와 民主主義를 守護하는 마지노線이다.

李承晩 博士는 親日派가 아니다. 徹底한 反日 制日派로서 私利와 私慾이 없이 오직 國家와 民族만 爲해 平生을 받힌 愛國者이다. 建國과 安保 構築의 功勞者이다.

세 번째 業積 : 自由民主主義와 反共 體制로 "經濟基盤의 構築"

朴正熙 大統領은 反共 體制로서 "새마을運動"을 提唱하여 展開하면서 부지런히 일을 하자고 率先垂範으로 앞장서서 督勵하면서 "漢江의 奇蹟"으로 經濟基盤을 다져서 經濟富國과 反共 强兵을 構築을 하였다. 即 새마을運動으로 보릿고개의 배고픔을 解決하게 되었고 透徹한 反共精神으로 經濟基盤을 다져놓으신 德澤으로 豊饒로운 生活을 하고 있다. 이에 대해서도 感謝를 해야 한다. 이것이 세 번째의 業積이다.

朴正熙 大統領은 日本軍 陸士出身으로 徹底한 親日派였다. 한때는 共産

主義를 信奉했다. 그런데 朴正熙는 大統領이 된 後 모든 體驗을 바탕으로 私利와 私慾이 없이 오직 救國의 一念으로 親日派 時節에 배운 知識과 經驗을 바탕으로 國家와 經濟發展의 基礎를 다져놓은 克日 主義의 愛國者이다.

또한 共産主義의 不合理性을 體驗으로 判斷을 하여 反共 體制를 統治의 理念으로 삼아서 敢이 共産黨의 南侵을 徹底이 防禦를 했다.

70餘年의 짧은 期間에 우리나라가 오늘과 같이 復興된 實證을 이룩한 以上의 세 가지 業績 事實을 제대로 가르쳐서 자랑하는 自負心을 가지도록 하는 것이 어떨까. 잘못 가르쳐서 이 偉大한 業績들을 헐뜯게 하여서는 안 된다.

그러면 以上과 關聯이 되어 있는 事件들을 더듬어 본다.

* 4·19 義擧

왜 義擧가 일어났는가. 李承晚 大統領은 自由民主主義 國家를 建國하고 오직 自由民主 國家 體制의 保衛와 安保 維持를 爲하여 政權을 守護하고 있었다.

이것은 獨裁가 아니고 國家守護의 防牌者이다. 李承晚 政權을 打倒하기 爲한 것이 아니다. 이때에 李起鵬이 李承晚 大統領을 背景으로 自稱 副統領인 양 眼下無人으로 나라를 마구 어지럽힌 데 대한 愛國市民의 蜂起였다. 오죽했으면 아들인 李康石이 自己 父母를 自己 拳銃으로 弑害하고 自殺을 했겠는가.

救國 行爲이다. 愛國者이다. 李承晚 打倒가 아니다. 李起鵬 打倒이다. 李承晚 大統領은 4·19 義擧를 잠재우시고 스스로 下野를 하셨다. 이것이 4·19 義擧이다. 革命이 아니다.

* 5·16 革命

4·19 義擧 以後에 들어선 張勉 政府의 無能으로 社會가 온통 昏迷 狀態에 빠졌다. 이를 坐視하지 않고 朴正熙 將軍의 意志에 同調를 하는 軍人들이 救國하는 信念의 精神으로 일으킨 것이 5·16 事件이다.

朴正熙 將軍이 國權을 掌握하면서 紊亂하던 社會秩序를 바로잡고, 배고 픔과 보릿고개를 克服하기 爲해서 일으킨 "새마을運動"으로 經濟基盤을 다 져놓은 結果는 다음과 같다.

1. 一人 當 國民所得 : 80.1$에서 1,720.1$로 20.5倍 增加
2. 年平均 經濟成長率 : 最高 10.2%, 輸出은 275倍, 國民總生産 27倍 增加
3. 所得 均衡分配 : 世界 14位, 開途國 中 6位 〈韓國銀行 1975年 統計〉

이것이 張勉 政府를 바꾼 5·16 革命이다.
70餘年의 짧은 期間에 우리나라가 復興된 나라로 成長을 할 수 있도록 基盤을 닦아놓은 實證인 것이다.

世界의 指導者들과 碩學들이 評價하는 朴正熙 大統領

1. 엘빈 토풀러 : 民主化는 産業化가 이루어진 後에야 可能하다.
　　　　　　　　이런 人物을 獨裁者라고 하는 것은 言語道斷이다.
　　　　　　　　朴正熙는 世界가 本받고 싶어 하는 모델 人物이다.
2. 키신저 : 朴正熙는 19~20世紀에 經濟 奇蹟革命을 이룬 分이다.
　　　　　　産業化 後에 民主化의 土臺를 다진 朴正熙를 尊敬한다.
3. 아이젠하워 : 朴正熙가 없었다면 共産主義 마지노線은 무너졌을 것이다.
4. 폴 케네디 : 朴正熙는 最貧 國家를 20年 만에 正常國家로 만든 人物이다.
5. 鄧 小平 : 朴正熙는 나의 멘토(Mentor)다. 훌륭한 指導者이다.
6. 푸틴 : 朴正熙에 關한 어떤 册이든 가져와라. 그는 나의 모델이다.
7. 리광유 : 朴正熙가 私益만을 찾았다면 只今의 大韓民國은 없다.
8. 후진타오 : 나는 朴正熙의 "새마을運動"을 工夫 한 사람이다.
　　　　　　相當數의 中國人들은 朴正熙를 尊敬하는 先導者로 받들고 있다.
9. 金正日과 鄭周永의 對話 : 朴正熙의 維新에 對해서는 말들이 많았지

만 朴正熙의 "새마을運動"으로 經濟成長을 이룬 것만은 事
實이다.

朴正熙 大統領의 가슴을 울린 自傳的 發言

나는 勿論 人間인 以上 나라를 다스리는데 施行錯誤가 없지 않았다. 그
러나 나는當代에 人氣를 얻기 爲하여 일을 하지 않았고, 後世에 史家들이
어떻게 記錄할 것인가를 恒常 念頭에 두고 일을 해 왔다. 그리고 어떻게 하
면 우리도 다른 나라에 부럽지 않게 떳떳하게 잘 살 수가 있을까? 하는 생
각이 머리에서 떠난 적이 없다.

1977년 봄. See 323page

朴槿惠 大統領의 深奧한 뜻

저는 한 瞬間이라도 이 나라를 저버린다는 생각을 해본적이 없습니다.
앞으로도 없을 것입니다. 저는 國民들께서 大統領으로 選擇을 하여 주셨기
때문에 저에게 주어진 5年의 짧은 時間을 아껴, 주어진 任務와 그동안 품고
있던 構想들을 最善을 다해서 實踐하겠다고 다짐을 하고 있습니다.

─ 朴槿惠 大統領의 語錄 中에서 간추려 整理를 했다.─

落葉의 教訓

1. 소나무의 黃色잎을 만져보면서 〈茂盛하게 자라는 소나무의 누런 솔잎
이 보기 싫다〉

소나무 가지의 밑 잎이 누렇게 變하고 있다. 누렇게 變한 다음에는 밑으

로 떨어져서 썩어서 거름이 되겠지. 누가 시켰나 이것이 自然의 攝理이다. 自然의 가르침은 참으로 神秘롭다. 나는 할 일을 했으니 너의 들〈다음 솔잎들〉이 새筍을 돋으면서 成長하여라.

人間도 이와 같이 自然의 攝理를 배우면서 보다 한 거름 앞선 일을 하여야 하지 않겠는가. 樹木의 첫 잎이 먼저 落葉이 되어 썩어서 奉仕하는 그 眞理를 우리는 배워야 하지 않을까. 모든 樹木들의 落葉도 이와 마찬가지이다.

2. 街路樹 銀杏나무의 노란 잎이 떨어져 어지럽게 깔려 있는 길을 마음껏 밟으면서 걸어간다. 참으로 즐겁다. 그런데 銀杏알이 안 보인다. 왜 암컷 銀杏나무가 없기 때문이겠지 암컷 銀杏나무는 가지가 垂直으로 자라고, 수컷 銀杏나무는 가지는 옆으로 퍼진다. 廣場에 이르니 이름 모르는 나뭇잎들이 붉은 色으로 곱게 물이 들어있다. 언제 落葉할 것인지 모르겠다.

樹木은 제 任務를 다하고 가을이 되면 아낌없이 落葉이 되어 뿌리로 되돌려주고 봄이 되면 새잎이 돋아나서 育成을 한다. 自然은 참으로 神秘롭기만 하다.

遵守해야 하는 不變의 鐵則

人間은 森羅萬象 中의 萬物의 靈長으로서, 形而上學的이고 形而下學的이며 六何原則과 合理 原則에 맞아야 하고 幾何 學術과 科學 技術에 立脚을 하여 哲學과 理致에 맞도록 自然 攝理에 順應을 하며 이루어지도록 하여야 한다.

舍廊房 發足

廣興倉 포럼으로 運營하던 모임을 2023年 6月에 廢止를 하고 2023年 7月에 舍廊房 모임으로 代替한다.

廣興倉 포럼은 月 30萬원으로 運營을 하였으나 舍廊房 모임은 每週 火曜日 月 4回 모임으로 日當 2萬원 費用인 月 8萬원으로 運營을 할 것이다.

舍廊房의 參加者는 男女老少를 不問하고 參與를 할 수 있는 開放된 곳이며 時事 案件이나 不合理한 制度 等 現實的인 見解을 發議 討論하고 있다.

天災之變

辭典에 보면 自然의 災殃으로 일어나는 現狀이다. 人爲的이 아니다. 自然의 異變이다. 참으로 不合理 한 攝理이다.

이번의 天災는 물의 橫暴이다. 많은 물이 自然을 破壞하면서 無故한 生殖 物體를 죽이면서 많은 被害를 주었다.

人力으로는 도저히 勘當하지 못하고 當하기만 했다. 오직 하였으면 하느님의 德望을 怨望하고 있을까. 怨望을 할 곳도 없고 怨望도 하지를 마시라. 이제 體驗을 하였으니 對策을 세웁시다. 自肅 反省을 합시다.

私利私慾을 버리고 "새 마음 運動"을 着實하게 履行을 하면은 惠澤은 自然이 따라오게 된다.

自力更生을 하려는 者는 天佑神助 卽 하늘이 도와주고 神靈이 도와준다.

서러움

태어나서 世上을 살다 보니 서러운 일들이 한 두 가지가 아니다. 근근이 살아오는 동안의 느낌 中에서 第一의 서러움이 배고픔의 서러움이었다. 그래서 다음같이 整理를 해 보았다.

1. 父母님의 逝去 : 年晚하시면 自然의 攝理대로 돌아가신다.
   歲月이 흐르면 그 애틋한 사랑을 잊어버리게 된다.

2. 夫婦間의 死別 : 살다 보면 둘 中에 누군가 먼저 떠나간다.

3. 子女와의 死別 : 不幸 中의 不幸이지 만 참으로 안타깝다.

3. 子女와의 死別 : 不幸 中의 不幸이지 만 참으로 안타깝다.

             平生 偕老를 할 줄로 알았는데 가끔 생각하게 된다.

             繼續하여 子息을 낳다가 보니까 無關心하게 된다.

4. 親舊들의 先亡 : 親한 親舊가 죽는다. 서운함 비길 데 없다.

             잊어서는 안 되겠지만 오래가지를 않고 잊게 된다.

5. 나라 잃은 설움 : 國家 至上 名分없이 살다가 나라를 잃었다.

             自覺 反省하고 나라 세운 기쁨 잠시도 안 잊게 된다.

6. 굶주림의 설음 : 먹고살기 爲해서 배가 고픔은 참을 수 없다.

             離別도 슬픔도 아닌데 하루도 참지를 못하게 된다.

모든 서러움은 時間과 與件이 變하고 歲月이 흐르면 잊어버릴 수가 있지만 배고픔은 참지 못한다. 숨을 쉬고 사는 것과 같이 먹지를 않으면 살 수가 없기때문이다. 살기 爲해서 먹는 것이다.

이 같이 重要한 飮食을 疎忽이 하면서 남겨서 버리는 것이다. 絕對로 버리지 마시고 국물까지 개와 같이 싹 핥아 잡수시라, 付託합니다. 배고픔을 解決하신 分이 누구입니까. 보릿고개라는 말은 이미 사라졌습니다. 이제 모든 서러움은 모두 다 잊읍시다. 特히 배고픔의 서러움입니다. 우리는 現實의 좋은 世上을 指向하며 模範的으로 살아갑시다.

슬픔은 어떤 것인가

自然의 攝理로 負擔없이 태어났다. 그런데도 제 마음대로 自殺을 한다. 억지로 말릴 수도 없다. 왜 自殺을 합니까. 살다 보니 슬픈 일이 생기면 혼자 苦悶을 하다가 스스로 自殺을 決心을 하게 된다고 한다.

슬픔의 表現으로 悲感, 悲哀, 悲慘, 悲嘆, 哀愁 等 아주 多樣하다. 앞서거니 뒤서거니 順序는 달라도 우리 人生의 終着地가 죽음이라는 것을 想起

하면은 어쩐지 우리는 모두가 슬픔으로 가는 길에 있는지도 모른다.

이렇게 언젠가 우리가 헤어져야 할 運命이라는 것을 떠 올리면 모든 因緣은 슬픈 것이다. 그래서 이 슬픔을 달래는 노래가 생겼고 모두들 애창하고 있다.

人生살이는 기쁨과 슬픔의 連續이다. 슬픈 일이 생기면 참고 잊으려고 抑止로 기쁜 일로 稀釋을 시킨다. 슬픈 노래를 들으며 눈물과 콧물을 닦기보다 기쁜 노래를 들으며 氣分 轉換을 하는 것이 더욱 重要하다. 노래로서 슬픔을 달래고 있다. 슬픔은 끝나지를 않고 일어나고 있다. 人生살이는 喜悲의 雙曲線으로 이루어지고 있는 것이 人生살이의 歷程이다. 슬픔이 생기면 서로 慰勞하면서 기쁜 일로 달래자.

朝鮮日報 정유정의 "슬픔을 달래는 슬픈 노래"를 읽고 다듬어 整理했다.

人生에서 第一 重要한 것은 만남이다

獨逸의 文學者 한스 카롯사는 "人生은 너와 나의 만남이다."라고 말했다.

人間은 만남의 存在이다. 산다는 것은 만난다는 것이다. 父母와의 만남, 스승과의 만남 親舊와의 만남, 좋은 冊과의 만남, 많은 사람과의 만남이다.

人間의 幸福과 不幸은 만남을 通해서 決定된다. 女子는 좋은 男便은 만나야 幸福하고 男子는 좋은 아내를 만나야 幸福하다.

學生은 훌륭한 스승을 만나야 實力이 생기고 스승은 뛰어난 弟子를 만나야 가르치는 보람을 누리게 된다.

子息은 父母를 잘 만나야 하고 父母는 자식을 잘 만나야 한다.

씨앗은 땅을 잘 만나야 하고 땅은 씨앗을 잘 만나야 한다.

百姓은 王을 잘 만나야 하고, 王은 百姓을 잘 만나야 훌륭한 人物이 된다.

人生에서 만남은 모든 것을 決定한다. 偶然한 만남이든 攝理的 만남이든 만남은 重要하다. 人生의 變化는 만남을 通해 始作된다. 만남을 通해서 우리는 서로를 發見하게 된다. 서로에게 意味를 賦與하기 始作한다.

이 글을 읽으면서 만남에 對한 생각을 하며, 즐거운 하루가 되시길 바란다.

짧은 人生 오늘이 있어서 感謝하고 來日이 있어서 希望과 幸福이 있다.

오늘의 時間이 짧다 하지만 自身의 마음속에 있다.

하루의 計劃을 세워 活力과 趣味를 살리며 조바심을 버리고 느긋하고 즐거움을 높이며 좋은 생각으로 그날 할 일은 먼저 챙기고 時間을 아끼고 來日로 미루지 말고 處理해야 한다.

그날 할 일은 自信感과 順理대로 넉넉하게 나를 爲해 希望을 가지고 얼마 남지 않은 짧은 人生인 自己 滿足과 즐거움으로 幸福을 만들어가자.

미움, 時期, 嫉妬, 慾心을 멀리하고 餘裕로운 마음으로 나를 아끼고 사랑하며 나머지 짧은 人生을 後悔 없이 살아가야 한다.

所重한 家族

가족이란 늘 가까이에서 마주 보며 함께 생활하는 사람인지라 흔히 소중함을 잊고 지냅니다. 하지만,

어느 순간 자신의 아내나 남편이 곁에 없는 삶을 상상하면 눈앞이 캄캄해짐을 느낍니다.

서로 바라보고 지켜주며 마음의 의지가 되는 사람이 없다면 세상 속에 홀로인 것처럼 외롭고 공허할 뿐만 아니라 살아야 할 의미가 사라지는 것입니다. 사랑하는 가족이 없다면 많은 재물을 모으고 부귀와 영화를 누린다한들 무슨 의미가 있으며 즐거움이 있을까요.

비록 무심하고 뚝뚝한 남편이나 바가지와 잔소리꾼의 아내라 할지라도 서로에게 보이지 않는 그늘이자 마음의 버팀목인 아내와 남편이란 이름은 세상 속에서 당신이 꿋꿋하고 당당하게 살아갈 수 있게 하는 힘의 원천입니다. 곁에 있기에 소중함을 잊고 사는 사람 당신의 아내와 남편에게 한세상 다하는 마지막 순간까지 마음을 다해 사랑하세요.

가족보다 소중한 것은 없습니다. 당신이 꿈을 꾸고 살아가야 하는 이유

는 바로 가족이니까요. 미래의 꿈과 소망을 함께 키우며 사랑의 동반자로 함께 걸어가는 세상에 둘도 없는 소중한 내 사람입니다.

네 種類의 親舊

1. 꽃과 같은 親舊

꽃이 피어서 예쁠 때는 그 아름다움에 讚辭를 아끼지 않는다. 그러나 꽃이 지고 나면 돌아보는 이가 하나도 없듯이, 自己 좋을 때만 찾아오는 親舊는 바로, 꽃과 같은 親舊이다.

2. 저울과 같은 親舊

저울은 무게에 따라 이쪽으로 또는 저쪽으로 기운다. 그와 같이 自身에게 利益이 있는지 없는지를 따져 利益이 큰 쪽으로만 움직이는 親舊가 바로 저울과 같은 親舊이다.

3. 山과 같은 親舊

山이란 온갖 새와 짐승의 安息處이며 멀리 보거나 가까이 가거나 늘 그 자리에서 반겨준다. 그처럼 생각만 해도 便安하고 마음 든든한 親舊가 바로, 山과 같은 親舊이다.

4. 땅과 같은 親舊

땅은 뭇 生命의 싹을 틔워주고 穀食을 길러내며 누구에게도 條件 없이 기쁜 마음으로 恩惠를 베풀어준다. 한결같은 마음으로 支持해 주는 親舊가 바로, 땅과 같은 親舊이다. 親舊는 많은 것이 重要한 게 아니라 그 깊이가 重要하다.

眞正한 親舊를 얻으려면, 山과 같은, 땅과 같은 親舊를 얻으시라. 하지만, 그런 親舊를 얻기 爲해서는 내가 먼저 山과 같은, 땅과 같은 親舊가 되어야 한다는 것을 銘心하시라.

産業 時代

産業이란 生産을 하는 事業

1. 0次 産業은 人間의 能力 끗 遂行하며 營爲하는 일로서 本能時代의 事業이다.

2. 1次 産業은 一切 加工을 하지 않고 生産된 物品을 그대로 流通하여 使用하는 事業이다. 19世紀 上半期 時代로서, 主로 農産物과 자연 水産物의 채취이다.

3. 2次 産業은 技術이 發展하면서 技術로 만든 各種 裝備로 加工 또는 새로운 製品을 生産하는 事業이다. 19世紀 後半期부터로 볼 수 있다. 나는 1930年 生으로 20世紀에 살면서 有線 制御 方式에서 無線 制御 方式으로 發展을 하는 오늘에 이르렀고 情報 活性化의 便宜와 컴퓨터 使用에 익숙해지며 이의 惠澤으로 아주 便利한 生活을 살고 있다.

4. 3次 産業은 20世紀부터 急速히 發展을 하면서, 모든 裝備가 人間이 할 일을 代行하고 있으니, 人間은 할 일이 줄어 便해지면서 게을러지고 있다. 따라서 人間 處世가 무너지고 있는 것이다. 人間은 精神을 가다듬어야 한다. 로봇과 컴퓨터는 누가 만들었는가. 이 들의 活用을 極大化하자.

5. 4次 産業은 이미 始作되었다. 人間의 頭腦를 活用한 裝備가 續出하고 있다. 로봇을 비롯한 새 裝備가 하는 일이 正直하고 正確하게 하고 있으니 얼마나 便利한가. 그러나 이런 裝備는 人間이 人間의 頭腦와 手腕으로 이룩한 技能이다. 그러나 人間으로서 體統을 爲하여 人間 道理 工夫에 勞力해야 한다.

6. 人間은 참으로 萬物의 靈長으로서 못 하는 일이 없다. 人間은 靈長의 權威를 維持하기 爲하여 더욱더 倫理와 道德을 崇尙하고 더욱 배워야 한다.

電氣鐵道 技術協會에 參席하고

鐵道가 언제부터 始作이 되었는가. 1825年에 英國에서 蒸氣 機關車 運用으로 처음 始作이 되었다고 본다. 우리나라는 1899年 9月1 8日에 京仁 鐵道가 開通 되었다.

鐵道 卽 쇠로 만든 길이란 뜻이다. 電氣鐵道는 電氣의힘으로 쇠 길에 車輛을 運用하기 爲하여 電氣 供給 裝置를 하여 電氣의 힘으로 鐵길을 車輛이 달리게 한 方式인 것이다. 말하자면 길은 쇠 길이며 運搬 容器를 움직이는 힘은 電氣란 것이다.

이것은 電氣의 힘으로 運搬 容器인 車輛을 運用하는 手段이다. 그러면 이 車輛도電氣를 利用한 容器가 되어야 하겠다. 그것이 電氣 動力 車輛인 것이다. 電氣 車輛은 構造가 複雜하고 高度의 技術이 必要한 構造物이다.

電氣鐵道 技術協會의 招請을 받고 모임에 參席을 하여보니 의젓한 施設에 電氣鐵道의 電氣 供給 裝備에 對해서는 整備가 잘되어 있는데, 電氣 車輛에 關한 資料는 하나도 없다. 보아하니 電氣 車輛은 電氣局 所關이 아니었기 때문이다.

그런데 안타까운 것은 電氣 鐵道의 提唱 創始者이신 權永準 前 局長에 關한 資料와 言及도 없고, 이를 主導하여 平生을 바치신 金在勤 前 局長을 비롯하여 前 任職員들의 얼굴이 보이지 않는다. 무슨 事情이 있는지 몹시 궁금하다.

나와의 因緣으로 잊지 못하는 數字

내 平生에 나와 關聯이 된 數字에 關하여 檢討를 해 보았다. 이 數ㅅ字들은 只今도 생생하게 記憶을 하고 있다.

1. '0'

尋常 小學校 1學年 때 日本語 試驗을 보았다. 試驗問題는 'ㄱㅣ<먼지

〉의 解說이다. 이의 答을 'ㅋㅅ'는 먹는 것이라고 썼다. 'ㅋㅅ'〈쌀〉와의 區別을 못하고 錯覺을 한 것이다. 그래서 採點은 '0'點을 받았다. 부끄러운 것이지만 나의 冊床 서랍에 保管을 잘 해두었는데, 담배 골초인 姑從 四寸누이가 葉煙草를 말아서 피워 없애버렸다. 아쉽기만 하였다.

2. '9'

尋常 小學校 1學年 때의 나의 出席 番號가 9番이다. 키가 아홉 番째였다. 나 보다 나이 어린 아이들이 앞에 섰다. 나는 나이가 열 살로 많은 便이였는데 막 자라서 키가 작았기 때문이다.

3. '43'

尋常 小學校 2學年 때 點心 時間에 벤도〈도시락〉食事를 하게 되면, 先生님께서 첫술은 43番을 씹으라고 하신다. 시장해서 적게 씹고 急하게 먹으면 滯한다는 것이다. 43번을 씹는 동안에 飮食은 分碎되고 침과 버무려지면서 40番도 씹기 前에 목구멍으로 넘어간다. 왜 43番인지는 모르겠다. 그런데 只今도 繼續 지키고 있다. 平生 消化劑를 먹지 않고 있으며 입에 들어온 飮食이 完全이 粉碎가 될 때 까지 5~60 番 以上 씹고 있다. 그래서 바나나, 고구마 똥을 누고 있다. -

4. '4,171'

中學校 入學試驗 應試의 接受番號이다. 4는 4,000대로 電氣科를 代表하는 番號이고 171은 接受 順序 番號이다. 1,000대는 業務科 番號이고, 2,000대는 運轉科 番號이고, 3,000대는 土木科 番號이고, 4,000대는 電氣科 番號이고 5,0000대는 建築科 番號이다.

5. '23'

中學校 電氣科의 出席 番號가 23番이다. 알아보니 23番째로 合格했다는 것이다. 참 안타까운 數字이다. 入學試驗 2科目 中에 數學은 100點을 받았는데 國語에서 "두메"와 "도끼"의 解釋을 못해서 높은 點數를 못 받은 것이다. 괜히 躁急하게 서두른 탓이었다.

두메산골에서 자라면서 每日 도끼로 나무를 패면서 살아 왔는데, 참으로 안타깝다. 두메와 도끼를 모르는 것이 아니라 이의 解說을 할 文章力이 없었던 탓이다. 그래서 23을 잊지 못하고 記憶하며 愼重을 銘心하고 있는 것이다.

6. '99'

中學校 3學年 때에 全校에서 一齊考査를 치렀다. 問題 數는 100問題였다. 나는 너무나 쉬워서 짧은 時間에 作成하여 答案紙를 提出했다. 採點 結果는 99點이었다. 알고 보니 한 問題를 빠트린 것이다. 再檢討를 하지 않은 탓이다. 쉬워서 輕率했던 것이다. 以後 모든일에는 深思熟考를 銘心하게 되었지만 잘 안된다.

7. '4652'

高等學校卒業 同期 同窓會의 名稱이다. 46은 1946年度에 入學을 한 者이고, 52는 1952年度에 卒業을 한 者이다. 1946年度의 正規로 入學生은 350名인데 日帝時代의 中央 交通從事員 養成所의 再修生과 追加로 編入한 者로 모두를 合하여 360名이 되었다. 그런데 1952年 卒業生 式에 參加하고 찍은 寫眞에는 92名뿐이다. 그러면 同期 同窓生은 92명인 것이다. 이는 入學生의 25,56%에 不過하다. 1/4 쪼가리 同期 同窓會가 된 것이다. 1952年度의 卒業者 名簿에는 217名이 記載되어 있다. 92名 外는 軍服務로 名譽 卒業을 하였거나, 後輩들과 같은 科班에서 工夫하여 卒業을 한 者들이다. 그래서 窮理를 한끝에 同期 同窓會의 名稱을 4652會로 바꾸게 된 것이다. 1946年度에 入學한 者들과 1952年度에 卒業한 者들 모두를 包含한 것이다.

6·25의 南侵으로 卒業을 같이 못 한 때문일 뿐이다. 참 悲運의 우리 世代였다. 이러한 悲劇을 겪은 것은 우리들 뿐일 것이며 다시는 이러한 일이 있어서는 안 된다.

8. '53'

延世大學校 工科大學 電氣工學科 卒業 學番이 53이다. 1953年度에 入學을 했기 때문이다. 卒業 年度로 學番을 하지 않는 理由는 卒業은 꼭 4年이 아니고 5年 以上이 될 수가 있기 때문에 一律性이 없기 때문이다.

9. '301201-1009720'

나의 住民登錄番號는 301201-1009720이다. 住民登錄番號가 陽陰曆

誕生날자와 같은 것이 너무나 神奇하다. 1930年12月1日〈1930.11.28.〉이 戶籍이다. 陰曆으로는 1930年10月9日 7時20分頃〈卯時〉이다. 그런데 住民登錄番號의 뒤 數字가 1009720으로 陰曆 生 年 月 日 時 分과 같다. 偶然의 一致인지는 모르나 나는 記憶을 하기가 쉽다.

　10. '6'

　　天符經을 工夫하게 되면서 六字가 天符經 81字의 中心에 位置하고 있으며, 이의 不可思議함을 硏究 工夫하다 보니 六이 完成의 奧妙한 뜻을 가지고 있는 것을 알게 되었다. 그래서 六에 陶醉되어 6을 좋아하게 되었다. 그리고 모든 自然 現狀이 모두가 六에 바탕을 두고 이루어지고 있는 것도 調査를 하여 알게 되었다.

　六의 神秘함에 또 다시 놀랐다.

　以上의 數人字 들은 나와 關聯이 되어 있는 數人字로서 基本 數人字 0, 1, 2, 3, 4, 5, 6, 7, 8, 9 의 열字 中에서 8字 만 없다. 나와는 因緣이 없는 것 같다.

　이번 北京 冬季올림픽의 象徵 表象이 六角形의 雪形을 象徵으로 하였다. 冬季節을 象徵하는 눈〈雪〉을 모델로 한 것 같았다. 이것 亦是 六을 象徵하는 것임으로 모두 和合을 하는 깊은 뜻이 담겨져 있다고 본다.

秋景 禮讚

1. 松杏 街路 落葉 : 濃 黃色 솔잎과 純黃色 銀杏잎이 깔린 步道
2. 廣場 樹木 落葉 : 울긋불긋 곱게 물이든 잎들이 널려있는 마당
3. 庭池 水中 落葉 : 맑은 물에 潛겨져서 恍惚하게 비춰주는 연못
4. 溫帶 地方 秋節 : 北緯圈의 韓半島에서 자랑을하는 가을 丹楓
5. 韓國 風光 秋景 : 世界에서 우리만이 觀賞하는 아름다운 丹楓
6. 滿喫 吟味 感謝 : 樹木이 自然攝理그대로 우리에게 주는 丹楓

봄에 草木이 피우는 꽃은 繁殖을 爲하여 제 固有의 色相만으로 아름답게 피어서 씨를 안기 爲하여 風媒와 蜂蝶(봉접)을 誘引하는 欲求의 姿勢가 있다.

　　그런데 가을의 樹木잎은 多樣한 色相으로 물들어서 觀賞으로 즐겁게 奉仕하고 落葉이 되어서 뿌리로 돌아가 거름이 되어서 成長을 위해서 犧牲을 하는 奉仕의 姿勢이다.

　　이것이야말로 참으로 人間이 태어나고 늙어 가는 人生 歷程의 龜鑑이 되어야 한다.

思慮가 깊은 사람

- 털려고 하면은 먼지가 없는 이가 없고 덮으려고 하면 못 덮을 허물이 없다.
- 남의 눈에 들기에는 참 힘이 들어도, 눈 밖에 나기에는 쉽고 한 瞬間이다.
- 思慮 깊은 그대여 남의 말을 할 때에는 操心을 해야 禍를 當하지 않는다.
- 세치의 혀가 칼보다 무섭다는 말을 恒常 생각하며 三思一言을 해야 한다.
- 謙遜함은 사람들을 머물게만 하고 稱讚함은 사람들을 가깝게 한다고 한다.
- 이와같이 사는 人生으로 年老하면서 남의 龜鑑이 되어 便安하게 살아가라.

　　귀 얇은 者는 그 입 가랑잎처럼 가볍고 귀 두꺼운 者는 그 입 바위처럼 무거울 것이다.

　　너그러움은 사람을 따르게 하고 思慮가 깊은 情과 配慮는 사람들을 親近하게 하는 것이다.

　　걸음걸이가 不安全 한 것은 귀의 機能이 떨어져서 均衡을 잡지 못하여서 온 것이다.

　　걸음걸이가 不自然하면 每事에 操心을 하고, 뛰지 말 것이며 멀리 가지 말라는 뜻이다.

　　나이 들어 눈이 沈沈함은 必要 없는 작은 것은 보지 말고 必要한 것 만 보라는 뜻이다.

　　나이가 들어 잘 들리지 않음은 쓸데없는 것은 듣지 말고 必要한 것만 들자는 뜻이다.

- 이가 시리고 튼튼하지 못한 것은 부드러운 飮食을 먹으라는 것이다.
- 消化의 不良을 없게 하려 함이니 이것이 健康 삶의 順理인 것이다.
- 精神이 깜박거리는 것은 살아온 歲月을 다 記憶하지 말라는 것이다.
- 지나온 歲月을 다 記憶하면 精神이 돌아버릴 念慮가 있는 것이다.
- 좋았던 일들만을 가려 챙겨 아름다운 追憶만을 記憶하라는 것이다.
- 順理를 따르면 興하고 逆理를 따르면 亡하는 것이 天理라는 것이다.
- 恒常 모든 일에 操心하고 警戒하고 勤勉 誠實 努力을 하라는 것이다.

女子는 어떠한 人間인가, 男子는 뻔뻔스럽기만 하다

1. 어미로서의 役割

   自然의 攝理로 種族 繁殖을 爲하여 義務를 遂行 할 때의 産苦는 까맣게 잊으면서, 애지중지 알뜰 살듯 품에 안아서 키우는 것이 저절로 울어 나오는 즐거움이다. 育兒는 女子만의 專擔이 아니다. 男子도 女子와 같이 育兒에 分擔을 해야 한다.

2. 아내로서의 役割

   왜 女子가 男子에게로 시집을 오게 되었는지 모르겠다.? 反對일 수도 있는데 말이다. 如何間 現實에서 보면 女便네는 男便에 侍從 들고 服從하며 살고 있다. 男子가 家事 營爲를 하고 있기 때문일까. 只今은 女子도 할 수 있는 時代이다.

3. 主婦로서의 役割

   家庭을 꾸며 團欒(단란)하게 生活을 하면서 모든 것을 보살피며 奉仕하고 있다. 그렇게 힘이 들면서도 不平을 하나도 하지를 않으면서 마냥 즐겁기만 하단다. 男子는 으레 그런 것이려니 當然視하고 있다. 男子로서의 配慮가 必要하다.

4. 女息으로서의 役割

父母의 極盡한 사랑을 받고 커서 成年이 되면 父母의 膝下를 떠나서 시집을 간다. 시집을 가서 媤父母를 모시면서 媤집살이를 즐겁게 잘하고 있다. 참 대견하다. 家庭의 和睦을 이루는 것이 아내의 心思인데 男子는 當然한 것으로 알고 있다.

5. 國事에 女子의 役割

政治家가 되거나 國家의 重責으로 일을 하더라도 母性의 道理와 아내로서의 任務를 다하고, 謙遜과 素朴한 姿勢로서 熱心히 任務를 遂行하고 있다. 참으로 고맙다. 國事이던, 家事이던 女子는 自己의 本分을 다하고 있다. 男子는 부끄럽지 않은가. 反省 自責하며 積極 協助하자.

6. 下女로서의 役割

비록 밑바닥에서 賤待를 받으면서 奉仕를 하면서도 아무런 不平과 不滿이 없이 **黙黙**히 일만 했다. 이제는 男女平等 化 時代로 下女 制度가 없어졌다. 女權의 伸張이다. 時代 變遷의 順理에 따라서 平等化가 되었다. 男子도 이에 順應하여 協助를 하여야 한다.

自然의 攝理로 보면 一妻多夫로 되어 있다. 卽 植物의 꽃을 살펴보자. 하나의 암꽃술에 6個 以上의 수꽃술로 되어 있다. 한 계집이 많은 사내를 거느린다는 것이다. 씨를 받기 爲하여 계집 하나를 여러 사내가 保護를 하여야 한다고 볼 수가 있다.

女子만이 生産을 할 수 있으니 男子가 保護를 하여야 하는 것이 當然한 理致가 아니겠는가. 이와 같은 攝理를 깨달았으면 女子와 男子가 和合을 하여서 永遠한 繁盛을 이룩하라는 것이 아니겠는가.

할아버지와 孫子의 對話

어느 날 孫子가 할아버지께 물었다.
"할아버지, 옛날에는 어떻게 사셨어요.
– 科學技術도 없고, 인터넷도 없고,

– 컴퓨터도 없고, 드론도 없고,

– 携帶폰도 없고, 카톡도 없고,

– 페이스북도, 없었는데요."

할아버지께서 答辯을 하시었다.

"너희 世代의 오늘날은

– 人間味도 없고, – 品位도 없고,

– 憐憫도 없고, – 羞恥心도 없고,

– 名譽도 없고, – 尊敬心도 없고,

– 個性도 없고, – 사랑함도 없고,

– 謙遜도 없이, 살고 있는 것처럼

우리는 그렇게는 살지는 않았단다."

오늘 너희들은 우리를 '늙었다'고 하지만 우리는 참 祝福 받은 世代란다.

헬멧을 쓰고 自轉車를 타지를 않았고.

放課 後에는 學院도 가지 않았고 우리 스스로 工夫했다.

해가질 때까지 들판에서 뛰면서 놀았고.

페이스 북이나 카톡 親舊가 아니라 진짜 親舊랑 놀았다.

목이 마르면 生水가 아닌 샘물을 마셨고,

親舊들이 使用한 盞을 함께 使用해도 아픈 적이 없었다.

빵 菓子를 많이 먹어 肥滿하지도 않았고,

맨발로 뛰어다니면서 놀았는데도 아무렇지도 않았단다.

장난 놀이감은 直接 만들어서 놀았단다.

머슴 아들은 時間이 나면 山으로 사냥을 다니고, 물고기나 가재를 잡았고, 아니면 제기차기, 가위바위보로 땅 뺏기를 하거나, 공기놀이, 말타기, 짓치기를 했단다. 계집아이들은 노래하며 고무줄넘기를 하면서 놀았다. 노는 데에 精神이 빠졌던 純眞한 그 時節이 그립기만 하다.

父母님은 富者가 아니셨지만 많은 삶의 眞實과 사랑을 주셨고 携帶 電話, DVD, 비디오 게임, 個人 컴퓨터, 인터넷 같은 것은 없었지만 眞正하고 純粹한 親舊들이 많이 있었지. 招待를 하지 않아도 찾아가면 밥도 맘껏 실

컷 얻어먹는 厚한 待接을 받았단다.

우리는 父母님의 智慧로운 敎訓의 말씀도 듣고 우리들이 어리광을 부리는 응석도 받아 주시던 마지막의 世代란다.

그래서 人間다움과 삶의 幅이 넘치었던 마지막 世代가 아닐까 생각한다. 아마 限定版의 世代일 것이다. 莫上 할애비의 어린 時節을 적어놓고 보니 只今의 느낌을 한마디 하지 않을 수가 없다.

참으로 좋은 世上이다. 이렇게 오래 사는 것도 科學 文明의 德澤이며 모든 매스컴 情報로 全世界 흐름을 보면서 배우고 느끼는 것이 너무도 많다. 우리 늙은이들은 固陋(고루)한 옛날로 치면 數 百年을 살고 있는 것과 같다. 現實의 幸福함에 그저 感謝 할 따름이다.

바람이 그렇게 살다 가라고 하네

지나온 날들에 對한 歲月을 되돌아보니 이 世上 모든 것 다 가졌어도, 내가 가진 것 하나 없으니 물같이 바람같이 살다가 가라고 하네.

오늘 하루 幸福하거나 不幸했다고 하여 來日로 기대설 幸福도 不幸도 나의 몫이 아니라고 하네.

아름다운 꽃들 또한 시들기 前에 떨어질 수 있으니 이 한 몸 시들기 前에 떨어진다고 하여 서럽게 울지 말라고 하네 모든 것들은 파리하게 시들게 되나니 世上에 永遠함은 없으니 모든 걸 所有하지 말라고 하네.

내 마음에 좋은 말이 넘쳐 누군가에게 幸福을 주고 그 幸福 속에서 내 것이 생겼다고 해도 永遠히 내 것이 될 수 없다고 所有하지 말라고 하네. 시들기 前에 떨어질 꽃을 보고 슬퍼할 누군가가 있다면 시들어 떨어지기 前에 떠나보내라고 하네.

슬픔은 혼자만의 것이지 나누려고 하지 말라고 하네.

높은 하늘의 구름도 흘러가듯 깊은 바다의 波濤도 시시때때로 變하듯 눈을 뜨면 또 다른 季節이 오듯 그렇게 살다 가라고 하네.

앞으로 살아갈 날을 計算하지 말고 살아 온 날을 計算을 하면서 所有하려고 했던 모든 것들을 버리고 새처럼 가벼이 날아갈 수 있도록 慾心과 驕慢의 목걸이를 벗고 滿足하는 모든 것 가벼이 던져 버리고 바람과 같이 가벼이 하늘로 돌아가라 하네.

近世의 傑出한 女性들

* 英國 首相 대처 女史 :

女性 皇帝 國家에서 女性으로서 世界를 支配했다. 처칠의 卓越 한 政治로 2次大戰 後의 처칠 首相이 못 해낸 것을 대처 女史가 이루어 마무리를 지었다.

* 獨逸 總理 메르켈 女史 :

獨逸 民族은 有能 한 頭腦를 가진 民族으로 周邊의 國家을 괴롭혀 왔다. 20世紀가 되면서 現實的인 狀況에 符應을 하면서도 忠實하게 友邦 間의 平和를 維持해왔다. 그 中에서도 女子 總理인 메르켈 女史가 素朴하고 謙遜한 姿勢로 西方 國家 間의 雰圍氣를 造成하며 親和를 圖謀하였다. 特히 시리아의 難民들을 받아들여 和合하며 살게 해준 것은 有名하다.

* 美國 엘 리 너 루스벨트 女史 :

美國의 唯一한 4選 大統領이 되어 經濟 大恐慌으로 絶望에 빠진 美國을 救出하고, 2次 大戰을 勝利로 先導한 "프랭클린 루스벨트"大統領을 內助한 女子이다

루스벨트 大統領은 小兒痲痺로 휠체어의 去行者였다. 휠체어를 밀면서 大統領을 補佐하며 意慾을 북돋워 賦課된 任務를 完遂케 한 女丈婦이다.

大統領에게 마늘을 長服시켜 80歲가 남도로 健康을 維持시킨 內助의 아내이다.

* 東洋 三國의 女傑

　• 中國 : 孟母三遷 賢母 ;

세 番이나 移徙를 하면서 글 工夫를 시켜 孟子를 亞聖으로 育成시킨 女傑이다.

• 韓國 : 申師任堂 賢母 ;

우리나라의 賢母 良婦로 國民의 推仰을 받는 女丈婦이다. 良婦로서 家庭을 다스렸고. 賢母로서 우리나라 賢人 中의 代表 人物인 李栗谷 先生을 敎導 育成하신 어머니 시다.

• 日本 : 사카이 나까 賢母 ;

禹 長春의 아버지인 禹 범선과 結婚해서 낳은 아들이 禹 長春이다. 禹 범선이 暗殺을 當하자, 5살 된 아들을 孤兒院에 맡기고, 돈을 벌면서 禹 長春을 大學에서 農學을 工夫시켰고, 創氏改名도 하지 않고 逆賊인 아버지의 罪科를 代身 報償하기 爲하여 祖國에 獻身을 하도록 禹 長春을 키워주신 壯한 어머니시다.

가위 · 바위 · 보의 眞理

天眞 浪漫한 어린 時節 順序를 定할 때에는 가우·바위·보로 決定을 했다.

가위는 보를 이기고, 보은 바위를 이기고, 바위는 가위를 이기는 理致인이다. 이의 反對는 지는 理致이다. 絶對 不變의 鐵則이다. 너무나 純眞한 眞理이다. 이것은 哲學도 倫理와 道德도 아니다. 이것은 法도 아닌 自然의 攝理일 뿐이다. 아주 單純한 規範이다.

人間의 基本 生存의 理致는 自由와 民主와 安保이다. 自由를 守護하는 것은 民主요 民主를 守護하는 것은 安保다. 安保 없이는 自由와 民主가 存在할 수가없기 때문이다.

萬物의 靈長이라고 하는 人間은 法統으로 三權分立의 權力 機關인 立法部와 司法府와 行政府를 만들어 運營하고 있다.

怜悧한 人間은 各 部處에서 주어진 任務를 遂行하기 보다는 이를 利用하여 個人의 利權과 權力의 道具로 活用하고 있다. 이를 統制하고 防止 할 수 있는 機關이 나라의 最高 統治 機關인 大統領이다. 그래서 大統領은 深思熟考하여 選擇을 하여야 한다.

遵法을 어긴 者를 團束하는 檢察과 警察 機關이 있다. 이 部署는 果然 公正한가. 現行은 行政府의 所屬인데 大統領 直屬으로 하면 어떨까?

全斗煥 前 大統領을 다시 評價하자

그 누구도 全斗煥과 그의 時代를 "全面的으로 否定"할 權限이 없다. 直選制 改憲으로 第6共和國을 연 張本人이다.

[國民行動 本部〈本部長 徐貞甲〉의 提議이다. 2021.11.25. 木. 朝鮮日報A 39面]

1. 全斗煥 前大統領은 12·12로 執權을 했지만 "直選制改憲"을 받아들여 나라를 民主化시켜 놓고 물러났다. 우리는 只今 그 改憲으로 出凡한 "第6共和國"에서 살고 있다.

2. 그가 誘致한 서울올림픽은 社會 先進化·東西和合·北方政策·共産圈을 崩壞시키면서 世界 平和로 이어지게 하는데도 寄與했다.

3. 그가 이끈 1980年代 大韓民國은 年 平均 經濟成長率 世界 1位 記錄, 物價安定, 貿易黑字, 完全雇用으로 民主化의 混亂을 吸收하고 日本을 따라잡을 수 있는 土臺를 만들었다.

4. 特히 全斗煥 時節에 構築한 IT産業의 基盤은 世界가 부러워하는 "情報化 先進國"의 꽃을 피웠다.

5. 싫든 좋든 間에 全斗煥과 國民들이 함께 만든 1980年代는 榮辱이 交叉를 하는 激動의 時節이었지만 偉大한 文明 建設의 足跡을 남긴 것은 그 누구도 否定할 수가 없다.

6. 그럼에도 不拘하고 全斗煥과 그 時代를 無條件 깡그리 否定을 해야 하겠는가.

"잘한 點도 있다"는 말도 못하게 하는 昨今의 政治 言論 雰圍氣는 魔女사냥이고 全體主義이며 歷史의 否定이다.

7. 全斗煥과 그의 時代에 對한 全面 否定은 憲法 第66條의 "國家의 繼續性 守護義務"를 違反하는 것이며, 大韓民國 얼굴에 침을 뱉는 것이다.

8. 그가 退任한 以後 알츠하이머를 앓는 90代 老人이 되기까지 33年間이나 輯要하게 繼續되어온 百潭寺 귀양, 2年間의 投獄, 財産沒收, 告訴告發, 回顧錄의 販賣禁止 等은 너무나 殘忍한 政治 報復이고 人間 常識에도 反한다.

9. 特히 國家의 正統性을 守護해야 할 保守 政治人들이 "全斗煥 全面 否定"에 加擔하는 事態를 慨嘆할 일이다.

나는 이 記事를 읽고 題目을 "全斗煥 前大統領을 다시 評價하자"로 바꾸었다. 全斗煥 前大統領도 過誤 功績이 있다. 이제 偏見이 없이 事實 그대로 合理的으로 評價를 하여 歷史에 남겨야 한다고 본다. 그는 石頭의 別名을 얻을 程度로 愚直한 사나이였다. 權謀術數를 모르는 純粹한 人間이었을 뿐이다. 모든 國事 業務는 專門家와 專門 技能者에게 맡겼다. 그 밑에서 일을 한 분 들은 그를 尊敬하면서 따랐다.

全斗煥 氏 다시 照明한다

"漢江이 아름답게 보이거든 全斗煥을 그리워하라."

1981年 2月 2日 레이건과 頂上會談을 했다. 레이건 大統領 閣下 저는 두 가지 目的으로 閣下를 만나 뵈려고 왔습니다.

하나는 閣下의 當選을 祝賀드립니다.

둘째는 閣下를 도와 드리려는 것입니다. 韓國의 大統領이 손을 벌리지 않고 도와 드리겠다? 同行한 閣僚들까지도 疑訝를 했다.

閣下 캘리포니아 聯邦의 年間 GNP가 얼마인지 아십니까? 아는 사람이 없었다.

800億$입니다. 韓國의 GNP는 600億$입니다. 漢江의 奇蹟을 이룩한 國家가 이렇게 작아? 모두가 놀랐습니다. 只今 韓國의 經濟가 어렵습니다. 韓

國이 무너지면 自由陣營이 무너지지 않겠습니까? 日本의 GNP는 1兆1,600億$로 韓國의 200倍가 넘습니다. 그런데도 國防費는 GNP의 0.09%만을 쓰고 있습니다.

安保의 無賃 乘車입니다.

美國의 돈을 달라는 것이 아닙니다. 日本의 돈을 주십시오. 그러면 그 돈으로 美國에서 戰鬪機와 탱크를 사겠습니다. 安保 次元이라는 새로운 槪念으로 그는 40億$를 얻어냈다.

그 中 10億$ 〈1.3兆〉을 털어내 냄새가 振動하는 시궁창 물을 淨化시켜 오늘의 아름다운 漢江 앙상블을 彫刻했다. 漢江을 보면 全斗煥을 그리워하라. 42%의 물가를 2.5%로 낮추었다. 天才的 發想과 宗敎的 信念이었다. 개미허리 中産層을 맹꽁이의 배처럼 불렸다. 中小企業의 育成은 그의 宗敎였다. 技術者들을 合宿시켜가면서 韓國은 不可能 할 것이라는 電子式 交換機를 開發하여 通信 一等國을 만들었다. 레이건 보다 10年을 앞서 IT, 半導體, 컴퓨터 産業을 前頭 指揮했다.

1980年에 88올림픽 留置權을 따냈다. 그의 參謀들에게도 너무나 無謀해 보였다.

올림픽 史上 처음으로 東西가 다 參加하는 完全한 올림픽을 치루었으며 또 한편으로는 企業을 國際市場으로 내몰아 體質 强化을 했다. TV市場, 핸드폰 市場, 半導體 市場을 우리가 掌握을 한 것은 偶然이었다.

夜間通行禁止도 없앴다. 校服과 頭髮의 自由化, 甚至於는 自由를 抑壓한다며 連坐 制도 없앴다. 누구도 贊成하지 않는 猪突的인 革命 創意를 꽃피우게 하는 自由의 土壤을 열었다. 原電 燃料를 國産化하고, 韓國型 原子爐를 開發한 것은 武勇談의 對象이다. 主婦들을 爲해서는 코끼리밥솥을 凌駕하는 밥솥을 만들었고 그가 開發시킨 손톱 깎기는 當時 世界市場의 50%를 占領했다.

藝術의 殿堂, 國立 美術館, 國立 中央 圖書館 等 現存하는 文化의 空間들은 모두가 그의 作品이다. 朴正熙는 文明國을 만들었고, 全斗煥은 文化國을 만들었다. 그가 없었으면 朴正熙도 없었고 朴正熙가 없었으면 全斗煥도 없었다. 全斗煥은 엘리트들과 討議를 하면서 討議에서 뽑아낸 智慧로 國家를 指揮했다. 美國 陸士 敎科書로 工夫를 한 最初의 엘리트이다.

그는 讀書와 學習과 思索의化身이었다. 이 세 가지가 있었기에 그는 特出했다. 全斗煥이 最大限으로 넓혀놨던 그 넓은 自由의 空間이 그後 부터는 縮小封鎖가 돼왔다.

그는 自由化의 아버지, 民主化의 아버지였다. 全斗煥 時代 以上의 自由 空間은 이 나라에는 없었다.

이 記事를읽고 새롭게 느꼈다. 이제까지는 石頭〈私心 없는 處世〉全斗煥으로만 尊敬을 했는데, 내가 높이 받드는 池만원 先生께서 評價를 하신 글이라 더욱 信賴를 가지게 되었다. 全斗煥 前 大統領을 다시 照明을 해야 하겠다.

朝鮮日報 2022年11月2日 水曜日 A-31면 "한강이 아름답게 보이거든 全斗煥을 그리워하라" 記事이다.

光州 靑年이 바라본 新 軍部 時代

이 記事는 湖南 대안포럼 共同代表 朴은식 氏의 所見입니다. 內容의 要約은 다음과 같다.

쿠데타로 權力을 잡고 民主主義를 後退시켰으며 무엇보다 내 故鄕 光州 市民들에게 큰 아픔을 준 全斗煥과 盧泰愚에 대해서는 當然이 否定的으로 생각했다. 하지만 내가 너무 政治에만 焦點을 맞추고 新 軍部 時代를 "暗黑期"로만 評價를 한 것은 아니었는지 疑懼心이 들었다. 그래서 나는 新 軍部 時代에 대한 先入感을 버리고 工夫를 했다.

먼저 構造改革에 成功한 점이 눈에 띄었다. 全斗煥 政權이 出帆한 1980年은 2차 오일쇼크로 物價가 치솟았고 財政赤字와 外債의 增加에 다 重化學 工業 過剩 重複投資 問題까지 겹쳐서 經濟成長率이 떨어지는 危機狀況이었다. 經濟 首席 秘書官 金在益은 먼저 오르는 物價를 잡기 위해 勤勞者 賃金

과 秋穀 收買價는 묶고 豫算까지 凍結을 한 다음 輸入 自由化를 推進해 保護를 받던 國內 企業의 競爭을 誘導하고 獨寡占을 막기 위해서 "公正去來法"을 制定했다. 政權이 흔들릴 수도 있는 人氣 없는 構造 改革에 周邊의 反對가 深刻했지만, 全斗煥은 "經濟 大統領은 當身이야"라면서 金在益을 全幅的으로 支援을 했다. 結局 物價가 잡히고 慢性的 貿易 赤字도 黑字 構造로 바뀌고 經濟成長率은 年 平均 10%以上을 記錄하면서 中産層도 두꺼워졌다.

未來 科學技術에 投資한 것도 印象的이었다. 科學技術 秘書官 5明에게 "電子 産業 育成 對策班"을 맡겨 通信, 電子, 半導體와 같은 尖端産業 인프라 構築을 試圖했다. 하지만 資金과 技術力 不足으로 周邊의 反對가 甚했었다.

全斗煥은 日本에 "韓國이 共産 勢力으로부터 日本을 지켜주고 있으니 安保 經協 資金으로 100億 달러를 내라"고 要求를 했다. 結局 40億 달러를 받아 내고 半導體 生産 裝備의 收入許可도 이끌어 냈다. 이 資本과 技術을 바탕으로 半導體 開發에 投資를 할 수가 있었다.

또 企業들이 半導體 裝備를 輸入할 때 關稅를 免除해 주고 首都圈에 工場을 세우도록 土地買入을 許可해 주는 等 支援을 아끼지 않았다. 이 投資가 오늘 날 大韓民國을 支撐하는 技術이 되었다.

愚民化 政策이라고 評價를 받던 3S〈Screen, Sports, Sex〉政策도 다시 보게 되었다. 性描寫에 대한 檢閱을 緩和하고 大衆文化와 스포츠를 活性化하는 政策 推進은 所得成長에 따른 國民의 社會 文化的 自由化 要求를 收容한 自然스러운 흐름이었고, 該當 産業 發展에 肯定的인 役割을 했다.

經濟 成長에 대한 功을 肯定的으로 評價를 했기 때문일까? 直選制 改憲이 이루어졌지만, 國民의 選擇은 盧泰愚였다. 盧泰愚 政權은 北方外交, 平時 作戰 權 回收, 南北韓 유엔 同時加入 等을 推進해 成功시켰다. 그리고 國民의 醫療保險 및 國民年金制度를 擴大했다. 이 時期에 湖南 地域에 光陽 製鐵과 西海岸 高速道路가 建設되었고 새 만금 開發事業도 推進하였다.

그 時代에 목숨을 걸고 民主化 鬪爭에 앞장선 분들도 있었지만 理念을 떠나 民生問題를 解決하려던 엘리트 官僚들과 그들의 提案을 外壓을 안 받게 保護를 해주며 推進을 한 리더들도 있었다. 이 時期는 暗黑期가 아닌 모두의 勞力으로 漢江의 奇蹟을 完成한 時代인 것이다.

그때의 아픔과 差別을 겪어야 했던 故鄕 光州 어르신들의 마음을 알기 때문에 이런 글을 쓰기가 매우 操心스럽고 또 罪悚한 마음이 듭니다. 하지만 언제까지 갚을 수 없는 怨恨을 代물림을 할 수는 없습니다.

只今 光州 市民들이 眞正으로 바라는 것도 過去를 딛고 일어나 成熟한 民主主義를 갖춘 富强한 나라를 만드는 것이라고, 생각합니다. 5·18 被害 遺族들에게 謝罪하러 온 全斗煥 盧泰愚의 後孫들이 歡待를 받는 것도 그런 意味가 아닐까요.

功과 過를 담담히 바라보고 敎訓을 얻어 只今 우리에게도 切實히 必要한 勞動, 年金 分野의 構造改革과 未來 科學技術 投資를 通해 다시 成長 발판을 마련하길 期待를 해 봅니다.

이 記事를 읽고 湖南人들의 左便 向과 외골수로 저희들 끼리의 偏向을 넘어 事實대로 評價를 한 것을 歡迎한다.

5·18 事件을 다시 評價하자

5·18에 대하여 區區한 말들이 있다. 이제 事實이 糾明된 入場이니 제대로 評價를 하자는 것이다. 좌파 人士들의 評價를 바로 잡자는 것이다. 實證을 列擧해 본다.

1. 600餘名의 共匪의 浸透 :
   北 政權이 親北 傾向이 있는 全羅道 光州地域에 無慮 600餘名의 共匪를 浸透시켜 市民을 煽動하여 反政府 行爲를 한 것.

2. 600餘名 中 犧牲者의 追慕碑 建立 :
   北 政權이 犧牲者의 追慕碑를 세운 것은 大韓民國을 顚覆하려는 意圖로 共匪를 浸透 시킨 것이다.

3. 武器庫 襲擊과 칼 빈 銃 脫出 :
   民間人의 힘으로는 不可하며 浸透 共匪의 所行이다. 칼 빈 總으로 저들끼리의 鬪爭이었다.

4. 칼빈 銃彈의 證據 :

反政府 示威 市民과 犧牲者의 屍身에서는 主로 칼 빈 銃彈이 發見되었다. 당시 鎭壓 軍은 M1 銃을 使用했다.

5. 5·18 墓域의 屍身 中에는 身元 不明이 多數가 있다. 共匪들의 屍身으로 볼 수 밖에 없다.

以上과 같이 5月 18日에 일어난 事件은 北政權이 大韓民國을 顚覆시키려고 한 事件으로 본다. 그런데 이 事件을 美化하는 行爲는 있을 수가 없다. 그래서 이 事件을 美化하려는 全羅道 出身 政客들을 憎惡를 하는 것이다.

如何間 이 事件으로 犧牲이 된 良民에게는 冥福을 빈다.

精誠의 結果

- 좋은 글 中에서 -

精誠으로 새끼줄을 꼬았습니다.

어느 날 富者 집의 主人 영감이 그해 마지막 날 奴婢들을 다 모아놓고 말을 했다.

來日이 正月 初하루이니 내가 來日 너희들을 다 解放을 시켜줄 것이니 來日부터 너희들은 더 以上 奴隸가 아니리라. 奴隸들은 아주 기뻐하면서 奴隸 文書를 태우며 喚呼를 했다. 그러면서 영감님은 奴隸들에게 이렇게 말을 했다.

마지막 밤이니 精誠을 다해 오늘 밤이 새도록 새끼줄을 꼬아라. 그리고 될 수 있는 대로 가늘게 꼬도록 하여라. 그러자 종들의 反應은 各各 달랐다. 한 종들은 마지막까지 부려 먹더니 영감태기가 至毒하군 하고 투덜거리며 마지못해 不平을 하면서도 주어진 집단을 없애려 굵게 새끼줄을 꼬았다.

다른 종들은 이제 밤이 지나면 自由의 몸이 되니 그 얼마나 좋은가, 그러니 오늘은 精誠을 다해서 일을 하자. 라면서 가늘게 精誠으로 새끼 줄을 꼬았다. 다음 날 아침 영감은 광 門을 활짝 열어놓고 말을 했다. 어제, 밤이 새도록 꼬은 새끼줄에 여기의 葉錢들을 될 수 있는 한 뀌어서 가지고 가거라 하고 말하였다.

굵은 새끼줄을 꼰 下人은 葉錢 구멍에 새끼줄이 들어가지 않아서 간신이 몇 個만을 억지로 뀌어서 가지고 갔지만, 精誠껏 새끼줄을 가늘게 꼰 下人들은 平生 먹고살 만한 밑천이 될 만큼의 葉錢을 뀌어서 가지고 그의 집 大門을 나설 수가 있었다.

잘 되는 사람의 成功하는 方法은 分明이 나와는 무언가 다른 것이 있다.

오리가 물 위를 미끄러져 가는 것이 공짜로 미끄러져서 가는 것이 아니다. 몸 밑에 숨겨진 발의 움직임으로 그렇게 잘 미끄러져 가는 것이 겉으로는 드러나지는 않아도 물밑 作業의 숨은 勞力이 있었다. 이 事實이 우리의 삶을 潤澤하게 해준다.

이 世上은 準備를 하고 實行하는 이들에게는 많은 葉錢을 꿰어준다.

좋은 글귀는 信賴의 所重함을 알게 된다.

부끄러워 못 살겠다

"美洲의 愛國 僑胞들은 朴槿惠 大統領의 卽刻的인 釋放을 强力히 促求한다."

멀리 시집을 간 女性들은 두고 온 親庭이 잘되고, 便安할 때에는 기쁘고 즐거운 生活을 할 수 있으나 親庭이 잘못되거나 어려울 때에는 罪를 지은 것도 아닌데 괜이 氣가 죽어 숨도 제대로 쉬지 못하고 周圍사람의 눈치나 보면서 不安한 生活을 하고 있음은 우리가 잘 알고 있다.

美洲에 살고 있는 僑胞들은 經濟復興과 自由 民主化를 이룩하고 援助를 받은 나라에서 援助를 주는 나라로, 그리고 外交를 通해 國威를 世界 萬邦에 宣揚하고 있는 祖國을 생각하면서 異國 美國 땅에서 自尊心과 矜持를 가지고 자랑스럽게 살아가고 있다.

文在寅 政權이 執權한 以後부터는 韓國은 자랑스러운 母國이 아니라 부끄러운 母國으로 轉落하고 들려오는 消息은 不美스럽고 부끄러운 消息만 들려오고 있다.

貶下하고 獨善的인 左派 從北 政策은 勿論 政權 實勢들의 不淨과 腐敗, 不法과 不公正 그리고 醜惡한 性的 墮落은 度를 너머 "내로남불"이란 不信 社會風潮를 造成하고 있는 現實은 美洲에 살고 있는 우리들을 더욱 부끄럽게 하고 또 가슴 아프게 하고 있다.

朴槿惠 大統領은 韓國의 歷代 大統領 中에서 가장 淸廉 潔白하고 國政 運營도 比較的 政派를 떠나 順理的으로 推進함으로써 國家와 民族 앞에 많은 業績을 남겼다고 생각한다. 그러나 左派 勢力과 文在寅 政權은 朴槿惠 大統領을 大統領職에서 逐出하고 刑事裁判을 通해서 只今까지 5년 가까운 歲月을 拘置所에 收監하고 있다.

朴槿惠 前大統領의 國政 運營과 文在寅의 國政 運營 結果를 比較할 때에 더 많은 失政과 國家的인 損失을 남긴 것은 文在寅 政權이라고 생각한다. 누가 누구를 審判하고 定罪〈罪가 있는 것으로 規定〉한단 말인가.

이 時點에 美洲 僑胞들이 文在寅 政權에 促求하는 것은 政治 共學에 依한 赦免이 아니다. 죽을 罪를 지은 것도 아니고 逃亡갈 念慮도 없고 70歲의 高齡이며 健康 問題로 只今도 病院에 入院하여 治療를 받고 있다는 點을 考慮하여서 卽刻的인 釋放을 促求하는 바이다. 이는 歎願이나 請願이 아닌 美洲 僑胞들의 愛國的인 命令이요 指示임을 밝혀둔다.

金泳三 前大統領도 次期 大統領으로 當選이 된 金大中 前大統領과 協議하여 全斗煥 前大統領과 盧泰愚 前大統領을 2年 만에 赦免한 事實을 우리는 記憶을 하고 있다.

文在寅 大統領도 任期가 얼마 남지 않은 이 時點에서 朴槿惠 前大統領의 釋放이란 賢明한 斷案을 하여 美洲 僑胞 들이 더 以上 부끄럽지 않고 자랑

스러운 母國을 생각하면서 힘차게 살아갈 수 있도록 기쁜 聖誕의 膳物을 보내 주리라 確實히 믿는다.

　　主管團體 : 美洲 朴槿惠 大統領 釋放 促求 推進委員會 會長 조의연

　　　　　　　美洲 朴正熙 大統領 記念 事業會 會長 李재권

　　參與團體 : 캐나다. 韓國 自由 總 聯盟 토론토支部 會長 朴남수

　　　　　　 : 美國. 韓國 救國財團 김평우 辯護士 等 26個 團體의 會長

　　　　　　　　－ 朝鮮日報 2021.12.17. 金 A 32面 記事 中에서 －

赦免權과 行使

王權 時代에는 王이 내린 말을 거두어들이는 權限 卽 處罰權, 生殺 脫權이 本質이다. 그러므로 누구나 살릴 수 있는 專屬 權限인 것이다. 大統領 權限의 赦免權은 이렇게 行使하라고 되어 있는 것이다.

1) 形式的인 法 論理를 따르는 것만으로는 正義롭지 가 않았을 때,

2) 죽 끓듯 變德을 부리는 輿論이 되지 못하는 歷史의 흐름이 있을 때,

3) 世界의 輿論이나 온 國民이 要望을 하고있는 事項 中에서 妥當할 때,

4) 左派 從北 者였지만 改過遷善하여 國家와 民族을 爲해 奉仕함이 顯著할 때,

올바른 方向으로 判斷을 行使하게 해주는 權限의 힘이 바로 赦免 權이다. 이것이 現代의 民主主義 國家에서도 마당이 해여야 할 正當 한 行爲라고 본다.

老來의 生活 信條

　늙으면 周邊의 食口들과 近親들은 떠나가고 아주 외로운 孤獨의 環境이 된다. 이를 克服하기 爲한 生活 條項을 다음과 같이 생각을 해 보았다.

　1. 健康 維持 〈걷기, 停滯하지 않고 움직이는 運動, 肉體 按摩 等〉
　2. 食飮 管理 〈하루의 아침, 점심, 저녁 三 回 食事 徹底 履行 等〉
　3. 財産 確保 〈내 집을 비롯하여 年金 等으로 生計 維持 必需 等〉
　4. 朋友 相逢 〈親舊만나 虛心坦懷 對話를 하며 즐기는 雰圍氣 等〉
　5. 讀書 聽取 〈冊, 雜誌, 新聞보고, 컴퓨터를 치며 매스컴聽取 等〉
　6. 記錄 出版 〈반듯이 記錄하고 出版해서 資料를 後世에 傳授 等〉

希望峰을 보세요!!

　1. 攝理의 새 時代로!
　2. 平和의 새 時代로!
　3. 統一의 새 時代로!
　渴望하면서 굳건한 盤石 위에, 뿌리 깊은 礎石 위에, 自由, 平等 平和가 根本 바탕이 되는 사랑의 꽃이 피는 하늘의 宮殿, 땅의 宮殿을 建築하여서,
　1. 太極旗가 휘날리는 곳!
　2. 萬國旗가 휘날리는 곳!
　3. 유엔旗가 휘날리는 곳!
　글로벌의 새 時代로 실크로드의 새 時代로 希望峰을 바라보는 慧眼과 靈眼에 밝게 열리기를 祈願, 所望하는 바입니다.
　2022年 새해를 맞이하면서 貴宅의 萬福을 祈願 드리는 바입니다.
　나라사랑 運動本部·民族精神 文化 暢達會 지성 盧炫善 拜上

사랑의 품

1. 어머니의 품 : 엄마의 품에 안겨 젖을 빨고 젖꼭지 만지는 幸福
2. 아버지의 품 : 아빠의 품에 안겨 한 이불속에서 재워주는 幸福
3. 夫婦間의 품 : 한 이불 속에서 껴안고서 속사이며 즐기는 幸福

金亨錫 敎授의 老人 考

1. 老仙 : 늙어가면서 神仙처럼 사는 사람이 되고 싶습니다.
   사랑도 미움도 놓아 버렸습니다.
   성냄도 탐욕도 벗어 버렸습니다.
   善惡도 모두다 털어 버렸습니다.
   삶음도 걸림이 없게 버렸습니다.
   건너야 할 彼岸도 없고 올라야 할 天堂도 없고 빠져버릴 地獄도 없습니다. 다만 慾心이 없는 無心으로 自然의 攝理를 따라 돌아갈 것뿐입니다.

2. 老鶴 : 늙어서 鶴 같은 品位로 사는 사람이 되고 싶습니다.
   心身이 健康하고 餘裕가 있어 나라의 안과 밖을 隋時로 돌아다니면서 山川과 境界를 遊覽하지요. 그러면서도 儉素하여 淺薄하질 않습니다. 많은 벗들과 어울려 노닐며 베풀 줄을 알아야합니다. 그래서 親舊들로부터 아낌을 받지요. 또 틈이 나는 대로 갈고 닦으며 學術 論文이며 藝術 作品을 펴내기도 합니다.

3. 老童 : 늙어서 童心으로 돌아가 少年처럼 살고 싶습니다.
   大學의 平生 敎員이나. 學園 아니면 書院이나 老人 大學에 籍을 걸어 두고 못다 한 工夫를 합니다. 詩經과 周易 等 學文이며, 書藝며, 政治 經濟, 常識이며, 인터넷 카페에 熱心히 들어갑니다. 隋時로 同志들과 어울려 旅行도 하고 노래도 부르며

춤도 추고 즐거운 餘生을 보냅니다.

4. 老翁 : 文字 그대로 늙은이로 사는 사람이 되고 싶습니다.

홀로 집에서 孫子들이나 봐주고 텅빈 집이나 지켜줍니다. 어쩌다 洞內 老人亭에 나가서 老人들과 花鬪도 치고 將棋를 두기도 합니다. 形便이 된다면, 따로 나와서 살아야 한다는 생각이 늘 머릿속에 맴돌면서 하루 하루를 보내고 있습니다.

5. 老狂 : 미친 사람처럼 分揀하지 못하며 사는 老人입니다.

恒常 未達하고 能力은 不足하여 周邊의 尊敬을 못 받는 處地에 감투 慾心은 많아서 온갖 長을 도맡으려고 합니다. 돈이 생기는 곳이라면 體面 不拘하고 파리처럼 달라붙지요. 權力의 끄나풀이라도 잡아보려고 늙은 몸을 이끌고 끊임없이 여기저기 기웃거리는 사람을 말합니다.

6. 老孤 : 늙으면 夫婦 離別로 외롭게 삶을 사는 사람입니다.

三十代의 아내는 嗜好 食品과 같다고 합니다. 四十代의 아내는 어느덧 없어서는 안 될 家財道具가 돼버립니다. 五十代가 되면 아내는 家寶의 자리를 차지합니다. 六十代의 아내는 地方의 文化財라고나 할까요. 그런데 七十代가 되면 아내는 國寶의 位置에 올라 尊敬을 받게 됩니다. 그런 貴하고도 貴한 寶物을 잃었으니 외롭고 쓸쓸할 수밖에 없지요.

7. 老窮 : 늙어서 手中에 銅錢 한푼 없이 지내는 사람입니다.

아침에 한술을 뜨고 나면 집을 나와야 합니다. 갈 곳이라고는 公園廣場뿐입니다. 點心은 無料 給食 所에서 解決을 합니다. 夕陽이 되면 내키지가 않는 발걸음을 이끌고 집으로 들어갑니다. 며느리 눈치 슬슬보며 밥술 좀 먹고 골방에 들어가서 한숨 잡니다. 사는 게 괴롭지요.

8. 老醜 : 늙어서 醜하고 凄凉한 模襲으로 사는 사람입니다.

어쩌다가 不治의 病을 얻어서 다른 사람의 도움이 없이는 한시도 살 수가 없는 죽지 못해 生存하는 可憐한 老人이지요.

어떻습니까? 只今 우리의 삶은 어느 곳에 該當될까요. 하늘은 짓지 않는 福을 내리주지 않습니다. 萬若 우리의 삶이 외롭고 고달프다면 나의 生을 爲해서라도 功德을 쌓지 않으면 안 됩니다. 그러므로 願은 큰데 두고, 功은 작은 데부터 짓는 것입니다. 그리고 待遇는 掛念를 하지 말고 功德을 쌓기에 만 힘을 쓰면 큰 功과 큰 待遇가 돌아오게 마련이지요.

~~오늘 깨우침의 글~~

먼 길을 떠나는 사람은 많은 짐을 갖지를 않는다. 높은 山에 오르기를 爲해서는 무거운 것은 山아래에 남겨두는 法이다. 精神的인 價値와 人格의 崇高 함을 爲해서는 所有의 奴隷가 되어서는 안 된다. 所有는 베풀기를 爲해서 주어진 것이지 즐기기 爲해 갖는 것이 아니다.

-金亨錫 敎授의 日記 中에서-

近世史의 人物들

1. 19世紀 賢人

1) 레닌 〈共産主義 創始者〉1870~1924 :V. I. V. & Lenin

러시아의 革命家, 마르크스主義를 發展시켜, 보두세 비키를 指導하여 러시아의 革命을 일으켜, 世界最初의 社會主義 國家인 소비에트 聯邦을 創設했다. 兄의 影響을 받아 일찍이 革命運動에 從事 하였으며, 逮捕되어 流刑에 處해 졌으나, 屈하지 않고, 第1次 世界大戰을 하나의 바탕으로 2月 革命을 일으키고, 다시 10月 革命에 依하여 소비에트 政府를 樹立을 했다. 그의 理論은 國際的인 革命運動에 多大한 影響을 賦與했다. 著書로는 "帝國主義論"과 "러시아에 있어서 資本主義의 發達" 또 "무엇을 할 것인가" 等이 있다.

2) 간디 〈印度 民族의 解放 主義者〉1869~1948 : M. K. & Gandhi

印度 獨立運動의 指導者이다. 英國에 留學하여 法律 工夫하고 辯護士

가 되었다. 1914年 歸國後, 民族獨立을 推進하는 國民會議派의 議長되어서 獨立運動에 盡力하였다. 暴力을 排除하며, 非協力과 非服從을 抵抗의 武器로 삼고, 特히 祈禱와 斷食에 依한 抵抗은 世界的으로 有名하다. 1948年 빈스 敎族에 依하여 暗殺되었다.

3) 孫文〈自由 民主主義 成立〉18866~1925 : Son Wen

中華民國의 初期의 革命家, 思想家, 政治家로서 廣東省 人이다. 字〈別名〉는 逸仙 또는 中山이다. 少年 時代에 하와이에 건너가서 基督敎의 洗禮를 받았다. 歸國 後 香港의 醫 學校에서 工夫를 했다. 마카오에서 開業을 했으며 政治 社會인 "興中會"에 加盟하여 革命運動을 하게 된다. 그 間에 革命 思想인 "三民主義"를 發表했고, 1905年 東京에서 "中國革命 同盟會"를 組織한다.

1911年의 辛亥 革命때에 歸國하여 臨時 大統領이 되었다가 袁 世凱에게 剝脫을 當하여 退陣을 하게 된다. 1919年 "中國 民國黨"을 結成한다. 1921年에 廣東政府를 樹立한다. 1924年에 國共合作에 成功을 한다. 그 後에도 三民主義의 宣揚을 主張하며 全國의 統一을 圖謀하면서 北京에 들어갔으나 "革命 未完" 狀態에서 客死를 한다.

4) 明治〈維新으로 近代化 成立〉1852~1912 : メィジ

日本國 122代 天皇이다. 이름은 睦仁(목인)이다. 父親은 孝明天皇이다. 1867年 16歲에 卽位를 해서 다음 해 3月에 "五條의 御誓文〈天皇으로서의 意志文〉"을 發布하고 新 政策의 기틀을 提示했다. 9月에 年號를 明治로 決定을 하였다. 1869年 江戶(에도)를 東京(도교)으로 改稱을 하면서 이곳으로 遷都를 하였다. 그리고 王政 復古를 實現하였다. 天皇의 親政을 名分으로 明治維新 政府를 成立하였다. 1881年에는 軍人勅諭를, 1889年에는 欽定〈君主의 命令에 依하여 選擇 決定하는 것〉憲法, 1890年에는 敎育勅語를 發布하여 이를 通하여 絶對 君國主義 的 天皇 制 國家를 確立하였다.

2. 19世紀 惡漢 獨裁者

1) 스탈린 〈共産主義 獨裁 者〉1879~1953 : I. v. & Stalin

蘇聯 首相은 구루지아의 靴屋집 아들로 태어나 神學校에 入學을 했으나, 社會民主黨에 入黨하여 革命運動에 參加하였기 때문에 神學校에서 追放 되었다. 보리 시에 우이기에 參加하였다. 그 後에 몇 番인가 시베리아 流刑을 當한다. 恒常 脫走하여 革命運動을 指導했다. 1911年에 新聞 "부라우다"를 創刊했다.

革命 後에는 政府의 要職에서 일을 하다가, 黨의 書記長이 된다. 레닌의 後光으로 當權을 쥐게 되었고, 第2次 世界大戰때에는 首相, 最高 司令官, 大元帥가 되었다. 偉大하고 卓越한 指導者였었는데 晩年에는 專制政治를 함으로써, 死後 스탈린主義라는 苛酷한 批判을 받게 되었다.

2) 히틀러 〈軍國主義 獨裁者〉1889~1945 : Adolf Hitler

獨逸의 政治家이며, 나치스 獨逸의 獨裁者이다. 北 오스트리아의 下級 稅關吏의 子息으로 태어났다. 靑年時代를 우인의 貧民街에서 지냈다. 1912年에 뮨헨市로 移住를 했다. 第1次 世界大戰 때에는 바이에른 聯隊에 入隊하여 參戰했으며, 十字架 褒賞을 받았다. 1919年에 6人의 同志와 國民 社會主義的의 獨逸 勞動黨인 나치黨을 組織했다. 演說을 잘함으로 頭角을 나타냈다.

黨을 擴大 强化하면서 곧바로 獨裁者가 되었다. 그리고 1923年이어 나치黨이 政權 獲得을 하게 되었다. 말하자면 히틀러 一色을 劃策했으나 失敗를 하고, 1年 餘 投獄 生活을 했다. 出獄 後에는 合法 活動에 依하여 勢力을 擴張하면서 1933年에 首相이 되면서 第3帝國을 建設하였다. 그러면서 國民의 支持를 높게 받게 되었다. 未曾有의 獨裁政治를 强化하면서 純게르만 民族의 大 帝國建設을 目的으로 第2次 大戰을 始作했다. 이어서 폴란드와 蘇聯의 西쪽 一部을 占領했다. 猶太人을 虐殺하면서 슬러브 民族에게 奴隸的 强制勞動을 强化했다. 그러면서 全 歐洲의 占領地에서 物資를 掠奪했다. 그러니 美國과 蘇聯의 軍事力에 依하여 敗亡하고 1945年 3月에 愛人 에바 〈부라운〉과 같이 自殺하였다고 傳해지고 있다.

3) 뭇소리니〈軍國主義 獨裁者〉1883~1945 : Benito mussolini

伊太利의 政治家이다. 父親은 鍛冶 業을 했다. 小學校 敎師를 지냈으며 社會主義 運動에 參與했다. 第1次 大戰 後 "화시스트" 黨을 組織을 했다. 1922年 로마를 進駐하고 首相이 되었다. 獨裁政治를 하면서 西班牙 內戰 때에는 "부랑코" 政權을 支援했다. 獨逸과 接近하면서 "日獨伊" 三國同盟을 締結했다. 그런데 第2次 大戰에서 敗退로 밀라노의 反파쇼 主義者들에 依하여 1945年에 殺害되었다.

4) 東條 英機〈軍國族主義 獨裁者〉1884~1948 : トウジョウ ヒテキ

明治 17年부터 昭和 23年까지 軍人이었으며, 政治家이다. 東京 胎生이다. 陸軍大學을 卒業하고 參謀本部에서 勤務한 後에 陸軍 大臣이 된다. 昭和16年에 內閣을 組織하고 同年 12月 8日에 太平洋戰爭을 일으켰다. 開戰後에는 獨裁權을 行事하다가 昭和 19年〈西紀1944年〉戰局이 惡化되면서 辭職을 하고 敗戰 後에 美 極東軍 裁判所에서 A級 戰犯者로 絞首刑을 받았다.

3. 20世紀 平和 主導者

1) 처칠〈平和主義 提唱者〉1874~1965 ; Winston Chorchil

英國의 政治家이다. 士官學校卒業 1900年에 保守黨 議員이 된다. 以後에 內務相, 植民相, 海軍相, 航空相, 陸軍相 等을 歷任했다. 第2次 大戰中에는 首相이 되어서 聯合軍을 勝利로 이어 낸다. 繪畵와 文筆에도 影響을 끼치고 있다. 1953年 "第2次 世界大戰 回顧錄"으로 노벨文學賞을 受賞했다.

2) 루스벨트〈平和主義 提唱者〉1882~1945 : Franklin Delano Roosevelt

美 合衆國 第32代 大統領이다. 19233年~1945年까지 在任하면서, 美國을 掩襲한 大恐慌을 뉴딜 政策으로 克服을 한 것은 有名하다. 또 第2次 世界大戰 中에서는 英國의 처칠과 蘇聯의 스탈린과 같이 聯合作戰으로 先導를 이끌었다. 戰爭 終結 後에는 國際聯合 設立에 盡力하였다. 大衆의 人氣도 빛나지만, 顚倒 없이 4選을 이루었다.

3) 투르만〈루스벨트 承繼 者〉1884~1972 : Harry S. Truman

第33代 美國 大統領 在任 期間은 1945~1953年이다. 루스벨트 大統領의 副統領으로 在任하다가 그의 死亡 後 大統領으로 昇格했다. 1948年에 再選되었다. 世界 2次 大戰 中인 1945年에 日本國의 廣島와 長崎에 原子彈 投下를 命令했다. 戰後 國內에서는 新 分配 政策을 썼으며, 對外的으로는 敎導 主義로 共産主義 封鎖政策을 했다. 6·25南侵때에 大韓 民國을 도우러 美軍 派兵을 하고 勝利로 우리나라를 救濟하여 주었다.

4) 蔣 介石〈平和主義 提唱者〉1887~1975 :

中華民國 國民政府의 總統이다. 浙江省 奉化縣 出生 日本에 留學하면서 陸軍士官學校를 卒業했다. 1911年 辛亥革命에 參加했고, 孫文 隸下에서 活躍했다. 孫文 死後에 國民革命 總司令官이 되었고, 이어서 1928年에 國民政府의 主席이 되었다. 以來 反共政策과 新 生活 運動을 齊唱했다.

1936年에 西安事件으로 監禁을 當한다. 日華事變을 國共聯合 作戰으로 成功을 거두며 많은 職務를 遂行하고, 前後 憲政 下에서 初代 總統으로 就任한다. 美國의 支援을 받으면서 自由民主主義 統一을 하려고 했으나 毛澤東이 이끄는 中共軍에게 敗하고 臺灣으로 移住했다.

5) 李承晩〈平和主義 提唱者〉1875~1965 :

大韓民國의 政治家이다. 李氏 朝鮮의 革命에서 失敗하고 7年間의 服役을 했다. 美國에 留學하여 프린 스톤大學을 卒業하고 歸國하여 民族主義 運動에 投身하였으나 뜻을 이루지 못하고 다시 美國으로 건너가서 救國 活動을 하다가 1945年 光復이 되면서 歸國하여 大韓民國을 樹立했다. 그리고 初代 大統領이 된다. 1950年 金日成의 南侵을 克服하면서 反共 捕虜의 釋放과 韓美防衛條約 締結을 이루어 國家安保를 굳건히 했다. 李起鵬의 無秩序 補佐로 1960年 4·19義擧로 下野하여 하와이로 移住하여 1965年에 死亡을 했다. 李承晩은 大韓民國을 自由民主主義로 建國한 우리나라의 國父로서 平和 主義者로서, 韓美防衛條約 締結로 共産主義者 侵入을 防禦 守護해 준 分이다.

6) 아데나워〈平和主義 提唱者〉1876~1967 : Konrand Adenauer

獨逸의 政治家이다. 게른市 出身으로, 프랑크프루트와 본 大學에서 修
學을 했다. 나치스에 依하여 게른市長에서 解任이 되었다가, 第2次 大戰終戰
後에 政界로 復歸하여 1949~1961年까지 4次에 걸쳐서 首相을 지냈다. 1960
年에 訪日을 했다. 獨逸을 自由民主主義 國家로 統一을 成就하였으며, 自由
經濟 體制로 發展시킨 偉大한 救國 指導者이다. 1963年度에 辭任을 했다.

7) 드골〈平和主義 提唱者〉1890~1970 : Charles Andre Joseph Marie de Gaulle

佛蘭西 第5代 大統領이다. 1921年에 陸軍士官學校를 卒業했다. 1940
年 파리가 獨逸軍에게 陷落이 되자 徹底 抗戰을 齊唱하며 런던으로 亡命을
하여 對 獨逸 抵抗運動을 指導하였다. 1944年에 臨時政府 首席이다가 1946
年에 隱退하였다.

1947~1953年 "佛蘭西 國民聯合"의 총재가 되었다. 1958年 '알제리야' 問
題의 解決을 부르짖으며 政界에 復歸를 하면서 10月에 第5共和國을 公布했
다. 그리고 12月에 大統領에 就任했다. 佛蘭西의 難局을 克服 收拾하여 安
定을 시킨 平和主義 救國 指導者이다.

8) 胡志明〈平和主義 提唱者〉 1890~1969 : Ho Chi Minh

베트남 共和國의 初代 大統領이다. 구안省 出身이다. 反佛蘭西主義者
인 父親의 影響으로 獨立運動에 參加하게 되었다. 1911年 佛蘭西에건너가
社會黨이 入黨을 하였으나 1923年에 佛蘭西에서 追放을當하여 蘇聯으로 亡
命을 하였다가, 1930年 홍콩에서 印度支那共産黨을 結成한다. 1941年 베트
남 獨立聯盟을 組織하여 主席이 된다. 1945年 베트남 民主共和國 臨時政府
를 樹立한다.

1946年에 大統領으로 就任을 한다. 그後 南베트남의 分離와 佛蘭西 軍의
攻擊 等으로 政治的 또는 軍事的 困難을 克服하면서, 1954年 주네브會談에
서 停戰協定을 締結하고, 이어 美國이 南베트남과 손을 잡고 戰爭을 일으켰
지만 南베트남解放民族戰線을 支持하며鬪爭했다. 베트남의 獨立 爲하여 平

生을 바치신 最高의 愛國 平和指導者이다.

4. 20世紀 獨裁者

1) 毛 澤東〈共産主義 獨裁者〉1893~1976 : Mao Tse-tung

中國의 政治家이다. 中國共産黨 主席으로 湖南省 出身이다. 中學時節에 辛亥 革命運動에 參加했다. 1918年에 北京大學의 圖書館 司書가 되면서 "말키시슴"을 硏究를 하였다. 1921年 中國 共産黨의 結成에 參加했다. 그러면서 農民運動을 展開했으며, 1931年에 소비에트 政權을 樹立했고,

1949年에 中國 人民共和國을 建設하여서 主席이 된다. 1959年에 國家主席에서 退任을 한다. 1972年 닉슨 美 大統領과 회담을 한 것은 注目을 받고 있다. 毛 澤東은 6·25 南侵에 金日成을 도아 우리의 北進統一을 沮害한 元兇이다.

2) 金日成〈共産主義 獨裁者〉1912~   :

朝鮮民主主義 人民共和國 首相이다. 幼少年期부터 滿洲에서 革命運動에 從事했다. 1931年 滿洲事變이 勃發한 後부터 게릴라 部隊를 指揮하며 抗日運動에서 活躍했다. 1939年以後 蘇聯에 入國하여 政治 軍事學을 工夫했다. 終戰 後 朝鮮으로 歸國했다. 1948年에 人民共和國을 設立하여 首相으로 指名되었다. 1950年 南侵戰爭을 일으키면서 人民 最高 司令官이 되어서 戰爭을 指導했다.

3) 카스트로〈共産主義 獨裁者〉1927~1960代 : Fidel Castro

쿠바의 辯護士이며, 革命家이다. 首相이다. 베렌大學 在學 中에서부터 反政府運動에 參加하였다. 1956年에 解放 軍을 組織하였다. 그리고 1959年에 革命에 成功하면서 "바지스타"大統領을 追放하고 首相이 되었다. 反美와 容共 政策을 採擇하였다.

5. 近世 人物

1) 鄧小評 1902~   : Teng Hsiao-ping

中國政府 副首相, 四川省 出身이다. 佛蘭西 留學 時節에 共産黨 파리 支部에 入黨했다. 蘇聯을 거쳐 歸國後 革命에 參與했으며, 第3野戰軍 政治 委員이 되었다. 1949年 北京에서 共産 政權 樹立에 參加를 하였다.

1956年 以來 共産黨 書記, 中央政治局 常務委員으로 活躍했다. 1965年 以來 黨 總書記가 되고, 中央政治局의 常務委員으로 活躍을 했다. 1965年의 文化 革命에서 失脚이 되었으나, 1973年에 復歸를 하였다. 短身의 體軀로서 迂餘曲折을 많이 겪으면서도 不屈의 精神으로 中國을 社會主義로 發展을 하게 길을 닦아놓은 先見之明이 있는 大政治家이다. 特히 朴正熙 大統領의 "새마을 運動"을 讚揚하며 배우도록 先導한 人物이다.

2) 朴正熙 1917~1979 :

大韓民國 大統領이다. 陸士2期〈短期〉出身으로 陸軍少將으로 1960年 5·16 軍事革命을 主導했다. 1962年 大統領權限代行을 거쳐 1963年 民主 共 和黨 總裁를 하면서 大統領으로 就任했다. 在職中 維新體制의 性格으로 强 力하게 推進을 하면서 보릿고개를 없애기爲해 할 수 있다는 意志로 "새마을 運動" 推進하여 成功하여 貧困을 打破하고 經濟의 基盤을 다져놓았다. 李 承晩 大統領의 意志를 받들어 國家安保를 强化하고, 공산당을 體驗하면서 공산주의의 不合理性을 打破하고 사상을 强化하는 반공 第一主義로 國政을 安定시키면서 漢江의 奇蹟을 이루었다.

오로지 私利 私慾이 없이 國家와 民族을 爲하여 獻身하였다. 不幸하게도 1979年 7月 金載圭의 兇彈이 依하여 非命으로 가셨다. 當時 世界의 指導者 들이 모두 朴 大統領의 業績을 讚揚하고 稱讚을 하였다. 特히 鄧小平이 "새 마을 運動"을 敎導로 삼았다.

李承晩〈1875~1965〉과 아데나워〈1876~1967〉는 닮았다

2次 大戰敗亡 後 東西로 分斷된 獨逸이 勝戰國들의 占領하에서 政府를 樹立해나가는 過程이 우리와 너무나도 비슷해서 새삼 놀랐다. 그래서 獨逸의 建國 總理인 아데나워와 우리의 建國 大統領인 李承晩을 같이 聯想하면서 比較하게 되었다.

두 분은 같은 世代에 태어나 같은 期間을 살면서 거의 같은 일을 했기 때문이다. 아데나워는 親 西方 自由 民主主義의 市場經濟를 바탕으로 戰後에 獨逸 民族을 代表하는 自由民主主義 政府를 樹立했다.

아데나워는 李承晩이 自由民主主義 市場經濟 體制의 大韓民國을 建國樹立 한 것과 같은 方式으로 任務를 遂行을 했다. 이것이 李承晩의 政策을 닮았고, 社會的 市場 經濟로 脆弱階層을 끌어안으면서 包容한 것도 李承晩의 農地改革을 닮았다.

李承晩이 農地改革으로 小作農을 풀어주지를 않았다면, 6·25事態때에 어떻게 되었을까! 그 누구도 장담을 할 수가 없을 것이다. 두 사람 사이에 핫라인이 開設이 되었던 것이 아닌가 할 만큼 政策方向이 닮아있고, 73歲에 任期를 始作한 것과 不運하게 權座에서 물러난 것까지도 닮았다. 두 사람 功이 過를 덮고도 남을 人物이다.

그런데 아데나워는 獨逸 國民들에게 가장 尊敬을 받는 人物이 되었고, 李承晩은 分斷의 元兇이란 非難을 받고 있다. 38線으로 南北이 分斷이 된 것은 三相 會議에서 決定이 된 것이다. 事實 分斷의 德澤으로 以南에서나마 自由民主 國家를 세운 李承晩 大統領은 元兇이 아니며, 이를 非難하는 것은 言語道斷이다.

金九나 金奎植도 훌륭한 指導者지만 그들은 感性的 民族主義者였을 뿐이다. 李承晩은 國際情勢를 제대로 洞察 把握한 先知 指導者였다. 民族 主義者들의 主張대로 南北 共同의 政府가 樹立이 되었다면 우리나라는 共産化가 되었을 것이다. 蘇聯은 東쪽에서는 韓半島를 共産國家로 만들고, 西쪽에서는 獨逸을 中立國家로 만들어서 自己들의 影響圈에 두려고 했다.

그것을 아데나워는 미리 看破를 하고 美國과 同盟을 맺었다. 이것 亦是 우리나라의 韓美 防衛條約과 닮아있다. 1952年에 스탈린이 獨逸을 中立國으로 하려고 할 때에 모든 政黨派들은 이에 同調를 하였으나 아데나워만 이를 反對를 했다. 理由는 獨逸이 蘇聯의 影響圈에 歸屬 될 것임을 豫見했기 때문이다. 이것은 先見之明의 賢明한 判斷이었다.

우리는 只今 韓美 防衛條約의 德澤으로 自由 民主 經濟體制 下에서 幸福하게 살고 있음을 한번 想起해 보시라. 아데나워는 나치에 加擔한 者라도 過去를 묻지 않고 能力이 있는 者라면 果敢하게 登用을 하면서 民族의 分裂을 防止하였다.

李承晩은 徹底한 反日本主義 者였지만 日帝 强占 時에 日本에 忠誠한 有能한 專門家를 登用했다. 이것도 서로 닮은 점이다.

只今 우리 社會에는 寬容과 容恕가 사라지고 있다. 참으로 안타깝기만 하다. 過去는 體驗이다. 이 體驗을 分析하고 檢討하여서 未來를 指向하는 데에 基盤으로 삼아야 한다. 非難만 하지 마시라.

經濟發展의 礎石을 다진 李承晩 大統領

이두원 延世大 經濟學部 敎授

흔히 李承晩 大統領을 建國의 아버지라고 부르며 그의 가장 큰 功績을 大韓民國 政府의 樹立과 韓美相互防衛條約을 通한 安保의 確立으로 본다. 하지만 李承晩 政府의 經濟的成果는 朴正熙의 經濟 高度成長 神話에 比喩를 하면서 相對的으로 低 平價 된 것은 事實이다. 그러나 1948年부터 1960年까지 李承晩 政府가 斷行한 經濟 및 社會政策의 成功이 없었다면 1960年代 以後의 高度成長은 不可能했을 것이다.

1948年 政府樹立 直後 李承晩 大統領이 가장 먼저 斷行한 政策은 農地改革이었다.

大地主의 農地를 政府가 地價證券을 發行해서 購入을 하여서 이를 낮은

價格으로 小作農 및 小農들에게 販賣한 것이다. 이를 通해 小作農이 거의 사라지게 되었고 自作農이 劃期的으로 增加하여 所得分配가 크게 改善이 되었다. 또한 一部 大地主들은 이때에 받은 自家 證券을 利用하여 近代 産業에 投資를 하는 契機가 되었으며 이런 意味에서 農業 資本의 産業資本 化가 이루어졌다.

또 하나의 重要한 改革은 바로 教育改革이었다. 政府樹立 直後의 빡빡한 財政 狀況임에도 不拘를 하고 教育行政은 政府 財政 支出 中의 8%를 넘는 큰 比重을 차지하고 있었다.

또한 6·25戰爭 中에도 教育에 對한 支援은 繼續되었으며 甚至於 大學生의 境遇 戰에도 不拘하고 徵集이 免除 되는 惠澤을 누릴 수가 있었다. 또 한 1954年부터 初等學校의 教育을 義務化하면서 教育의 惠澤을 全國民이 누릴 수 있게 되었다. 이와 같은 農地改革과 教育改革의 成功으로 所得分配가 改善이 되고 向後 産業化를 爲한 人的資源 形成을 이루게 된 것이다.

東 아시아의 經濟發展을 研究한 美國의 프리드릭 教授는 韓國과 臺灣이 高度의 成長을 할 수 있었던 가장 큰 原因 中의 하나는 産業化 初期의 良好한 所得分配와 높은 教育 水準이라고 하였는데, 이 基盤이 1950年代 李承晩 政府에 依하여 構築이 된 것이라고 했다.

解放 後에 日本人 들이 남기고 간 資産의 處分 卽 敵産 拂下도 大部分이 成功的이었다고 評價를 받고 있다. 이들 資産 中 社會間接資本과 基幹産業은 公企業으로 轉換이 되었지만, 나머지는 民間企業에 拂下 되었다. 이들은 大部이 市價보다 낮은 價格으로 民間에게로 拂下가 되었으며 이 過程에서 特惠 是非가 發生한 것도 事實이다. 하지만 全般的으로 보았을 때에 敵産 拂下는 失보다는 得이 많았던 政策이다.

于先 政府의 財政 收入에도 크게 도움을 주었으며, 主要 企業들을 民間에게 拂下를 함으로써 民間 企業 들에 基盤을 다지게 한 自由 市場經濟의 確立이 可能하게 된 것이다.

1953年 休戰 以後에 推進한 收入 代替 産業化 戰略은 大韓民國 産業化의 始作이었다. 이는 重要한 生必品을 收入에만 依存하지 않고 國內 生産으로

代替를 해 보자는 戰略이었으며 三白産業인 설탕, 밀가루, 綿紡織의 育成을 始作을 하면서 시멘트, 라디오, 다이너마이트 等 主要 工産品 들의 國産化에도 成功하게 된다. 이를 通해서 빠른 速度로 産業化가 進行이 되었으며 이들 中 一部는 1960年代 以後의 輸出 産業으로 발돋음을 하게 된다.

특히 綿紡織 産業의 境遇 50年代 末이 되면서 이미 內需를 充足하고 生産 過剰 狀態에 빠져있었으며, 1961年 원貨 價値의 評價 切下로 輸出에 有利한 環境이 造成이 되자 積極的으로 輸出에 나설 수가 있었다. 이런 意味에서 볼 때 1950年代의 收入 代替 産業化 戰略은 1960年代의 輸出 振興 政策의 礎石이 된 것이다

이와 같이 李承晩 政府는 所得分配의 改善과 人的資本의 形成, 民間企業의 形成과 産業化의 礎石을 다진 政府였으며 그 裏面에는 自由 市場經濟를 信賴했던 李承晩 大統領의 哲學이 있었다. 이런 意味에서 李承晩 大統領은 政治와 安保에서만 建國의 아버지가 아니라 經濟에 있어서도 建國의 아버지라는 稱號를 들어 마땅할 것이다.

아버지 代에서는 反目했어도 初代 大統領 記念館 爲해 뭉친 2世들

이번에 發足한 "李承晩 大統領 記念館 建立推進委"에는 朴正熙 前大統領 아들 朴지만 BG 代表理事, 盧泰愚 前大統領 아들 盧재헌 東아시아 文化센타 理事長, 金현철 金泳三 紀念財團 理事長, 金홍업 金大中 平和센타 理事長이 參與한다.

前職 大統領 아들 4名이 아직 初代 大統領 紀念館이 없다는 問題意識에 共感을 하고 政派와 陣營을 超越해 힘을 보태고 있다.

朴正熙, 盧泰愚, 金泳三, 金大中 前大統領은 惡緣을 가지고 있다. 朴正熙 政權 反對 鬪爭에 앞장섰던 金泳三, 金大中 前大統領은 家宅 軟禁, 死刑 宣告 等 많은 苦楚를 겪었다. 金泳三과 金大中 前大統領은 平生의 라이벌이었다. 盧泰愚 前大統領은 金泳三 大統領時節 內亂 嫌疑로 獄苦를 치렀다.

이를 보고 자란 2世들이 아버지 代의 反目과 葛藤에서 自由롭기는 어려울 것이다. 아버지들이 남긴 政治的 遺産도 2世들에겐 負擔이다. 言行의 制約이 따를 수밖에 없다.

政治 兩極化와 國民 分裂이 極甚한 狀況에서 말 한마디, 行動하나가 뜻밖의 政治的인 波長을 몰고 올 수 있다. 그로 因하여 아버지에게 누를 끼칠 수 있다는 負擔도 클 것이다. 그런 點에서 아들 네 사람이 初代 大統領 記念館 建立에 뜻을 같이 하겠다는 것은 그 自體로 意味를 갖는다.

過去에 惡緣이 있고 只今도 政見을 달리한다 해도 大韓民國이란 共同體의 構成員으로 함께 할 수 있는 일에는 함께 할 수 있다는 뜻이다. 只今 우리 社會는 이러한 模襲이 너무나 아쉬운 狀況이다.

李承晩 前大統領에 對한 評價는 사람들마다 다를 수가 있다. 하지만 적어도 李 前大統領이 나라의 方向을 自由 民主主義와 市場經濟로 잡았으며, 6·25 南侵에서 나라를 지켰고, 그後에 韓美 同盟을 맺어 오늘의 大韓民國을 일구는 주춧돌을 놓았다는데 對해서는 누구도 意見을 달기는 어렵다.

朴正熙, 盧泰愚, 金泳三, 金大中 前大統領의 아들들이 뜻을 모았듯이 民主黨도 大韓民國 初代 大統領의 記念館 建立에 뜻을 보탠다면 國民이 民主黨을 보는 視線이 달라질 것으로 본다.

健康의 十戒銘

1. 小 肉 多 菜 하라.

고기를 적게 먹고 野菜를 많이 먹어라. 動物性 食品과 植物性 食品을 3 : 7의 比率로 攝取를 하라. 海産物인 魚 貝類와 海藻類 等은 골고루 많이 먹으시라.

2. 小 糖 多 果 하라.

雪糖은 줄이고 果實를 많이 먹도록 하라. 自然 糖分을 먹으시라. 세 가지 흰 것 雪糖, 소금, 白米는 많이 먹을수록 좋을 것이 없다.

3. 小 鹽 多 醋 하라.

소금은 적게 먹고, 食醋를 많이 먹어라. 習慣的으로 짜게 먹는 것은 高血壓 및 其他 成人病 等의 健康障碍의 原因이 되고, 食醋는 優秀한 알칼리性 食品이며 美容 食品이고 生理 代謝를 圓滑히 해 준다. 飮食은 너무 싱겁게 먹지 말고 짭짤 하게 드시라.

4. 小 食 多 嚼(작) 하라.

飮食을 알맞게 먹되 오래 씹도록 하라. 한 숟가락 더 먹고 싶을 때 참고 圓滑한 消化와 吸收 分解를 爲하여 많이 잘 씹으며 침을 버무려서 먹도록 한다.

5. 小 衣 多 欲 하라.

될 수 있는 대로 옷을 가볍게 입고 沐浴을 자주한다.

6. 小 煩(번) 多 眠(면) 하라.

걱정과 謹審은 不眠症의 原因이 되니 睡眠은 時間의 長短보다 熟眠이 보다 重要하다. 웬만큼 언짢은 일이나 謹審 걱정은 意識的으로 잊어버리도록 한다.

7. 小 言 多 行 하라.

必要 없는 말은 되도록 省略하여 말수를 줄이고 게으름을 피우지 말며, 부지런히 몸을 움직여 무엇인가 生産的인 일을 하여 몸놀림을 柔軟하게 하라.

8. 小 慾 多 施 하라.

慾心을 버리고 남을 爲해서 奉仕를 하라. 버리기가 아깝거든 남에게 베풀어주라.

9. 小 怒 多 笑 하라.

一笑 一少 一怒 一老 라고 한다. 憤怒를 하지 말고 恒常 웃으면서 베풀어보라.

10. 小 車 多 步 하라.

웬만큼 가까운 距離는 車를 타지 말고 걸어 다녀라. 걷는 것보다 經濟的인 運動은 다시없다. 健康하게 오래 사는 秘訣이다.

엘리자베스 2世 英國 女王

- 1926年 4月 런던 에서 출생
- 1495年 2月 陸 軍隊에 入隊
- 1947年 11月 필립公과 結婚
- 1948年 11月 長男찰스 出生
- 1952年 6月 帝 王位를 承繼
- 1982年 6月 孫 웨리엄 出生
- 1999年 4月 安東 河回 訪問
- 2015年 9月 最長 職權 君主
- 2021年 4月 필립 公의 別世
- 2022年 6月 王座 七十 周年
- 2022年 9月 9日 逝去 (永眠)

세 가지 삶의 智慧를 읽고

첫째 : 人生의 지름길을 澤하지 말라. 代價를 치르며 크게 損害를 본다. 世上살이는 秩序가 있다. 節次 따라 일을 處理하면 正當한 代價 받는다.

둘째 : 過하게 好奇心을 갖지 말라. 過한 好奇心을 가지면 다칠 수 있다. 分에 맞게 處理를 하시라. 勞力이 없이 過慾을 부리며 는 해를 본다.

셋째 : 禍날 때 性急하게 決定을 말라. 참지를 않으면 空然한 後悔를 한다. 禍났을 때는 참는 것이 으뜸이니 여섯 번만 忍耐하면 萬事亨通한다.

2022.11. 第280號 月刊 "한글+漢字문화"의 全漢俊 理事의 "세 가지 삶의 智慧"를 읽고 제 나름의 所見을 追加하여 整理를 해보았다. 智慧는 많지만 果然 人間으로서 實踐을 할 수가 있느냐가 問題이다. 結論은 忍耐이다.

베를린 障壁이 주는 教訓

— 차현진 —

2次 大戰 後에 獨逸은 넷으로 쪼개져 勝戰國인 美國, 英國, 佛蘭西, 蘇聯에 依하여 管理를 받았다. 다만 貨幣는 라이히스마르크 貨를 共同으로 使用했다. 그런데 1948年 初에 美, 英, 佛이 各自의 占領地를 西獨으로 統合을 하고, 새 貨幣는 도이치 마르크 貨를 導入했다. 旣存 貨幣 라이히스마르크 貨의 價値가 暴落하면서 東獨 經濟가 흔들렸다. 衛星國家를 돌보는 負擔이 커진 蘇聯이 西 베를린을 封鎖로 應酬하였다. 道路 鐵道가 끊긴 西 베를린에는 40日치의 食糧과 石炭밖에 없었다.

物價가 暴騰하면서 200萬 市民들은 패닉에 빠졌다. 아이젠하워 美國 大統領이 가만히 있지 않았다. 空軍과 海軍 輸送機를 動員하여 物資를 空輸하면서 萬若에 輸送機를 攻擊하면 核戰爭도 不辭하겠다고 嚴砲를 놓았다. 그리고 28萬回에 걸쳐 쉴 새 없이 物資를 실어 날랐다.

이後 西 베를린은 自由와 豊饒를 羨望하는 東歐圈의 脫出口가 되었다. 離脫者가 10萬名을 突破하자 蘇聯이 다시 苦悶에 빠졌다. 1961年 6月 蘇聯은 東西 베를린 사이에 鐵條網을 設置하고 높은 콘크리트 障壁을 세웠다. 西 베를린에서 西方軍隊의 撤收를 要求하며 對峙 局面으로 突入했다. 이것이 2

次의 베를린 危機이다. 케네디 大統領은 콧방귀를 뀌었다. 現場을 찾아가서 "우리 모두는 베를린 市民입니다."라고 외치면서 團結을 誇示했다.

1989年11月9日 베를린 障壁이 崩壞되었다. 障壁을 무너트린 것은 銃과 大砲가 아니다. 自由와 豊饒이다. 體制는 軍事力만으로 維持되지 않는다. 自由라는 政治的인 旗幟와 豊饒라는 物質的 自負心이 뒷받침이 되어야 한다. 北韓은 이것을 모른 채 연신 미사일 만 날리고 있다. 참으로 寒心하고 可笑롭다.

尹 석열 大統領이 所謂 5·18 民主化運動 記念式에서 "우리 大韓民國 國民 모두는 光州 市民입니다."라고 외쳤다. 果然 自由 旗幟下에서 豊饒롭게 살 수 있는 世上을 만들 수 있을까. 期待를 해본다.

바보가 주는 敎訓은

- 德山 金德權 -

或時 "處世訓"을 갖고 계시는가? 辭典에서 "處世訓"을 찾아보았다. "사람들과 어울려 世上을 살아가는데 도움이 되는 敎訓"이라고 나와 있다.

그리고 處世는 "사람들과 어울려 世上을 살아가는 일, 時代의 흐름을 따르고 남들과 사귀며 살아가다."라는 뜻이다.

저 亦是 오래 前부터 이런 "處世訓"을 가지고 살아왔습니다.
『조금은 바보같이, 無條件 베풀며, 世上을 爲해 맨발로 뛴다.』
"범유하심자(凡有下心者) 만복자귀의(萬福自歸依)"란 말이 있다. "무릇 마음을 낮추는 사람에게는 萬 가지의 福이 스스로 돌아온다."라는 뜻이다.

톨스토이의 "바보 이반" 中에서 이러한 우화(寓話)가 있다. 어느 마을에 바보 소리를 듣는 아이가 있었다. 동네 아이들이 바보라고 불리는 아이를 놀리기 爲해서 50원짜리 銅錢과 100원짜리 銅錢을 놓고서 네 마음대로 집어 가

x

라고 하면은, 이 아이는 恒常 50원짜리 銅錢만을 집는 것이다. 그러면 동네 아이들은 어떤 銅錢이 더 좋은 것인 줄도 모른다면서 이 아이를 놀려 댔다.

이런 아이의 模襲이 안타까웠던 동네 어른이 이렇게 말을 해주었다. "얘야! 50원짜리보다 100원짜리가 더 큰돈이란다. 100원짜리로 더 좋은 것을 살 수가 있으니 다음부터는 100원짜리 銅錢을 집으렴" 이 말에 아이는 웃으면서 말한다. "아 저도 알지요. 하지만 제가 100원짜리를 집으면 동네 아이들이 다시는 作난하지 않을 거예요. 그러면 저는 돈을 벌지 못하잖아요."

어떠한가? 과연 누가 바보일까? 바보와 그렇지 않은 사람의 區分은 果然 무엇일까? 우리의 섣부른 判斷이 어쩌면 自身을 바보로 만드는 것은 아닐까.

톨스토이는 말했다.

"내가 바보가 되면 사람들은 나를 보고 웃는다. 저보다 못한 놈이라고 뽐내면서 말이다. 내가 바보가 되면 마음씨 착한 親舊가 모인다. 불쌍한 親舊를 돕기 爲해 내가 바보가 되면 약삭빠른 親舊는 다 떠난다. 도움받을 價値가 없다고. 내가 바보가 되면 정말 바보는 다 떠나고 眞正한 親舊만 남는다. 내가 바보가 되면 世上이 天國으로 보인다. 그냥 이대로가 좋으니까."

有名한 러시아의 作家 톨스토이는 「戰爭과 平和」, 「復活」, 「안나 카레니나」 等과 같은 偉大한 作品을 우리에게 남겼다. 톨스토이가 世界的인 作家가 된 背景은 무엇이었을까? 그는 伯爵의 아들로 태어나 1千餘 名의 농노(農奴)를 거느린 영지(領地)에서 富裕하게 자랐다.

그의 어머니는 英語, 佛語, 獨語, 伊語 等 5個 國語에도 能通했으며, 피아노도 能熟하게 다룰 수 있는 教養이 豊富한 分이었다. 그러나 다섯 男妹를 남겨놓고 톨스토이가 태어난 지 1年 6個月 만에 世上을 떠났다.

7年 뒤 아버지 니콜라이도 腦出血로 돌아가셨고 할머니도 그 衝擊으로 9個月 만에 世上을 떠나고 말았다. 그는 青年이 되어 大學 入學試驗을 보았지만 떨어졌고, 다시 挑戰하여 大學에 들어갔지만, 虛無함으로 大學生活에

興味를 느끼지를 못했다. 故鄕 땅으로 돌아가서 農奴들과 함께 이상적(理想的)인 農村을 만들고자 하였다. 그러나 身分의 差異를 認定하지 않는 農奴들과 하나가 되지 못하여 그 꿈도 失敗하고 말았다. 結局 그는 軍에 入隊하여 戰爭에 參與하게 되었다.

"크림 전쟁"의 생생한 體驗을 바탕으로 하여 아버지의 家族과 어머니의 家族을 모델로 삼아「戰爭과 平和」라는 作品을 쓰게 되었는데, 그 作品으로 베스트셀러 作家가 되었다. 그는 作品을 通해서 많은 사람들에게 喝采를 받았고 富貴榮華를 누렸다. 그러나 삶의 虛無와 罪에 對한 恐怖 不安한 마음은 어찌할 수가 없었다.

그러던 어느 날 한적(閑寂)한 시골길을 걸어가던 中 시골 農夫를 만났다. 그의 얼굴이 유난하게도 평안(平安)하게 보였다. 그래서 톨스토이는 그가 너무나 부러워서 農夫에게 "平和의 秘訣"이 무엇인지를 물었다.

그 農夫는 이렇게 對答을 하였다. "예 조금은 바보와 같이 사는 것입니다." 그 말을 들은 톨스토이는 시골 農夫보다 더 不幸하게 사는 自身을 되돌아보았다. 그날부터 모든 것을 내려놓고 "조금은 바보같이 無條件 베풀면서 이웃을 爲해서 맨발로 뛴다."와 같은 뜻의 말을 "處世訓"으로 삼고 살았던 것이다.

그는 "세 個의 疑問"이란 글에서 우리에게 세 가지 質問을 주었다.

첫째, 이 世上에서 가장 重要한 時間은 언제인가?

　　이 世上에서 第一 重要한 時間은 "只今"이다.

둘째, 이 世上에서 가장 必要한 사람은 누구인가?

　　이 世上에서 가장 必要한 사람은 "只今 내가

　　만나고 있는 사람"이다.

셋째, 이 世上에서 가장 重要한 할 일은 무엇인가?

　　이 世上에서 只今 나의 옆에 있는 "사람에게

　　善行을 베푸는" 일이다

어떠한가? 우리는 뜻을 함께하는 同志들을 爲하여 果然 무엇을 했을까?

"조금은 바보같이, 無條件 베풀" 뜻을 함께하는 同志들을 爲해 情熱的으로
뛰면 어떨까.

삶음은 아름답고 新鮮해야 합니다

– 淸湖 柳泰永 –

삶은 新鮮해야 한다.
決코 아는 者가 되지를 말고
언제까지나 배우는 者가 되어라.
마음의 문은 닫지 말고 恒常 열어두게 하여라.
졸졸 쉴 새 없이 흘러내리는
시냇물은 썩지를 않듯이 날마다 새로운
것을 받아들이는 사람은 언제나 活氣에 넘치고,
熱情으로 얼굴에 빛이 납니다. 고여 있지
마시길 멈춰있지 마시길 삶은 지루
한 것이 아닙니다. 삶은 倦怠로
운 것이 아니라고 합니다.
삶은 新鮮 하여야 합니다.
삶은 아름다운 것 입니다.
삶은 사랑으로 가득 찼다.
自身이 하는 일에 熱中하고 몰두
할 때 幸福은 自然히 따라옵니다.
決코 아는 者가 되지를 말고요
언제까지나 배우는 者가 되세요.
苦悶은 어떤 일을 始作하였기 때문에 생기기
보다는 일을 할까 말까 망설이는 데에서 더
많이 생긴다고 들 말씀을 하고 있습니다.

망설이기보다는 不完全 한 채로 始作을 하는
것이 한 걸음 앞서는 것이 되기도 합니다.
새로운 마음으로 다시 始作하여 보십시오.
그리고 어떤 境遇라도 마음의 門을 닫지를
마시고 恒常 열어두도록 하시면은 마음의
밀물과 썰물이 느끼지를 않는다고 하네요.
밀물의 때가 있으면, 썰물의 때가 있기 마련
입니다. 삶이란 어쩌면 幸福과 不幸 기쁨과
슬픔, 幸運, 苦難의 連續드라마인 것을 하루
치의 發展이 된 삶이 아름다운 當身에게도
있으시게 되기를 所望과 더불어 빌어봅니다.

人生의 등불

- 德山 金德權 -

지혜(智慧)란 무엇일까? 論語의 옹야편(雍也編)에는 "아는 사람은 좋아
하는 사람보다 못하고〈知之者不如好之者〉 좋아하는 사람은 즐기는 사람보
다 못하다.〈好之者不 如樂之者〉"라는 句節이 나온다.

우리는 이 文章에 나오는 "즐기는 자"를 智慧의 段階에 들어선 사람으로
풀이해 볼 수 있지 않을까? 그리고 "아는 者"와 "좋아하는 者"는 즐기는 者
가 되기 爲해 밟아가야 하는 事前 段階의 人格으로 생각을 해볼 수가 있을
것이다. 그런데 어떻게 智慧의 段階에 들어갈 수가 있느냐가 問題이다. 그
方法을 함께 苦悶을 해보면 어떨까? 그 方法은 修養, 硏究, 取捨 세 가지로
나누어 볼 수 있을 것이다. 이 세 가지를 우리는 삼학(三學)이라 부른다.

첫째, 精神 修養이다.

이 精神 修養은 우리가 가진 本來 마음을 씻어주는 것이다. 몸을 안 씻

으면 때가 끼듯이, 마음도 마찬가지이다. 精神을 修養하는 데는 비우기, 버리기, 녹이기, 지키기, 길들이기 等의 方法이 있다.

둘째, 事理 研究이다.

事理의 研究는 判斷力을 기르는 것이다. 世上에는 複雜하고 難解한 일들이 많다. 그것들을 빠르게, 바르게 判斷을 하려면 智慧가 必要하지요. 事理의 研究는 工夫하기, 깨닫기, 對話하기, 공굴리기, 찾아보기 等 方法이 있다.

셋째, 作業 取捨이다.

作業의 取捨와 選擇은 實踐力을 通해 圓滿한 마음과 行實을 만드는 것이다. 사람이 가지고 있는 눈(眼), 귀(耳), 코(鼻), 혀(舌), 몸(身), 마음(意) 等의 육근(六根)을 잘 종용(慫慂)하기 위한 것이다. 이 作業의 取捨 選擇에는 習慣, 戒律, 中道, 實踐 等의 方法이 있다.

이렇게 三學을 닦으면 우리는 智慧를 얻을 것이고, 이렇게 三學을 닦은 힘을 三大力이라고 부르는 것이다. 우리가 어렵고도 쉬운 이 三大力을 얻었으면, 마음을 自由自裁로 할 수가 있다. 그것을 우리는 "用心法"이라고 하며 그 用心法에도 세 가지가 있다.

1. 每事에 過不及 없이 잡아서 中道의 씀이요.
2. 塵世에 끌리고 물들지 않을 마음의 씀이요.
3. 생각에 걸림이 없이 圓滿한 行實의 씀이요.

어떠한가? 知識이 많다고 智慧로운 사람은 아니다. 間或 우리들 中의 어떤 사람은 많이 배운 知識으로 因해서 오히려 오만(傲慢)하게 되어 智慧를 잃는 境遇가 있다. 智慧의 첫걸음은 自己가 모자라는 것을 아는 데 있는 것이다. 그러니까 사람이 智慧롭다는 것은 于先 고개를 숙일 줄 안 다는 것이다.

이스라엘人의 俗談 中에 "太陽은 當身이 없어도 뜨고 진다."라는 말이 있다. 이 廣闊한 宇宙와 奧妙한 自然 속에서, 우리 人間의 存在는 보잘 것이 없는 작은 것일 수밖에 없다. 그런데도 한껏 傲慢을 떠는 것은 知識만 있었지, 智慧가 없는 까닭이다.

아무리 많은 것을 알고 있다 해도 우리 人間은 結局한치 앞도 내다볼 수 없는 存在가 아닌가? 그러나 智慧의 門만 열게 되면, 人生의 많은 難關을 比較的 슬기롭게 헤쳐 나갈 수가 있다.

眞理께서 이스라엘의 王 솔로몬에게 무엇을 가장 願 하느냐고 묻자 그는"智慧"를 願 한다고 했다. 그리하여 智慧를 얻게 된 그는 바라던 모든 것을 갖게 되었으며, 다른 나라의 王들이 그를 찾아와 값진 寶物을 바치고 智慧를 배웠다. 그래서 智慧란 오늘이 가면 來日이 온다기에 일찍이 잠자리에 들었는데 아침에 눈을 떠보니 來日은 간 데가 없고, 오늘만 있다. 하지만 이제는 알 것만 같다. 오늘은 來日의 발판이고, 來日은 오늘의 希望이라는 것을. 너무 잘하려고 하지를 마시라. 그것이 다 우리를 힘들게 하는 일이다.

너무 完璧하게 하지를 마시라. 그것이 다 나에게 苦痛을 주는 일이다. 너무나 앞서가려고 하지를 마시라. 그것이 다 나를 괴롭히는 일들이다. 너무 아등바등 살려고도 하지를 마시라. 그게 다 나에게 스트레스를 주는 일들이다.

스티브 잡스(1945~2011)는 이러한 이야기를 했다. "하루를 살아도 마지막인 듯 살아라." "오늘이 내 人生의 마지막 날이라면, 오늘 하려던 일을 할 것인가?" "곧 죽는다는 事實을 잊지 않는 것이 내가 찾은 가장 重要한 手段이다. 나는 그것 德分에 人生 最大의 選擇을 할 수가 있었다."

조금은 바보같이 사는 것이다. 無條件 精神, 肉身, 物質 세 가지로 베푸는 것이다. 그리고 世上을 爲하여는 맨발로 뛰는 것이다. 이렇게 사는 것이 智慧를 얻은 사람의 幸福이 아닐까?

우리는 조금 더 가볍게 살아가도 나쁠것이 없다. 人生의 등불이 되어 주는 智慧, 그 智慧로움으로 우리의 人生이 환히 밝혀질 것이니까요!!

아내

- 淸湖 柳泰永-

"아내"를 國語辭典에서는 婚姻하여 "男子의 짝이 된 女子"라고 定義한다. "아내"란 참으로 高貴하고, 所重하며, 가장 아름다운 이름이다. "아내"라는 이름은 생각할수록 所重한 사람이라고 아니 할 수가 없다.

얼핏 보기에 내 짧은 識見으로는 "幸福한 아내가 幸福한 人生을 이룬다." 程度의 뜻으로만 解釋을 하는데, 即 "아내가 幸福해야만 人生이 幸福하다."라는 뜻이다. 맞다. 아내가 幸福해야 삶이 幸福하고 男便도 幸福하다. 男便의 運命은 아내의 손에 달려 있다.

特히 나이 들어가면서 이러한 現實은 두드러진다. 오죽해야, 7,80代를 넘겨 偕老하면서 아내가 해주는 밥을 먹을 수만 있다면 最高의 幸福이란 말이 있겠는가?

한편 "칸트"는 "男便 된 사람은 아내의 幸福이 自身의 全部라는 것을 보여주어야 한다."라고 말을 했다. 또 "베이컨"은 "아내는 젊은이에게는 戀人이고, 中年 男子에게는 伴侶者이고, 늙은이에게는 看護婦다."라고 했다. 아내를 稱誦하는 아름다운 말들이 많다.

英國의 俗談에 이르기를 "좋은 아내를 갖는 것은 第2의 어머니를 갖는 것과 같다. 좋은 아내는 男便이 탄 배의 돛이 되어 그 男便을 航海시킨다."라고 했다.

이 世上에 아내라는 말처럼 情답고 마음이 놓이고 아늑하고 便安한 이름이 또 있을까? 우리가 흔히 아내를 이르기를 내가 한 살 더 먹으면 같이 한 살 더 먹으면서 옆에서 걷고 있는 사람 아침에 헤어지면서 언제 다시 만날까? 걱정을 안 해도 되는 사람, 집안일 반쯤 눈감고 내버려 두어도 혼자서 다 해놓는 사람, 너무나 흔해서 고마움을 모르는 물처럼 每日 그 사랑을 마시면서도 當然하게 여기는 사람, 가파르고 위태로운 頂點이 아니라 잔잔하게 펼쳐지는 들녘 같은 사람 티격태격 싸우고 토라졌다가도 다시 누그러져 나란히 누워서 자는 사람이라 했다.

별들이 밤하늘에 나란히 빛나듯이 땅 위에 나란히 곁에서 나이를 먹어가는 사람이 이란다. 내가 살아가는 모든 것이 말없이 곁에서 지키어주는 아내의 德分이다. 고마운 사람 참 고마운 사람 아내라는 이름이다.

夫婦가 마음이 안 맞거나 마음을 傷하게 하는 일들이 생기더라도 그리고 가끔씩 잔소리를 하고 이따금 禍를 내어서 마음에 傷처를 주고받더라도 男便과 아내가 서로 옆에 있어 준다면 그것만이라도 그 家庭은 幸福한 家庭 그 自體가 아닐까?

아름다운 人生 삶의 同伴者가 되기 爲해서는 누가 먼저가 아닌 "당신이 옆에 있어 주어 정말 幸福하다."라는 말을 해야만 한다. 아내와 말싸움할 때는 無條件 져라. 女子에게는 말로는 이길 수가 없고, 惑이나 이긴다면 그건 더 큰 問題이다. 小貪(탐)大失이다. 밥도 제대로 못 얻어먹는 수가 있을 것이다.

理由없는 苦難은 없다

- 德山 金德權 -

우리에게 苦難이 찾아오는 理由는 무엇일까? 아마 苦難을 맛보지 않은 사람은 없을 것이다. 저 亦是 젊어서부터 數 많을 苦難을 겪으면서 오늘의 安定을 찾은것 같다.

그런데 理由없는 苦難은 없다. 苦難은 個人에 對한 것이든 社會에 대한 것이든 모두가 必要로 因해 오는 것이라고 한다. 우리가 苦難 對處 方法이 올바르다면 克服할 수 있으며, 어려운 過程을 거쳐 克服하게 될 때, 한결 큰 기쁨을 느끼게 되는 것이다.

그래서 苦難이 큰 것은 그 代價가 充分히 있을 것이라는 豫告이기도 하므로, 苦難에 對한 自信感을 가지고 臨하는 것이 좋다. 遊覽船을 타고 가던 한 記者의 이야기이다. 유람선이 南洋 群島를 지나다가 그만 暗礁를 들이받아 沈沒했다. 많은 사람이 물에 빠져 죽었지만, 그 記者는 통나무를 잡고 無

人島까지 到着해서 겨우 살 수 있었다. 그런데 無人島에 到着해서도 살길이 너무나 寞寞했다. 그러나 가만히 앉아서 죽을 수는 없었다. 그래서 맨손으로 나무를 꺾어오고, 억새 풀을 뽑아 집을 지었다. 며칠 동안 지은 집이 完成되어 바람과 추위를 避할 수가 있었다. 그리고 먹을 것이 없어서 물고기를 잡아서 먹게 되었다.

그러나 무엇보다 必要한 것은 불이었다. 그는 自身이 알고 있는 手段을 다 利用하여 불을 만들었다. 차돌을 탁탁 쳐서 불을 만들었다. 한참 만에 불똥이 튀기 始作했다. 드디어 불을 피워서 물고기를 구워 먹고 삶의 便利함을 얻을 수 있게 되는듯했다. 그런데 이게 웬일인가? 바람이 세차게 불면서 불꽃이 집으로 옮겨붙었다. 며칠 동안 피땀을 흘려서 만들어 놓은 집은 瞬息間에 다 타 버리고 말았다. 記者는 기가 막혀 눈물도 나오지 않았다.

그는 하늘을 보고 소리를 질렀다. "하느님이시어! 이럴 수가 있습니까? 살아 볼 것이라고, 이렇게 힘겨워하는데 어떻게 이 苦難을 내릴 수가 있는지요? 제가 죽을 힘을 다해서 이 집을 지은 것을 잘 아시지 않습니까? 맨손으로 이걸 짓는다고 힘을 들여 한 것을 하느님도 아시지 않습니까. 제가 얼마나 하느님을 사랑하고 있는지도 아시잖아요? 그런데 정말 너무 하십니다." 記者는 落心을 하고 하느님을 向한 怨望으로 가득 차 있을 때였다. 그런데 異常한 소리가 들려왔다. "부~웅"하는 배의 고동 소리였다. 깜짝 놀란 記者는 벌떡 일어나서 쳐다보니, 水平線 위에 웬 배가 나타난 것이다. 그리고 速力을 높이면서 記者가 있는 無人島를 向하여 쏜살같이 달려들 왔다.

船泊과 船員들이 보트를 타고 와서, 記者를 救出하였던 것이다. "無人島에서 갑자기 난데없이 煙氣가 솟아올라 急히 달려왔다."라는 것이다. 結局 기자는 자기가 만들어 놓은 집이 타는 煙氣 때문에 살아난 것이다.

우리에게는 平生에 苦難이 찾아올 때가 많다. 只今 이 瞬間이 苦痛과 苦難의 時間이라면 그 苦痛의 瞬間이 바로 救助船이 오고 있다는 時間일 수도 있는 것이다. 지난 12월 23日 戰爭의 苦難속에서 "볼로디미르 젤렌스키" 우크라이나의 大統領이 極秘에 미국을 訪問했다. 젤렌스키 大統領의 이번 "깜짝"訪美 日程도 外信들의 注目과 大衆의 期待를 불러일으켰다.

그는 옛날 英國의 "처칠" 總理와 마찬가지로 美 議會演說에서 熱狂的인 起立拍手 속에서 "모든 可能性과 破滅과 암울한 시나리오임에도 不拘하고, 우크라이나는 무너지지 않았다." "우크라이나는 살아있고 活氣차 있다."라고 외쳤다. 젤렌스키 大統領은 지난 3月 英國 下院에서 與野 議員을 對象으로 畵像 演說로 "나치가 當身의 나라를 빼앗으려 할 때 當身은 나라를 잃고 싶지 않았고, 英國을 爲해 싸워야 했다." "우크라이나 印度 러시아 軍에 맞서 英雄的인 面貌를 보여주고 있다."라고 演說해 뜨거운 反應을 불러일으켰다.

그동안 젤렌스키 大統領은 이번 美 議會 演說을 通해 "21世紀 처칠"로 다시 世界人의 머릿속에 깊이 각인되었던 것이다. 바이든 大統領은 戰爭이 始作되기 前부터 우크라이나가 除外 된 平和協商은 우크라이나에 關한 것이 아니라는 旣存 路線을 如前히 強調하고 있다고 했다.

그리고 젤렌스키 大統領은 "바이든 大統領이 協商 테이블로 壓迫하거나 밀어붙이는 것이 아니라, 議會 및 同盟國들과 協力하여 우크라이나를 戰爭 터에서 可能한 最上의 位置에 두게 하는 것"이라고 再次 強調했다

結局 젤렌스키 大統領은 이번 訪美 日程으로 우크라이나가 向後 持續해서 러시아 軍에 맞서 싸울 수 있는 "動力"을 얻었다고 볼 수가 있다.

어떠한가? 우크라이나의 젤렌스키 大統領은 戰爭이라는 苦難을 이겨내고 勝利할 것이고, 마침내 世紀의 英雄으로 우뚝 섰다. 理由 없는 苦難은 없다. 그렇다면 우리 "苦難이여 어서 오라"라고 歡迎해야 하지 않을까.

나이가 들어가면 이것만은 지켜라

- 淸湖 柳泰永 -

1. 소언(小言)

知識, 經驗, 經綸이 豊富하니 하고 싶은 말이 많고. 只今 젊은이들이 性에 차지 않지만, 參見이 하고 싶고 過去의 周易일지 모르나 現在는 周易이

아니다.

2. 약언(約言)

聽覺이 둔하여서 잘 안 들리고 답답하니 목소리가 커지고 내 귀가 어두우니까 크게 말을 해줄 것을 要求하니 어린이와 젊은이들이 疲困하니까 對話하기를 忌避하게 된다.

3. 시혜(施惠)

베풀며 살라. 사랑하는 마음을 가지면 베풀 일이 너무나 많지만, 힘이 모자란다. 할 일이 없을 때는 周邊 淸掃, 稱讚, 激勵, 相談, 指導, 助言이라도 베풀어라.

4. 친교(親交)

周圍의 미운 사람을 없애라. 살다 보면 마음에 맺힌 사람이 있게 마련인데 내 마음속에 미운 사람을 지우지 못하면 갈수록 무거운 짐이 되고 스트레스만 쌓인다. 이것이 쌓이면 自身에게 病만 만들게 된다.

5. 근면(勤勉)

運動을 生活化하고 움직이어라. 젊어서는 몸이 柔軟해서 運動하지 않아도 無妨하나, 나이 들수록 몸이 굳고 무거워서 움직이기가 싫어지니, 먹고 움직이지를 않으면 過 體重 肥滿 成人病이 된다.

6. 공복감(空服感)

食事量을 줄여라. 胃腸 技能이 强化되고 食慾增進도 되고, 體重이 가벼워진다. 食貪은 늘고 鬼神으로 보이기 쉬우니 어른스럽게 辭讓을 하고 젊은이들에게 榮養 價 있는 것을 많이 勸하라. 그리고 癡呆를 豫防하라. 일단 치태에 걸리면 治療 方法이 아직은 없다고 본다.

7. 소욕(小慾)

慾心을 버려라. 젊어서는 自信感이 있어서 餘裕가 있고 너그러우나 늙어지면 돈이 떨어지면 끝이란다. 切迫, 不安, 焦燥, 움켜쥔 주먹 펴기가 힘이 들지만 주먹을 펴야 한다.

望白 人生살이의 現實

많은 분들과 만나게 된다. 人事가 "健康하세요."이다. 거의가 後輩이다. 先輩로는 金亨錫 先生 한 분이 계실 뿐이다. 내가 바라는 것은 "健康하세요"보다는 어떻게 消日하고 지내세요. 어떤 飮食을 좋아하세요. 只今도 글을 쓰고 계시나요. 等이다.

말하자면 健康 維持를 爲한 方法을 問議하는 것이다. 健康은 自己가 하는 것이다.

訪問을 하게 되니 무엇인가 사서 가지고 온다. 나를 爲한 것보다 自己 本位로 사서 가지고 온다. 나는 그 膳物을 고맙게 處理를 하여야 한다. 負擔이 된다. 膳物은 可及的 적고 消耗品이 바람직하다.

나는 내가 베풀 수 있는 雰圍氣를 希望하고 있다. 生活의 餘裕가 있으니 만나서 같이 즐기는 雰圍氣가 나의 健康 維持의 한 過程이기 때문이다.

百歲를 넘긴 헨리 키신저의 生活 習性

美國의 國務長官을 지낸 "헨리 키신저"는 1923年 生으로 100歲가 넘었다.

그분의 아들이 提示를 한 "나의 아버지 百歲 長壽 秘訣"은 다음과 같습니다.

1. 旺盛하게 活動을 하고 계시다.
2. 쇠고기等 肉食을 하고 계시다.
3. 부지런히 일들을 하고 계시다.
4. 行實은 龜鑑되게 하고 계시다.
5. 好奇心 多樣하게 하고 계시다.
6. 知能으로 探究를 하고 계시다.
7. 强한使命 所有를 하고 계시다.
8. 繼續하여 執筆을 하고 계시다.

只今도 好奇心과 使命感을 가지고 무엇이나 꾸준히 熱情的으로 誠實하게 부지런히 하고 계시지만 平生에 좋아하든 運動은 안 하고 계시다.

이것이 "한다. 준다. 배운다." 세 가지를 成就하자는 것이 長壽 秘訣 法이다.

長壽를 한다는 것은 自己 食性대로 먹으며 趣味대로 繼續 活動하는 것이다.

- 朝鮮日報 記事를 간추려서 整理를 했다.-

나이 많은 사람이 醜하게 보일 수 있는 것들

- 清湖 柳 泰永 -

1. 식탐 (食貪)

나이 많은 사람이 자칫 醜하게 보일 수 있는 게 食貪이다. 食貪은 飮食을 慾心 사납게 貪내는 일이다. 사람이 나이 들면 飮食을 調節할 줄 알아야 한다. 可及的 적게 먹고, 자주 먹는 게 좋다. 그런데도 相當數 老人들은 나이 들수록 飮食에 對해 貪慾的이다.

特히 結婚式 披露宴같이 제 돈 내지 않고 음식을 먹을 수 있는 場所에서 더 그렇다. 老人의 食貪은 가장 보기 凶한 模襲이며, 品位를 떨어트리는 일이다. 그게 어디든 老人이 되면 食貪에서 벗어날 줄 알아야 品位를 지킬 수 있다. 品位는 아름다운 老人의 基本 德目이기도 하다.

2. 약탐 (藥貪)

感氣藥 處方을 받고서 藥을 調劑하기 爲해서 暫時 藥房에 앉아 있어 보면 많은 老人들이 가져가는 藥의 分量에 놀라게 된다. 정말 한 보따리 씩 가지고 나간다. 藥師의 이야기를 들어보면, 數 많은 老人들이 지나치게 藥에 執着을 하고 있으며 醫師에게 떼를 써서라도 엄청난 藥을 處方 받는다는 것이다. 結局 오래 살겠다는 慾心인데 藥에 依支을 하고, 藥으로 오래 사는 人生이 무슨 意味가 있겠는가.?

내 아들은 醫師이지만 藥을 잘 주지 않는다. 심하게 아프면 타이레놀 〈鎭痛劑)을 處方한다. 큰 病이 아닌 한 人間의 肉體는 스스로 治癒하는 能力이 있기 때문에 기다려 보라는 얘기이다. 藥의 半은 毒이라고 생각하면 된다. 藥을 안 먹을 수는 없겠지만 藥에 너무 依支하거나 執着하는 것은 글자 그대로 藥貪이다. 藥없이 살 수는 없지만 그것도 最小限으로 줄일 수 있다. 지나친 藥貪은 食貪처럼 老人들의 品位를 떨어트린다. 藥에 依支해 사는 것보다 平素 生活 속에서 運動이나 健全한 生活 習慣을 通해 健康을 지키는 것이 가장 바람직스러운 일이다.

3. 말 많은 사람

가장 避하고 싶은 사람은 어떤 사람일까? 그게 "말이 많은 사람"이다. 말이 많다는 것은 가볍다는 뜻이고 다른 사람을 配慮하는 마음이 없다는 얘기다. 老人이 말이 많으면 忌避하는 對象이 되고 醜하게 보인다. 그래서 늙으면 입을 다물고 있어야 하며 그 代身 지갑은 열어야 한다. 그래야 어른 待接을 받을 수가 있다.

電鐵의 老人席, 늙은 女子 셋이 거침이 없는 큰 소리로 數多를 떠는데 못된 며느리에 對한 凶談과 보기도 싫은 영감태기의 凶이다. 事實 집안일을 밖에서 發說하는 自體가 좋은 일은 아니다. 하물며 그 얘기 들을 競爭的으로 소리를 지르듯이 한다면 周邊에 있는 사람들이 견딜 수가 있겠는가?

그래도 그들은 그런 것을 아랑곳하지 않고 繼續 떠들어 댄다. 다른 사람들을 配慮를 못하는 이 無知한 利己心은 그래서 排斥의 對象이 되는 것이다. 가만히만 있어도 中間은 간다는 말이 있다. 沈默함은 그렇게 좋은 것이다. 아름다운 老年은 입을 다물고 있는 老年이다. 혹여 무엇을 물어보면 그 때에 對答을 해도 하나도 늦지 않다.

너는 늙어봤냐 나는 젊어 봤다

- 德山 金德權 -

흔히들 人生을 野球에 比喩합니다. 野球는 9回末 투 아웃부터라는 이야기가 있다. 이 말인 即, 野球는 끝날 때까지 勝負를 모르고 마지막 한 瞬間에 逆戰을 맞이할 수도 있음을 뜻한다.

歌手 서유석의 노래 "너 늙어봤냐 나는 젊어 봤단다."라는 노래가 있다.

『너 늙어봤냐 나는 젊어 봤단다. / 이제부터 이 순간부터/ 나는 새 出發이다/三十年을 일하다가 職場에서/ 튕겨 나와 길거리로 내몰렸다. / 사람들은 나를 보고 白手라 부르지/ 月曜日에 登山 가고/ 火曜日에 棋院 가고/ 水曜日에 撞球 場에서/ 週末에는 結婚式場 밤에는 喪家ㅅ집/ 너 늙어봤냐 나는 젊어 봤단다. / 이제부터 이 瞬間부터/ 나는 새 出發이다. / 世上 나이 九十 살에/ 돋보기도 안 쓰고 補聽器도 안 낀다. / 틀니도 하나 없이 生고기를 씹는다. / 누가 내게 지팡이를 손에 쥐게 해서/ 늙은이 노릇을 하게 했는가?/ 世上은 三十年間 나를 속였다/ 너 늙어봤냐 나는 젊어 봤단다. / 이제부터 이 瞬間부터/ 나는 새 出發이다/ 마누라가 말리고/ 子息들이 놀리더래도 나는 할 거야/ 컴퓨터를 배우고 인터넷을 할 거야/ 西洋 말도 배우고 中國 말도 배우고/ 아랍 말도 배워서/이 넓은 世上 구경 떠나나 볼 거야/ 너 늙어봤냐 나는 젊어 봤단다. / 이제부터 이 瞬間부터/ 나는 새 出發이다/ 너 늙어 봤느냐. 나는 젊어 봤단다. / 이제부터 이 瞬間부터/ 나는 새 出發이다/ 이 世上에 태어나서 아비 되고/ 할 배 되는 아름다운 時節들/ 너무나 所重했던 時間들이/ 먼저 가신 아버님과/ 스승님의 말씀이 새롭게 들린다. / 人生이 끝나는 것은/ 抛棄할 때가 끝장이다/ 너 늙어봤냐 나는젊어 봤단다. / 이제부터 이 瞬間부터/ 나는 새 出發이다/』

어떠한가? 참 名曲이다. 우리네 人生이 大槪 이 範疇를 벗어나지를 못할 것이다. 老人이 되면 이런저런 생각이 많다. 그러다 보니 했던 말을 또 하기도 한다. 하지만 그 생각은 一念通天의 智慧의 샘물이 아닐까? "늙은이"는

"늘 그 자리에 있다."라는 뜻이다. 생각이 깊고 많기 때문이다.

그저 자리만을 차지하고 있는 것이 아니라 世上을 念慮를 하고, 家庭을 지키면서, 늘 그 자리를 지키는 것이다. 思考라는 말의 "考"字는 "늙을 老" 邊에 屬하며 "생각을 한다."라는 뜻이다. 老人會나 耆老 宴은 생각이 많은 分의 모임이다. 흔히 몸은 늙었어도 마음은 아직 靑春이라고 抗辯을 하는데 이 말은 事實이 아닐까? 그래서 저는 언제나 하하하! 하고 크게 웃으면서, 몸은 늙어도 마음은 언제나 靑春이라고 큰 소리로 抗辯한다. 우리는 죽는 날까지 젊은이의 氣象으로 살아가야 한다. 왜냐하면 우리의 남은 人生의 가장 젊은 날이 바로 오늘이다. 그리고 어제 죽은 者가 그토록 所望하던 오늘이기 때문이다.

나이가 들며 는 눈과 귀가 어두워진다. 말도 語訥해지고 잘 걷지도 못한다. 모든 技能이 低下되어 仔細히 볼 수 없고 또렷하게 들을 수도 없다. 하지만 問題없다. 쑥떡 같이 얘기를 해도 찰떡같이 듣는 訓練을 平生 동안 해온 우리이기 때문이다.

아름다움의 끝은 죽음이다. 봄꽃보다 곱게 잘 물든 丹楓이다. 그런 丹楓 잎이 어느 이름 모를 바람에 느닷없이 똑 떨어지듯이 그렇게 죽어가는 것이, 五福의 하나인 "考終命"이다. 죽고 사는 것이, 달린 매우 위태한 고비를 일러서, "死生關頭"라고 한다. 死關은 죽음의 關門인 것이다. 이렇게 落葉이 지듯 關門을 通過하는 것이 考終命이다. 목숨이 끊어진다는 말은 "食道"인 목과 氣道인 "숨"이 끊어진다는 말이다.

밥맛을 잃으면 몇日 만에 죽게 되고 空氣의 맛을 잃으면 數分만에 죽게 된다. 이 瞬間이 幽冥이다. 나뭇잎이 떨어지듯, 停電이 되듯이, 눈 깜짝 할 사이에 밝음과 어둠이 새벽 별을 보듯이 또렷한 것이다. 이렇게 이 나라 젊은이들이 우리 늙은이가 思惟하는 自由, 自遊로 大自然 속에서 늙어가는 즐거움을 알 수 있을까? 젊은이들이여! 그 젊음도 머지않아 끝나고 그대들도 머리가 희고, 지팡이 依支를 하며, 등이 굽는 늙은이가 될 것이다. 우리 늙은이는 이미 모두 다 "너 늙어 보았느냐. 나는 젊어 봤단 다."를 외쳐 댑니다.

이제 젊은이 들이 더는 老人을 얕보거나 폄하(貶下)를 하지는 못하겠지!

사랑은 바보를 天才로 만든다

- 淸湖 柳泰永 -

世上이 아무리 險惡할지라도 眞正 사랑을 拒否하는 사람은 없다. 누구든, 정말 自身을 사랑하는 사람이 있다는 것을 알면 그는 希望을 갖게 된다. 그리고 自身을 둘러싼 問題가 무엇이든 間에 이겨낼 힘을 얻는다. 世上 모든 사람에게 必要한 것은 사랑이다.

어려움을 만난 사람에게는 더욱 더 사랑이 必要하지요. 사람마다 자기가 좋아하는 類型이 있다. 키가 큰 사람, 말을 재미있게 잘하는 사람, 잘생긴 사람, 귀여운 사람, 터프한 사람, 돈 잘 쓰는 사람, 날씬한 사람, 통통 한 사람 等 多樣하다. 그런데 이 多樣한 사람들의 多樣 한 趣向에도 不拘하고 모든 사람들이 共通的으로 希望하는 類型이 있다. 마음이 넓은 사람과 사랑을 할 줄 아는 사람이다.

大部分의 사람들은 좁고 작은 마음을 가지고 있다. 다른 사람을 사랑하지를 못하면서 自身은 사랑받고 싶어 한다. 때문에 그러한 自身을 理解할 사람을 必要로 한다. 그리고 自身의 마음을 넓히기보다, 다른 사람의 마음이 넓기를 期待한다. 그러나 우리가 사는 이 땅에는 넓은 마음을 가진 사람이 적다. 처음으로 만났을 때에는 마음이 넓은 것 같지만 조금 지나면 그도 亦是 우리만 큼밖에 안 되는 속 좁은 사람이라는 것을 알게 된다. 그러면 우리는 또다시 마음이 넓은 사람을 찾아간다. 世上에서 自身보다 넓은 마음을 가진 사람을 만난다는 것은 그리 쉽지가 않은 일이다. 하늘에서 떨어지는 번개를 맞는 것 보다. 德이 넓은 사람을 만나는 것이 더욱 어렵다.

사랑할 줄 아는 사람, 그가 바보를 天才로 만들 수 있는 사람이고, 故障 난 世上을 고쳐주는 技術者이다. 우리가 남들보다 좀 더 사랑할 줄 안다면, 우리는 모든 곳에서 歡迎을 받는 主人公이 될 수가 있다. 사랑을 받는 사람이 아니라 사랑을 주는 사람이 世上의 참된 主人公이다.

世上을 向해서 祝福을 합시다

- 清湖 柳泰永 -

삶을 즐기며 사는 사람들은 메아리의 法則을 알고 있는 사람들이다. 메아리는 똑같은 소리로 다시 돌아서 온다는 것이다.

저 멀리 山, 溪谷을 向해 소리를 지르면 그 소리가 돌아오는 것이다. 辱을 하면 辱으로, 祝福을 하면 祝福의 소리로 돌아온다. 는 것이다. 그러기에 삶을 즐기는 사람들은 不平을 하거나 남을 凶보거나 險談을 하거나 이웃間에 離間 질을 絶對로 하지를 않는다.

메아리의 法則을 알고 있기 때문이다.

프랑스에서 實際로 있었던 이야기이다.

90歲가 된 할머니가 계셨다. 이 할머니가 90歲가 되던 해에 47歲가 된 이웃 사람과 契約을 맺었는데 그 契約의 內容은 90歲 할머니가 自己가 사는 동안에는 每달 約 5百프랑, 요즘 韓貨로는 한 6萬원을 받기로 하고 自身이 죽으면 살고 있는 할머니 집을 그 47歲 된 이웃에게 넘겨주기로 한다는 契約이다.

47세 된 이웃은, 벌써 90歲가 된 할머니가 살아 보았자 얼마나 더 살까! 이 할머니가 한두 해 사시다. 금방 世上을 떠날 것으로 생각하고 契約을 맺었다.

그런데 그 할머니는 1百歲에도 죽지 않으시고 1百10歲에 1百20歲에도 죽지를 않으셨다. 그런데 30년 동안이나 할머니가 죽기를 애타게 기다리던 그 이웃 사람은 77歲에 할머니보다 먼저 世上을 떠났다. 30年동안 每달 할머니에게 5百프랑을 주고도 집을 차지하지를 못 한채 먼저 世上을 떠나게 된 것이다. 이 할머니는 그 이웃 사람이 죽는 것을 보시고도 2年을 더 사시다가 1百22歲를 一期로 世上을 떠나게 되었다는 이야기이다.

남이 빨리 죽기를 바라는 사람이 얼마나 價値가 있고 보람 있는 삶을 살았겠는가? 이러한 생각으로 살아간다면 참으로 不幸한 사람이 아닐 수 없다. 그러하니 남이 오래 살고 잘 되기를 바라며 사는 것이 本人에게도 좋은 것이다.

　이런 사람이 몸과 마음이 幸福하고 健康하게 오래오래 살 수가 있는 것이다.

　이 이야기는 現代를 살아가는 우리에게 무엇인가 時事하는 바가 크다.

새해의 所望

－ 淸湖 柳泰永 －

＊오는 손을 부끄럽게 하지 않게 하시고 가는 발길 辱되게 하지 않게 하소서.

＊모른다고 해서 氣가 죽지 않게 하시고 안다고 해서 倨慢 떨지 않게 하소서.

＊자랑거리 없다고 주눅 들지 마시고 자랑거리 있다고 가벼이 들추지 마소서.

＊좋다고 해서 금방 달려들지를 마시고 싫다고 해서 금방 달려들지를 마소서.

＊멀리 있다 해서 버리지 않게 하시고 가까이 있다 해서 소홀하지 않게 하소서.

＊惡을 보거든 뱀을 본 듯 避하시고 善을 보거든 꽃을 본 듯 반기게 하소서.

＊富者 貧者 얕잡아보지 말게 하고 貧者 富者 아니꼽게 여기지 말게 하소서.

＊남의 것을 받을 때 앞에 서지 않게 하고 내 것을 줄 때 뒤에 서지 않게 하소서.

＊남의 허물은 덮어 주게 하시고 나의 허물은 털어내어 다듬고 고치게 하소서.

＊쓸少한 일로 해서 怨讐를 지게 맺은 일이면 맺은 者가 먼저 풀게 하소서.

＊모르는 사람은 利用을 하려 하지 마시고, 아는 이에게 阿附하지 않게 하소서.

＊金錢에는 내 慾心내지 마시고, 私的인 일에는 讓步를 생각하게 하소서.

＊공짜는 주지도 받지도 않게 하시고, 勞力 없는 대가는 바라지 말게 하소서.

＊世上에 태어남을 感謝하게 생각하고, 世上 삶음에는 怨望함이 없게 하소서.

＊죽어서 天堂에 갈 생각만 하지 마시고, 살아서 怨恨을 사지 않게 하소서.

＊남에게는 이 世上의 人生살이를 헐떡이면서 힘이 들게 살지를 않게 하소서.

＊나의 人生도 分數를 지키면서 餘裕 있게 살 수가 있도록 勞力하게 하소서.

＊나의 잘 못을 容恕(용서)하는 마음으로 남을 容恕하는 마음을 갖게 하소서.

＊나를 다독거려주는 마음과 같이 남을 다독거려주는 餘裕를 가지게 하소서.

＊보내는 사람 野薄하게 하지 않게 하고 떠나는 사람 뒤가 흐리지 않게 하소서.

癸卯 年을 맞이하여 모든 分들께 所望이 이루어져 아름다운 世上 속에서, 보다 나은 幸福 한 삶을 살아갈 수 있기를 소원, 所望을 합니다.

꽃보다 아름다운 꽃

－ 淸湖 柳泰永－

꽃보다 더 아름다운 꽃은 當身의 눈길 닿는 곳마다 활짝 핀 연꽃 微笑가 번져나니 꽃보다 더 예쁜 꽃은 바로 當身에 아름다운 눈길이다.

當身의 귀에 담은 거친 말도 곱게 다듬어져서 밖으로 나오니 꽃 보다 더 예쁜 꽃은 바로 當身에 人品이 담긴 智慧이다.

當身의 입술이 닿는 곳마다 사랑과 稱讚으로 삶에 幸福을 더하니 꽃보다. 더 예쁜 꽃은 바로 當身의 아름다운 배려와 아량이다.

當身의 혀끝이 닿는 곳마다 체로 거른 고운 말은 꽃보다 더 예쁜 꽃은 바로 當身에 아름다운 혀끝이다.

當身의 넓은 어깨가 닿는 곳마다. 힘없는 者가 기대어 좋은 因緣을 만드니 꽃보다 더 아름다운 꽃은 바로 當身의 믿음직한 넓은 어깨이다.

當身의 손길 닿는 곳마다 모든 萬事가 반짝반짝 빛이 나니 꽃보다 더 예쁜 꽃은 바로 當身의 아름다운 藥 손이다.

當身의 손끝이 닿는 곳마다 飮食을 손끝 맛있게 감칠맛을 더하니 꽃보다 더 예쁜 꽃은 바로 當身에 아름다움이다.

當身의 뜨거운 가슴이 닿는 곳마다 容恕와 包容으로 世上을 밝게 하니 꽃보다 더 예쁜 꽃은 바로 當身의 情熱的인 넓은 가슴이다.

當身의 발길 머무는 곳마다 웃음꽃이 滿發하고 幸福이 넘쳐나니 꽃보다 더 예쁜 꽃은 當身에 넓고 斗量있는 마당발입니다.

當身은 머리에서 발 끝까지 어느 한 곳 흠잡을 수 없이 玉으로 武裝을 한 꽃보다 더 예쁜 꽃은 當身의 뜨겁고 생각이 健康 한 玉體이다.

가난해도 마음은 豊饒로운 사람들

- 淸湖 柳泰永 -

가난해도 마음이 豊饒로운 사람은 아무것도 所有하지 않고 있는 것처럼 보이나 實際로는 모든 것을 所有한 사람이다. 남이 보기 부러워 할 程度의 餘裕 있는 사람은 모든 것이 幸福해 보일 듯하나 實際로는 마음이 추울지도 모르겠다.

어려움을 아는 사람은 幸福에 條件을 알지만 모든 것이 갖추어진 사람은 滿足을 모를 터이니 마음은 추운 겨울일지도 모르겠다. 몸이 추운 것은 옷으로 감쌀 수 있지만 마음이 추운 것은 어떻게 解決 할 수 있을까.

사는 基準이 다 같을 수는 없다. 幸福에 條件이 하나일 수는 없다. 생긴 模樣새가 다르면은 性格도 다른 法, 가진 것은 적지 만 幸福을 아는 當身이면 좋겠다. 비록 富裕하지는 않지만 남과 比較하지 않는 當身이면 좋겠다. 그것이 幸福에 條件이기 때문이다. 남과 比較할 때 幸福은 멀어진다. 그저 感謝한 마음 하나만으로도 當身은 幸福의 主人公이 될 것이다. 幸福한 사람은 나이가 들거나 높아질수록 지는 짐도 많아지고 어려움도 많다는 것을 알고 있는 사람이다.

幸福한 잎은 아주 어린 잎 외에는 모두 많은 상처를 입고 있으나 그것을 스스로 治癒하고 부끄러워하지를 않는다. 幸福한 사람은 傷處가 없는 사람이 아니라 傷處가 많지만 스스로 治癒할 줄 아는 사람이다. 幸福 잎은 아무리 잘 닦아도 안쪽 깊숙한 곳은 닦을 수 없다.

幸福한 사람은 完璧한 사람이 아니라 自身의 不足함을 잘 알고 그 안에서 最善을 다하는 사람이다. 幸福한 잎은 한꺼번에 모두 닦을 수 없다. 한 잎 한 잎 精誠껏 닦아야 한다. 幸福한 사람은 큰 幸福을 한꺼번에 이루려고 하지를 않는다. 日常의 작은 기쁨을 發見하고 幸福해 하는 사람이다.

幸福한 잎은 어린잎일 때는 머리를 들고 위로 자라지 만 잎이 커질수록 고개를 숙이고 自身을 낮춘다. 幸福한 사람은 나이가 들고 하는 일이 많아질수록 고개를 숙이는 겸손한 사람이다.

덕향만리(德香萬里)

- 淸湖 柳泰永-

오동나무는 千 年을 묵어도 그 속에 노래를 지니고 있고, 梅花는 平生 추위와 살아도 香氣를 잃지 않고, 달빛은 千 番 이지러져도 元來의 模樣은 남아 있고 버드나무 줄기는 百 番 찢어내도 또 새로운 가지가 난다.

이렇듯 사람도 누구나 그 사람만이 지니고 있는 마음씨가 있다. 없으면서도 남을 도우려고 하는 사람, 自己도 바쁘지만, 順序를 讓步하는 사람, 어떠한 어려움도 꿋꿋하게 이겨내는 사람, 어려울 때 보기만 해도 慰勞가 되는 사람, 어려움을 함께 解決해 주려는 사람, 나의 허물을 감싸 주고 나의 未洽한 點을 고운 눈길로 봐주는 사람, 自己의 몸을 태워 빛을 밝히는 촛불과도 같이 相對를 配慮하고 도움을 주는 사람, 因緣을 깨뜨리지 않는 사람, 이렇게 삶을 眞實하게 함께하는 사람은 잘 익은 진한 과일香이 나는 사람이다.

그런 마음 그런 香氣 그러한 眞實 香水를 뿌리지 않아도 촛불을 켜지 않아도 넉넉한 마음과 진한 과일香이 風氣는 그런 사람이 되었으면 참으로 좋겠다. 꽃의 香氣는 百里를 가고 술의 香氣는 千里를 가지만 德의 香氣는 萬里를 가고도 남는다고 한다. 우리 모두가 變함이 없는 덕향만리(德香萬里)를 지녔으면 좋겠다.

無爲와 有爲

老子의 道德經 中에 우리가 잘 모르고 있었던 것을 알게 되었다. 代表的

인 것의 하나가 無爲自然이다. 흔히 이를 人爲的인 손길이 加해지지 않는 自然狀態라고 풀이를 하기도 하고 俗世의 삶에서 벗어난 自然 그대로의 삶음이 라고도 풀이를 하고 있는데 "道德經"과는 全혀 동떨어진 풀이 임을 確認을 할 수가 있었다.

無爲란 無行, 卽 아무것도 行하지를 않는 것이 아니라 爲란 僞〈거짓 위〉로 억지 서러움이니, 無爲란 行하되 억지 서럽게 해서는 안 된다는 말이다. 當然이 有爲는 무엇인가 意圖나 意志를 가지고 抑止로 行 한다는 뜻이 된다. 老子가 볼 때 아마도 抑止스러움 中에서 가장 抑止 서러운 것이 功勞를 세웠다고 해서 그것을 자랑하고 내 세우는 것이었던 것 같다. "道德經"곳 곳에서 이 點을 말하고 있다.

功勞가 이루어지면 몸을 물러나야 하는 것은 하늘의 道理이다. 스스로 들어내지 않기 때문에 밝아지고, 하지 않기 때문에 훤히 들어 나고 스스로 자랑하지 않으니 自己 功勞가 있게 되고. 스스로 내 세우지 않으니 오래도록 간다.

이것이 老子가 말하는 自然 卽 억지스럽지 않음이다. 이것이 우리 現實에 던져주는 道德經의 强烈 한 메시지이다. 스스로를 자랑하는 者는 功勞가 없어지며 스스로 내세우는 者는 오래 갈 수 없다.

中和之道

德山 金 德權(길호)

"중화지도(中和之道)"라는 말이 있습니다.

덕산재(德山齋)》 거실에는 『中和之道』라고 쓴 휘호(揮毫)가 걸려있습니다. 제가 오랫동안 奉仕하던 「圓佛敎 靑耘會」 會長 職을 물러날 때, 當時 圓佛敎 宗 法師님이신 "좌산(左山) 이광정(李廣淨)" 宗師님께서 내려 주신 紀念 揮毫이지요.

『中和之道』란 무엇인가요?

"中和之道"라 함은 한마디로 말하여, 陰에도 陽에도 치우치지 말고 均衡을 取하라는 말입니다. 따라서 어느 한 곳에 편중(偏重)되는 것은 絶對로 禁物입니다. 또 偏見이 있어도 안 되며 上下, 左右, 從橫, 南北 할 것 없이 이 모두가 中和를 이룰 때 비로소 中心을 이루고 均衡을 유지하게 되어있는 것입니다.

中和之道야 말로 世上의 道中에서 가장 重要한 道입니다. 그래서 우리들의 카페「德華 滿發」의 4大 綱領 中의 하나가 바로 우리는 偏狹한 宗敎, 理念, 政治를 排擊하고 中道를 指向한다. 입니다. 그리고 우리 圓佛敎 基本精神의 하나이지요.

莊子의 추수편(秋水篇)에 "정저지와(井底之蛙)"라는 말이 나옵니다.

"우물 안 개구리" 라는 뜻으로, 견문(見聞)이 좁고 世上 形便에 어두운 사람을 比喩的으로 이르는 말씀이지요. 이런 사람은 내가 보는 世上이 가장 크고, 내가 알고 있는 知識이 가장 卓越하다고 생각하며, 내가 뛰고 있는 時間이 가장 빠르다고 생각하는 삶이 아닐까요?

이런 사람은 암만 보아도 莊子가 말하는 우물 안 개구리임이 틀림이 없습니다. 왜냐하면 自身이 바라보는 우물 속에서 보는 하늘이 全部라고 생각하는 사람들에게는 진짜 하늘을 說明할 수가 없기 때문입니다.

우물 속에서 바라보는 별은 우물 둘레만큼만 보일 뿐입니다. 이와 같은 사람은 廣大한 밤하늘의 數 많은 별을 바라볼 수가 없으니 옹졸하기 짝이 없지요. 亦是 "秋水編"에 이런 이야기가 나옵니다.

어느 날 황하(黃河)의 神 河伯이, 自身이 다스리는 黃河가 물이 불어나서 끝없이 펼쳐진 것을 보고, 天下의 아름다움이 모두 自己에게 있다고 생각했습니다. 그런데 黃河의 기슭을 벗어나서 큰 바다를 보고는, 그 광대무변(廣大無邊)함에 自己의 見識이 얼마나 옹졸했는지를 비로소 깨달았습니다.

自身이 이 世上에서 가장 크다고 했던 생각이 무너진 것이지요.

이때 바다를 지키는 神 '若'은, 黃河의 神 河伯에게 세 가지를 忠告를 해 줍니다. 우물에 있는 개구리에게는 바다에 對해서 말해도 알아듣지 못한다.(井蛙不可以語海者拘於虛也). 그 개구리는 自身이 사는 空間에 얽매어있기 때문이다.

여름만 살다가는 昆蟲에게는 찬 얼음에 對하여 說明해 줄 수가 없다. [夏蟲不可以語氷者 篤於時也]. 그 昆蟲은 自身이 살고 있는 時期에만 얽매여 있기 때문이다.

생각이 굽은 선비에게는 眞正한 道에 對해서 말해도 알아듣지 못한다. [曲士不可以語道者 束於敎也]. 그 사람은 自身이 알고 있는 가르침에 얽매여 있기 때문이다.

이 말을 要約하면, 우물 안의 개구리는 空間에 拘束되어 있고, 여름벌레는 時間에 걸려있으며, 知識人은 知識의 그물에 걸려있다는 것이지요. 있는 그대로의 自然과 더불어 사는 것을 尊貴하게 생각을 하는 莊子에게는 仁이나 禮나 義에 拘束이 되어있는 무리와는 더불어 얘기를 할 수 없다는 뜻을 內包하고 있는 것 같습니다. 그러면서 莊子는 이 故事를 通해, 세 가지 執着과 限界를 破壞하라고 忠告하고 있는 것이지요.

우리가 우물 안 개구리를 벗어나려면, 어찌해야 할까요?

첫째, 自身이 속해 있는 空間을 破壞해야 합니다.

人間이 사는 地球도 宇宙 空間에서 바라보면 작은 티끌에 不過하지요. 저 넓은 世界로 나가 眼目을 활짝 열어야 합니다.

論語에 孔子가 "泰山에 오르니 天下가 작게 보인다."라고 했습니다. 이를 "登 泰山 小 天下"라고 하지요. 높은 山에 오르면 크고 작은 모든 것들이 다 부질없어 보이는 法입니다. 東海를 보고 茫茫大海라고 느끼던 사람은 太平洋을 보고서야 東海가 얼마나 작고 보잘것없는 것인지를 알 수 있게 되지요.

둘째, 自身이 살아가는 時間을 破壞해야 합니다.

自己가 살던 時代만 固執해서, 고리타분한 얘기를 하는 것은 時代에서 뒤떨어진 사람입니다. 說得力도 없지요. 恰似 故障난 留聲機에서 흘러간 옛 노래를 들으라고 하는 것과 같은 것입니다.

셋째, 自身이 알고 있는 知識을 破壞해야 합니다.

21世紀는 知識情報의 時代입니다. 하루가 다르게 旣存의 知識과 技術이 바뀌고 있습니다. 따라서 旣存의 知識만 가지고는 適應力이 떨어지기 마련

이지요.

며칠 前 國會에서 與野 代表가 하루걸러 하는 演說을 보았습니다. 두 黨 代表가 똑같이 처음부터 끝까지 相對方의 險談과 辱說로 一貫을 하는 模襲에서 氣가 막혔습니다. 그리고 툭 하면 "國民의 뜻"이라고 國民의 이름을 팔지요. 이제 제발 與野 모두가 "中和之道"를 배우고 익혀서 "우물 안 개구리 身世"를 免하면 어떨까요!

自負心을 가질 만하다

우리나라가 日本, 브라질, 獨逸, 이탈리아, 印度 等을 제치고 유엔 常任理事國이 될 것이라는 展望이 나올 程度로 大韓民國의 位相이 대단하다.

지난 番에 南美 나라들의 韓國에 對한 好感度를 알아보았다. 事實 中南美 15開國 中에서 太半이 韓國과 軍需, 經濟協力을 비롯한 多樣한 關係를 願하고 있다. 그들과 修交한 지도 60年이 되었다.

아르헨티나는 韓國에 대해 宏壯히 友好的인 나라이다. 그곳에는 우리나라의 포스코가 2018年 3,100億 원으로 아르헨티나로부터 사들인 소금 湖水 "옴브레 무에토르 鹽湖"가 있는데 現在 35兆 원 相當 價値의 라디움 埋藏量이 있는 것으로 推定되고 있다. 벌써 라디움을 生産하고 있으며 來年부터는 國內의 라디움 電池 生産工場에서 그곳의 리튬을 使用한다고 한다. 아르헨티나 政府는 輸出하는데 支障이 없도록 기꺼이 協助하겠다고 한다.

中央 아메리카의 쿠바는 自國의 紙幣에 韓國 國旗를 그려 넣어서 紀念 貨幣를 만들겠다고 한다. 코로나 백신과 醫療 製品을 支援해 주어 危機를 克服하도록 도와준 恩惠를 갚기 爲해 韓國 防産 武器를 大量으로 購買를 하겠다고 한다.

칠레의 보리치 大統領은 한국 K팝 팬들의 支持를 받아 權座에 오르게 되었다고 한다. 보리치 自身도 K팝 팬이라고 하더란다. 그는 韓國이 自己를 大統領으로 만들었다고 자랑스럽게 말하고 있다고 한다. 그러하니 어찌 韓

國을 좋아하지 않을 수 있겠는가?

~~유럽에서도 韓國의 認知度는 대단하다~~

러시아-우크라이나 戰爭이 持續이 되면서 나토 會員國들이 우크라이나에 엄청난 武器를 支援하면서 自身들의 限界를 느꼈는지 繼續하여 韓國과의 協力을 要請을 하면서 韓國에서도 나토에 武器를 支援을 해 달라고 要請을 하고 있다.

러시아와 隣接을 하고 있는 東 유럽 北部의 폴란드는 아예 韓國의 防産 武器를 모조리 다 사겠다고 數十 兆원을 投資하고 있다. 韓國 武器만이 自己 나라를 지킬 수 있다고 믿기 때문이다.

世界의 어느 나라도 폴란드가 願 하는 武器를 蹉跌 없이 供給할 수 있는 나라가 없다고 判斷을 한 탓이다. 價格의 對比와 性能이 卓越하고 供給 網이 잘 되어 있을 뿐만 아니라 整備 廠까지 세워 部品 調達과 整備에도 蹉跌이 없게 하고, 空軍 操縱士 訓練센터까지도 세워서 訓練을 시켜 주겠다는 條件을 協議했기 때문이다. 폴란드를 보고 유럽 全體가 놀라고 있다.

튀르키예 共和國(옛 터키) 땅은 大部分이 아시아에 屬해 있지만 EU가 튀르키예에게 유럽聯合 加入의 資格을 賦與했다. EU가 提示한 加入 條件을 튀르키예가 充足시켜 유럽 聯合에 加入을 하면 튀르키예는 유럽이 된다. 튀르키예는 6·25 戰爭 當時 1個 步兵旅團을 派兵하여 美國, 英國, 다음으로 많은 軍隊를 보내준 고마운 나라이다. 그들의 犧牲은 엄청났다. 戰死者 721名, 負傷者 2,147名, 失踪者 175名, 捕虜 346名의 損失을 입은 戰爭이었다.

只今은 戰禍의 잿더미를 딛고 일어나 世界 10位圈 强大國이 된 韓國의 눈부신 發展에 驚歎하며 大韓民國을 가리켜 兄弟國이라고 하며 韓國의 成功을 眞心으로 기뻐해 주는 나라이다.

또한 最近에 韓國 建設會社와 튀르키예 建設會社가 合作하여 世界 最長 懸垂橋를 만든 것이 큰 話題가 되었다. 懸垂橋의 總 길이는 3,563m, 主塔과 主塔 사이는 2,023m로 모두들 不可能할 것이라던 어려운 工法을 韓國이 着眼하여 無事히 完成을 함으로써 世界를 놀라게 했다. 이 懸垂橋가 아시아와

유럽을 잇는 唯一한 다리가 되었으니 韓國의 位相이 높아질 수밖에 없다. 이 일로 튀르키예는 巨大 都市 建設인 인프라도 韓國에 맡기겠다고 서두르고 있다.

印度 半島의 東南 쪽에 位置 한 南아시아 섬나라 스리랑카는 反政府軍이 大統領宮을 占領 한 뒤 人口 2,192萬, 面積 65,610제곱킬로미터 스리랑카를 韓國에 編入하겠다며 모든 統治를 韓國에 맡기겠다고 하였다.

一帶一路 事業에 13兆 元의 돈을 빌려준 中國은 難堪한 處地에 빠졌다. 아시아人들도 世界를 움직일 수 있는 나라는 大韓民國밖에 없다며 世界 覇權의 中心軸을 形成하고 强大國들이 집결해 있는 極東아시아 中에서도 世界를 先導할 나라는 日本이나 中國이 아닌 韓國이 되어야 한다는 데에 意見을 같이 하고 있다.

大韓民國은 侵略만 받았지 한 번도 남의 나라를 侵略 한 적이 없는 나라로 根本이 善良한 國民이라는 認識이 있는 데다 어떻게 해서든 남의 나라를 도와주려고 애를 쓰고 있는 模襲을 모두가 目擊했기 때문이다.

韓國은 이제 世界 强大國 틈바구니에 끼어 살아보겠다고 발버둥 치는 작은 나라가 아니다. 韓國은 더 以上 고래 싸움에 등 터지는 새우가 아니라고 世界의 碩學들이 나서서 强辯한다. 영국 킹스 칼리지런던(KCL) 國際 關係學 教授 라몬 파체코 파르도 博士의 册 "새우에서 고래로 : 잊힌 戰爭에서 K팝까지"에서 이런 말을 했다.

지난 1,000年 동안 列强들 사이에서 숨을 죽이고 살던 大韓民國이 이제는 고래 싸움에서 등이 터지면서 살아가는 새우가 아니라 半導體, 自動車, 船泊, 배터리, 휴대폰 等을 발판으로 世界10大 經濟大國이 되었고, 지난 10年동안 防彈少年團을 앞에 세운 K팝 音樂과 "寄生蟲"을 筆頭로 한 오징어 게임, 드라마 等의 文化 콘텐츠로 世界를 支配하였고, 소프트파워, 軍事力을 키워 어느 나라도 건드릴 수 없는 强大國 고래가 되었다.

~~韓國에는 "밝은 未來"가 기다리고 있다~~

이 外에 韓國을 높이 評價한 사람들의 말을 綜合的으로 살펴보도록 하겠다.

＊ 歷史學者 토인비는 韓國의 弘益思想에 對한 말을 듣고 눈물을 흘리며 "21世紀는 韓國이 支配한다."고 豫言을 했다. 美國의 마크 피터슨 敎授는 韓國이 世界最高가 된다고 했다.

　＊ 世上에 나도는 말 中에는 韓國이 G2라는 이야기도 나와 있다. 러시아는 韓國과 G2를 願하고, 美國은 韓國과 G2를 願하고 있기 때문이라는 것이다.

　＊ UN은 世界秩序 維持軍을 創設할 때에 韓國軍에 아시아 秩序 維持軍 職衛을 주겠다고 했다.

　＊ 世界經濟 文明의 中心地로 알고 中國으로 몰려든 글로벌 人才들이 中國을 떠나 韓國으로 모여들고 있다. 東北아시아의 허브는 日本이나 홍콩이 아니라 韓國이라는 것이다. 中國 大都市를 代替할 都市는 서울이라고 뉴욕타임지가 밝혔다.

　現在 中國은 全 世界人들에게 被害를 주는 나라로 認識되어 있다. 今年 77次 UN總會는 中國에 對한 制裁案을 通過시켰는데 一對一路 事業에서 被害를 본 나라들이 大部分 制裁案에 贊成했다고 한다. 中國은 各種 制裁를 받으며 앞으로 國際金融 銀杏들에 接近할 수 없어 常任理事局 地位가 危殆롭게 되었다.

　＊ 世界 經濟機構의 世界銀行은 아시아의 緊急 醫療器具 國家를 韓國으로 指定하여 韓國에서 治療 받겠다고 하였다.

　＊ UN의 유네스코는 硏究開發(R&D)費 順位에서 韓國을 5位로 指定을 하였는데, 여기에 GDP를 對比시키면 韓國이 新技術 投資 世界 1位라고 하였다.

　＊ 世界 半導體 裝備 1~4位 企業이 韓國에 硏究開發(R&D)센터를 設立하겠다며 이미 敷地를 마련하여 짓고 있는 곳도 있다.

　＊ 美國의 샘 리처드 敎授는 學生들에게 "世界의 一流가 되고 싶으면 韓國으로 가라"고 말했다.

　＊ 世界 여러 나라 空港에는 入出國 審査 過程에서 旅券 檢査 없이 韓國人만이 프리패스할 수 있는 곳이 여러 곳 있다고 한다. 푸른色 韓國 旅券이 부러움의 대상이 되어 國籍을 바꾸는 사람들도 있다.

＊ 韓國語를 第2 國語로 삼는 나라가 늘고 있으며, 早晩間에 UN에서 韓國語가 公用語가 된다고 한다. 美國택사스 州 政府는 이미 韓國語를 共用으로 쓰고 있으며 다른 州에서도 韓國語를 公用語로 採擇할 兆朕을 보이고 있다.

＊ 시카고에서는 2,000名의 아이들이 "얼씨구 좋다"며 아리랑을 合唱했다고 한다.

＊ 하버드大 조셉 나이 敎授는 中國은 죽었다 깨어나도 韓國을 이기지 못한다고 하였다. 소프트파워 面에서도 中國은 絶對로 韓國을 따라올 수 없다는 것이다.

＊ 美國의 펜실베이니아 州立 大學의 샘 리처드 敎授는 地球 村의 災殃을 막을 나라는 大韓民國이라고 했다.

새 나라 노래

1) 새나라의 넓은 疆土 一萬幾千里
   (강토) (일만기천리)

   이곳에서 사는 百姓 五億幾千萬
   (백성) (오억기천만)

   桓因紀元 빛난 歷史 九千幾百年
   (환인기원) (역사) (구천기백년)

2) 새나라의 桓雄時代 六十一世紀
   (환웅시대) (육십일세기)

   天地山이 뻗어내린 넓은 平原에
   (천지산) (평원)

   桓雄族이 다스리는 和白의나라
   (환웅족) (화백)

3) 새나라의 弘益人間 理化世界다
   (홍익인간) (이화세계)

   모두함께 부지런히 터를닦아서

   여기에서 사는 百姓 다같이 幸福
   (백성) (행복)

4) 새나라의 바른소리 글자 創案해
   (창안)

   온나라에 널리펴서 배우게하니

   글모르는 사람없이 平準한 知識
   (평준) (지식)

5) 새나라의 自由民主 이루었으니
   (선진국) (자유민주)
   先進國의 隊列中의 模範國家로
   (지원) (자세) (선도)
   支援하는 姿勢로서 先導를하며

6) 새나라의 繁榮함의 矜持가지고
   (번영) (긍지)
   온누리의 百姓들을 깨우치면서
   (백성)
   平和롭게 사는 世上 이룩합시다.
   (평화) (세상)

六의 眞價

六六 揷理
六六 恩惠
六六 原則
六六 忍耐
六六 行實
六 完成

望白을 살면서

지은이 : 김세환
발행인 : 정문식
발행처 : 도서출판 백암
발행일 : 2024년 04월 05일 초판인쇄
        2024년 04월 10일 초판발행
주 소 : 서울특별시 마포구 신수동 219번지
전 화 : 02) 712-3733
팩 스 : 02) 706-9151
E-mail : baekam3@hanmail.net
등록번호 : 제313-2002-35호
ISBN : 978-89-7625-247-0

책값 : 20,000원